DETLEF-INGO LAUF

SYMBOLE

VERSCHIEDENHEIT UND EINHEIT IN ÖSTLICHER UND WESTLICHER KULTUR

INSEL VERLAG

Bildnachweis
Alle Fotos vom Verfasser
Nr. 1 Privatsammlung Saarbrücken
Nr. 4 mit freundlicher Genehmigung von Schoettle-Ostasiatica
Nr. 8 Graphik von M. Moreh, Paris
Nr. 9 und 10 Privatsammlung New York

Erste Auflage 1976

Druck: Thiele und Schwarz, Kassel
Printed in Germany

VORWORT

Aus Vorlesungen und Vorträgen, die ein bestimmtes Thema der Symbolik verfolgen, nämlich Ausdrucksformen des Geistes in Mythos, Symbol und Urbild westlicher und östlicher Kulturen zu vergleichen, ist dieses Buch entstanden. In einer Zeit, da die Kenntnis fremder Geisteswelten des Ostens in den Bereich unseres Interesses gerückt ist und neues Wissen sich anbietet, abendländisches Denken zu durchdringen, ergibt sich auch die Notwendigkeit, vorhandene und geschichtlich gewachsene Werte der westlichen Welt wieder stärker zu beachten. Es wird in den indischen Religionen viel von den Wegen zum Selbst gesprochen, von der Selbsterkenntnis als der unabdingbaren Grundlage für jede weitere Entwicklung des geistigen oder auch religiös orientierten Lebens. Man sollte der abendländischen Welt nicht solche Möglichkeiten absprechen, nur weil sie bisher nicht gerade eine so systematische Lehre zur Selbsterkenntnis aufzuweisen hat wie Indien.

Wenn wir zuweilen mit einigem Recht dem westlichen Menschen ein Zuviel an Außenwelt und Äußerlichkeit vorhalten und in gleichem Maße dem Asiaten ein Zuviel an Innenbezogenheit und Introversion, zeigt dies nur für den in eine konstruktive Zukunft blickenden Menschen, welche Möglichkeiten der Integration zwischen Ost und West noch genutzt werden können.

Fast jede Ebene menschlichen Schaffens und seiner Äußerungen in Geisteswissenschaften, Religionen, Kunst und Kultur ist geeignet, konstruktive Vergleiche zwischen West und Ost anzustellen. Einen Schwerpunkt in diesem Buche bildet die Symbolik des Schöpferischen, der Urbilder, Mythen und Symbole, die auf die so wesentlichen geistigen Grundhaltungen wie Dualismus, Polarität oder Integration schließen lassen. Aber das Studium der Symbole kann auch aufzeigen, wie sehr bestimmte Gemeinsamkeiten zwischen West und Ost im übergreifenden Sinne doch vorhanden sind, obwohl der geschichtlich, philosophisch und kulturgeographisch bedingte Zugang zu diesen jeweils ein ganz anderer gewesen ist.

Auch wenn es heute für uns im Westen selbstverständlich und leicht erscheinen mag, östliches Kulturgut zu verstehen, so ist die Gefahr von Trugschlüssen groß und erfordert daher immer noch viel Grundlagenarbeit. Allein die Terminologie bereitet uns größte Schwierigkeiten, ein wahres Bild zu entwerfen, das gültig und verbindlich sein könnte. Eine ganze Reihe von Begriffen der westlichen wie auch der östlichen Kulturen sind nur aus geschichtlich gewachsenen Denkkategorien heraus zu verstehen und müssen auf den jeweiligen Kulturkreis beschränkt bleiben. Bestimmte Begriffe aus der östlichen Philosophie und den Religionen sind überhaupt nicht in unsere Sprache direkt übertragbar, ebenso verhält es sich in umgekehrter Richtung. Nur umständliche und nicht gerade treffende Umschreibungen oder eben glückliche Wortneuschöpfungen können hier eine Brücke bilden. Eben mit Rücksicht auf diesen Umstand müssen auch die Probleme einer vergleichenden Symbolik angegangen werden: wer vergleicht mit wem, und wer setzt welchen Gegenstand als verbindlichen Maßstab?

Es ist in diesem Zusammenhang auch anzumerken, daß in der hier dargestellten Themenauswahl die Erkenntnisse der analytischen Psychologie einen wesentlichen Faktor der Deutung bilden. Sie bot sich vor allem für die ersten Kapitel des Buches aus eigener Erfahrung an und war natürlich für das Kapitel III bestimmend. Symbolik und Mythos, Religionen und philosophische Systeme können allerdings von diesem Standpunkt aus allein keinesfalls umfaßt werden – höchstens erweitert –, denn er ist nur einer der möglichen Leitfäden, Zugang zu vergleichenden Geistes- und Kulturwissenschaften zu finden. Wir sehen dies am deutlichsten in der Kulturphilosophie von Jean Gebser, die versucht, jenseits aller bisher gesteckten Dimensionen systematischer und vor allem mit rationalen Begriffen arbeitender Wissenschaften zu wirken.

Aber gleich von welcher Seite ausgehend, ob von Anthropologie, Ethnologie, Philosophie, Psychologie oder Mythologie, wir an die den Menschen gemeinsamen Urbilder und Symbole des Geistes herangehen, es lassen sich überall Strukturen finden, die eine Integration des Denkens ermöglichen und auch fordern. Aus dem Verstehen asiatischer Symbole und Denkmodelle lernen wir im Westen besser, die eigenen Dimensionen und Potenzen wieder zu erkennen, und können diese durch Integration auf eine höhere und bewußtere Ebene stellen. Die Gesetzmäßigkeit in der Evolution von Symbolen in West und Ost ist evident, und es ließe sich durchaus an der Symbolik der jeweils anderen kulturellen Hemisphäre erkennen, was der einen fehlt oder was diese noch zu bieten hat.

Schon die in Symbolen und urbildlichen Strukturen in West und Ost erkennbare grundsätzliche Gemeinsamkeit in der formal sichtbar werdenden Funktion des seelischen Ausdrucks macht es wert, sich mit der Symbolik als einem Gut aller Menschen zu beschäftigen. Es ist eine Möglichkeit für integrales Denken und interkulturelles Verstehen, die Symbole von West und Ost als Quellen der Manifestationen des menschlichen Geistes zu entdecken. Ob sie nun als Urbilder in einem sogenannten Unbewußten liegen, das unsere westliche Psychologie zu sehr dualistisch von dem Bewußten trennt, oder ob sie bewußtseinsimmanent sind, ist hier nicht die wesentliche Frage. Wir bezeichnen sie zum Teil hier bewußt als Urbilder, weil sie uns an die Ursprünge zurückführen, die schon immer auch der dynamische Ausgangspunkt für Kultur gewesen sind. Indem wir uns an die Urformen geistigen Ausdrucks begeben, finden wir auch neue Kräfte für eine Evolution von ursprünglicher und lebendiger Kultur, die weit über das bisher vorhandene Fundament hinausgreifen kann. Zu dieser Aufgabe soll das Buch einen Beitrag leisten, indem es Anregungen vermittelt, Ursprünge und Ausblicke zu finden.

I.
WIRKUNG UND WANDLUNG DER SYMBOLE ALS ANFANG SCHÖPFERISCHEN LEBENS

Eine Betrachtung über die lebendige und immer wieder sich schöpferisch gestaltende Wirklichkeit von Symbolen wird in mancher Hinsicht immer nur unvollständig bleiben, da das innere Wesen und das äußere Wirken des Symbolischen schlechthin mit den Mitteln des Intellektes unumgrenzbar ist. Rationalität kann die innere Form und Ganzheit eines Symbols nicht erfassen. Unvollendbar bleibt ein solcher Versuch aus der Mitte des Denkens deshalb, weil die totale Funktion des Symbolischen den Raum des Darstellbaren in der Ebene des rationalen und damit einseitigen Denkens überschreitet. Wir erreichen mit der Frage nach dem Symbolischen ein Gebiet, in dem die Kräfte der Intuition, der Deutung, des schöpferischen Erfassens und Lebens und der nicht wertenden, sondern betrachtenden Bildschau und Sinnerfahrung eine hervorragende Bedeutung erlangen. Wir können also angesichts solcher nicht-rationaler Geistestätigkeiten nur einen Versuch unternehmen, unser Bewußtsein auf die sublime Realität und die verborgene und doch offenbare Wirksamkeit des Symbolischen hinzulenken. Daher kommen wir auch nicht zu Lösungen, sondern höchstens zu Umschreibungen hinweisenden Charakters für das, was mit dem Symbolischen gemeint sein kann.

Denn dieses mag dem in sein eigenes Inneres Schauenden zu einer überzeugenden Gewißheit werden: da sind bestimmte Symbole vorhanden, sie wirken auf eine besondere Weise in uns, befinden sich in einem ständigen Werden und Aufleuchten, und sie ereignen sich immer wieder von neuem aus einem und demselben Grunde. Wie wir sehen werden, erlebt ein Symbol letzthin mit mehr oder weniger großen zeitlichen

Abständen seiner realen sichtbaren Manifestation immer eine Wiederkehr oder Neubelebung. Seine Form mag sich wandeln, aber immer umkreist sie einen uns spezifisch wesentlichen Gehalt. So stehen wir inmitten der Weltrealität und der realen Begriffe vor einem Hintergrund symbolischer Formen, die eine eigene Welt des inneren Sinnes bilden, der unser Leben bewußt oder unbewußt mitbestimmt. Es mag sich zwar der augenblickliche Aspekt und Sinn eines Symbols um einiges ändern oder gar in sein Gegenbild verwandeln, nicht aber das Symbol selbst. Wir schreiten in der Zeit durch das gleiche aus uns selbst geoffenbarte Symbol im Wandel seiner verschiedenen Sinngebung als Antwort auf die Erfahrungen des Augenblicks. Das ist die vom Individuum ausgehende Erfüllung der Universalität des Symbols. Und Symbole als die in ihrem Wesen so schwer zu bezeichnenden Phänomene geistiger Bereitschaften und beseelter Durchdringung sind psychisch vorhanden, indem sie seit Menschengedenken immer wieder in gleichlautenden und ähnlichen Urbildern in Erscheinung treten.

Dieses wird evident, wenn wir einen Blick auf die Geschichte der Mythen und die aus ihr entstandene Kunst der Kulturvölker werfen. Wo immer menschliches Leben uns die Werte der alten Kulturschöpfungen hinterlassen hat, treffen wir auf älteste Symbole, die zu einem Teil auch für uns heute noch zum designierenden Inbegriff für jene vergangenen Geisteswelten dienen. Wir müssen versuchen, vom ›Abbild‹ der Welt, von ihrer äußeren Form zum Urbild, der inneren Form, zu gelangen, die Goethe das Urphänomen nannte; denn hier liegt die Essenz der Sinngebung des Seins und unseres Weltverständnisses. Plotin erkannte diesen Weg zu den Quellen unseres Wesens durch das Urbild: »Wenn einer unsere sichtbare Welt bewundert in Anbetracht ihrer Größe und Schönheit und der Ordnung, ... so schreite er empor zu ihrem Urbilde, ihrem wahrhaften Sein« (*Schriften* I, 10, 19–20). Urbilder wie Symbole sind ›seiende‹ Dinge im eigentlichen Sinne, und von diesen müssen wir ausgehen, wenn wir ihr inneres und äußeres Sein gleichzeitig erfassen wollen. So lassen nach Plotin (*Schriften* 1, 10, 35) alle seienden Dinge »aus ihrem Wesen notwendig ein Existens zur Wirklichkeit werden, welches außen um sie liegt und abhängt von der Gegenwart ihrer Kraft, als ein Abbild gleichsam der Urbilder«.

Um was wir uns gerade heute wieder mehr bemühen müssen, das ist eine echte Wiedereinfühlung in das natürliche symbolische Erfassen, Deuten und Begreifen, eine Vertiefung in das schöpferische Wirken des Geistes in bezug auf die dynamischen Kräfte der Symbolbildungen, die allzuoft an unserem Bewußtsein nur unterschwellig vorbeigehen oder im Unbewußten ganz verborgen bleiben. Dies bedeutet mit anderen Worten für uns, aufgerufen zu sein, die gesamte Einheit von Geist und Psyche wieder am symbolischen Prozeß, an der Schöpfung aus den urbildlichen Kräften bewußter teilnehmen zu lassen. Es ist auch nicht die vordringliche Notwendigkeit, etwa über die Bedeutung von Symbolen von gestern und heute zu streiten, sondern sich allein einmal des wirkenden Vorhandenseins der symbolischen Welt bewußt zu werden. Wir treten damit nämlich in den Auftrag unseres bewußtseinsgeschichtlichen Daseins ein, das eine Evolution aus der bestehenden und sich immer mehr vertiefenden Potenz menschlichen Geistes der Jahrtausende ist. Aus dem Hier und Jetzt des Augenblicks allein ist nichts Bestehendes zu gewinnen. Im Symbol erfüllen wir, um es mit Henri Bergson zu sagen, »das unaufhörlich wachsende Bild der Vergangenheit«, denn »ohne dies Fortleben der Vergangenheit in der Gegenwart gäbe es keine Dauer, sondern nur Augenblicksexistenz« (Bergson, *Einf. i. d. Metaphysik*, S. 23).

Symbole sind bewußt oder unbewußt immer gegenwärtig und sind ältestes Gut auch der zwischenmenschlichen Erlebniswelt. Da sie also zu einem in langen Zeiten gewachsenen Erfahrungsgut gehören, müssen wir uns ihrer Aussagen bedienen und ihnen wieder einen neuen Sinn abgewinnen und sie nicht etwa geschichtslos und damit sinn-los einsetzen.

In seiner Oxford-Vorlesung (1911) rief H. Bergson uns eindringlich auf: »Um etwas Neues zu schaffen, braucht man nicht notwendig Revolutionär zu sein. Studieren wir vielmehr die Alten, lassen wir uns von ihrem Geiste durchdringen, und versuchen wir, nach Maßgabe unserer Kräfte das zu schaffen, was sie selbst geschaffen hätten, wenn sie heute noch unter uns lebten.«

Es kann an sich über die echten Symbole keine voll berechtigten Dispute über deren spezifischen Sinn geben, sondern mehr individuelle und auf persönlicher Erfahrung beruhende Meinungen. Denn eine jede Deutung des Symbols ist ja nur eine Seite, eine Wirkungsebene des Symbols, nicht aber das ganze Symbol selbst, denn ›symbolisch‹ sein heißt ›bedeuten‹, es hat hindeutenden Charakter. Symbole erfordern daher mehr anteilnehmendes Erleben als intellektuelle Deutung. Denn, um es vorwegzunehmen, Symbole sind Bilder aus einer übergeordneten und schöpferischen Einheitsfunktion des Bewußtseins und unbewußter, vor-bildlicher oder urbildlicher Strukturen, ohne deren synchronistische Funktion die Symbole vielleicht nie wirksam werden können. Also sind Symbole als Bilder und Inhaltsträger sehr wohl weitgehend individuell deutbar, jedoch in ihrer Aussage nicht rational mit der gleichen Stimmung für alle verbindlich festzulegen.

Wenn wir dem inneren Erscheinen oder der äußeren Begegnung von Symbolen also offener und bewußter gegenüberstehen, wird uns ihr Sinngehalt sich wie von selbst, nämlich durch betrachtende Schau, offenbaren. Das ist ein Vorgang, der für den Dichter von großer Bedeutung ist. Ein jedes Symbol hat einen Anteil an kollektiv verbindlicher Wertigkeit, die dem consensus einer Gruppe von Individuen entsprechen kann, und einen Anteil an individuell ausschöpfbarer Wertigkeit, die sich jedem einzelnen auf eine bestimmte, eben auf die persönliche Art eröffnet. Sprechen wir von der Offenbarung des Symbols, so wurde diese Definition von Goethe in seinen Maximen und Reflexionen auf klare Weise dargestellt (*Werke* I, 254): »Das ist eine wahre Symbolik, wo das Besondere das Allgemeine repräsentiert, nicht als Traum und Schatten, sondern als lebendig augenblickliche Offenbarung des Unerforschlichen.«

So erschließt das Symbolon dem Individuum einen bestimmten Anteil aus seinem umfassenden Schatz der potentiellen Wertungen und Aspekte, der nicht mit dem Intellekt allein, sondern mit dem ganzen Menschen erfaßt werden muß. Bergson, der große Philosoph der Intuition, beruft sich auf die für den menschlichen Genius unentbehrliche Fähigkeit zur Intuition, und daß eben »ein Absolutes nur in einer Intuition gegeben werden kann, während alles übrige zum Bereich der Analyse gehört«. Für Bergson ist die »Intuition die Sympathie, durch die man sich in das Innere eines Gegenstandes versetzt, um mit dem, was er Einzigartiges und infolgedessen Unaussprechliches an sich hat, zu koinzidieren« (Bergson, *Denken und schöpferisches Werden,* S. 183). Dieses Unaussprechliche erscheint wie ein »sichtbares Zeichen einer unsichtbaren Ordnung«, es ist »sozusagen ein transparenter Bestandteil der Welt« (Kerényi, *Antike Religion,* S. 82).

Die Aussage eines Symbols oder die Bedeutung, die einem einzigen Symbol während langer Zeiträume von uns beigemessen wird, wandelt sich ebenso wie die Beschaffenheit des menschlichen Bewußtseins und der historischen, religiösen und geistesgeschichtlichen Umstände, unter denen das Symbol jeweils erscheint und dann immer wieder neu interpretiert wird. Das ist die innere Evolution des Symbols als solche, angepaßt an die des Geistes und seiner äußeren Bedingungen, so wie es auch eine evolutionäre Entwicklung ganzer symbolischer Prozesse gibt, die sich über lange Zeiträume erkennen läßt. Mit diesem symbolischen Prozeß meinen wir den ganzen Ablauf der symbolischen Erfassung, Wahrnehmung und der Art des Symbolerlebens mit allen seinen Aspekten.

Wesentlich ist für uns vor allem beim Symbol dessen Wahrnehmung, Bewußtwerdung und schließlich auch das Ergriffensein von seiner Wirkung. In diesen drei Funktionen drückt sich aber ein Vorgang des Lebens, der Teilnahme aus, der Schöpfung und der Gestaltung: Symbolisches und Schöpferisches sind zwei sich bedingende Notwendigkeiten des geistigen Lebens. Da die Symbole aus dem schöpferischen Urgrund der menschlichen Seele erscheinen, sind sie der ursprünglichste Ausdruck vom Leben der geistigen Welt, das sich auf der Ebene des reflektierenden Bewußtseins spiegelt und sich in Formen der Kunst, der Literatur und in allen Werken des Denkens manifestiert. Wilhelm von Humboldt sprach von einem »ewigen Abstand und dem ewigen Wettkampf« von Idee und Leben, von dem, was wir auch als Urbild und Wirklichkeit bezeichnen mögen. »Leben wird zur Idee erhoben und Idee in Leben verwandelt« (Humboldt, *Latium und Hellas*).

Symbol und Schöpferisches: beide Begriffe gehören letzthin in den Bereich des nicht vollends Definierbaren. Das eine ist Bild über dynamischem Grunde, das andere Fortgang geistig gestaltender Prozesse. Sie sind also Ausdruck geistigen Lebens und der sichtbaren Evolution bewußter und unbewußter Prozesse. Urbilder und Symbole entstehen durch psychische Bedingtheit, und sie bilden dadurch auch eine Bedingung des Schöpferischen zugleich. Schöpferisches Leben hat seine Bedingtheit des Entstehens in einer seelisch-geistigen Totalität, die durch das Bewußtsein erschlossen wird; durch Intuition und Reflexion über diese Kräfte erscheinen dessen Offenbarungen als Symbole. Sie sind bildhafte Manifestationen des Schöpferischen, und doch immer nur Teile eines Ganzen, das im Bewußtsein in Erscheinung tritt. Bild von etwas zu sein bedeutet letzthin, nicht das Bild oder der Inhalt in seiner Ganzheit zu sein.

Wir erfahren die Symbole in der individuellen Bewußtwerdung als Erlebnis, nicht aber durch intellektuelle Rationalisierung, durch rationale Korrekturen, Manipulationen oder gar Reformierung, denn »sobald man definiert, tritt das Seelenhafte, das Lebendig-Innere zurück und Hülsen liegen da« (Daqué, *Leben als Symbol,* S. 5). So gibt es an sich keine Reformierung von Symbolen, sondern nur Wandlung oder etwa sinnvoll bezogene Neueinsetzung von Symbolen, denn sie wirken in jedem Moment aus der ganzen Fülle ihrer Gegenwärtigkeit, sie sind lebendige Gegenwart. Es verhält sich mit dem Symbol wie mit dem Mythos, es ist wie dieser eine Realität aus der psychischen Verarbeitung von unbewußten und oft irrationalen Gehalten und rational bedingten Erfahrungen des realen Weltdaseins, das immer stattfindet. Alles fordert Antworten und bildet in uns Antworten, und diese gestalten sich in unserer persönlichen Lebensentwicklung als Symbole. Aus dem Zusammenfallen von rationalen und irrationalen Momenten und deren spontaner Gewahrwerdung entsteht der ganzheitliche und eigentliche Wert des Symbols. Diese zwei Ereignisse, das ›Zwei in Einem‹, das untrennbar als Synchronizität auf einmal geschieht, das ist die numinose Macht des Symbols.

Und doch sprechen wir bei den manifesten Symbolen, seien es natürliche oder von menschlichem Geist geschaffene künstliche Symbole, von ganz konkreten Bildern, nicht von erklärbaren oder deutbaren Bildern. Denn Symbole haben Form und Gestalt, und weit hinter diesen breitet sich ein Vielfaches an Wesensgehalt, an dem jeder auf seine Art partizipiert. Erscheinungen der modernen Zeit lassen allerdings erkennen, daß gerade die konkrete Form einer Formlosigkeit gewichen ist, die jedem symbolischen Ausdruck den eigentlichen Boden entzieht. Bildlosigkeit, Auflösung der Formen und Inhalte und die Indifferenz der Farben verhindern die Möglichkeit eines symbolischen Darstellens wie auch des Erfassens. Symbole bedürfen konkreter Medien oder gestalteter Träger der Vermittlung. Eine ins Amorphe und Gestaltlose und geradezu in bezug auf die Farben diffus agierende ›Kunst‹ kann wirkliche Inhalte und Symbole nicht mehr vermitteln. Sie begibt sich damit des Auftrages, die Tiefen der Seele und die Ebene des Symbolischen anzusprechen.

Einen feinsinnigen Hinweis des typisch chinesischen Denkens zum Wesen des Symbolischen finden wir im ersten Spruch der berühmten 81 Verse des Lao-Tse:

Oftmals enthält man sich der Leidenschaft,
um das Geheimnis des Lebens zu erkennen;
oftmals betrachtet man das Leben mit Leidenschaft,
um dessen offenbare Gestaltwerdung zu erkennen.
Diese beiden (das Geheimnis und seine Gestaltwerdung)
sind dasselbe (in ihrem Wesen).

In diesen Worten finden wir subtile Hinweise aus der angewandten Symbolik der Sprache, wobei Wort und Sinn zu einer großen symbolischen Einheit gelangen. Ist uns schon ihre äußere Form ein Geheimnis in offenbarter Gestalt, so gründet sich das Wesen doch tiefer im Urgrund des Bewußtseins, wo es als Urgrund des Schöpferischen den Anbeginn und die Quelle allen Lebens darstellt. Leben als Symbol der Entfaltung geistig-seelischer Vitalität des Menschen im Felde von Bewußtsein und Gegenwärtigkeit bewegt sich in der Evolution auf vertikaler Achse. Ihre Tiefe wurzelt im Geheimnis des schöpferischen Urbeginns, in der ersten Intuition und Idee, und ihr oberes Ende übersteigt die Zukunft durch Transzendenz. Das Suchen nach der Wirklichkeit und den Offenbarungen des Symbols ist ein horizontales Kreisen um die Mitte des Geheimnisses, um den energetischen Pol eines Symbols, ein Analysieren, Erklären, Wahrnehmen und Bewußtwerden aus einer unermeßlichen Mitte heraus. Zwischen dem schöpferischen Leben und der permanenten Transzendierung liegt die Spannung und die aus dieser mögliche Wandlung des Symbols. Seine Verwirklichung ist in zwei Richtungen zu vollenden, sie führt in ›die Tiefe des Gemüts‹ und fordert die Erkenntnis von der ›Ursprungskraft des Symbolon‹ (H. Pongs, *Symbol*, S. 11).

Wie sich schon aus dem griechischen Begriff Symbol ableiten läßt, und solche Ableitungen sind an anderer Stelle ausreichend getan worden, treffen sich im Symbolon das Eine und das Andere, die Antinomien eines Realen und Äußeren mit dem Irrealen und Verborgenen, Bewußtes und Unbewußtes aus der Ganzheit des menschlichen Geistes. C. G.

Jung äußert sich hierzu im folgenden: »Dem Symbol aber kommt dieser Doppelcharakter des Realen und Irrealen zu. Es wäre kein Symbol, wenn es nur real wäre, denn dann wäre es nur eine reale Erscheinung, die nicht symbolisch sein könnte. Symbolisch aber kann nur sein, was in einem auch noch das andere einschließt. Die rationalen Funktionen sind ihrer Natur nach unfähig, Symbole zu erzeugen, denn sie produzieren nur Rationales, welches nicht zugleich das Entgegengesetzte einschließt« (*Typen*, S. 149). Gelingt uns aber eine Bewußtwerdung der symbolischen Funktionen, dann nutzen wir auch spontan den schöpferischen Moment, der sich ergibt aus der gewaltigen Dynamik eines Urbildes, aus der Kraft, die im archetypischen Grunde und Quellbereich der unbewußten Psyche ruht. Betrachten wir ein Mandala mit seinen äußeren Formen, seiner erahnten inneren Gestalt und seinen noch tiefer liegenden ›geheimsten‹ psychisch bedingten Urstrukturen, die wir ja nicht wahrnehmen, so erkennen wir das Symbol und sein Verhältnis zum Ergänzungsbeitrag seiner auf bewußter Ebene immer fehlenden Form. Sie ist ›innen‹ nicht erfüllbar und im Außen drängt sie sich als eine dauernde Notwendigkeit zur Ergänzung durch bewußte Inhalte auf. Diese ›Offenheit‹ eines nichtabgeschlossenen Wesens ermöglicht eine fast endlose, beliebige individuelle Auslegung und Erfahrung des Symbols. Bei den Deutungen der Traumsymbole wird dieses evident, es sind weltweit bei allen Menschen die fast gleichen Urbilder, und doch muß die Deutung aus der persönlichen Situation her unternommen werden. Es gibt das persönliche Symbol sowie auch den persönlichen Mythos. Je mehr die latente Spannung des Symbols im schöpferischen Geiste offenbar wird, um so mehr drängt diese zur großen Synthese, das neue Bild, das Integrale, die geistige Ineinsschau eines übergeordneten Inhalts tritt unvermittelt in Erscheinung.

Es sollte uns also darum gehen, »das symbolische Vermögen wichtig zu nehmen«, da es »eine unschätzbare Vermittlungsgabe der Schöpfung ist, das Leben zu bestehen« (Pongs).

Symbolisches Vermögen ist daher die einmalige Fähigkeit, die Kernelemente ureigensten bildlichen Erfassens und der geistigen Potentialität, die auf eine lange ›Ahnenreihe‹ der Urbilder zurückgreifen, in den Prozeß der bewußten geistigen Entfaltung einfließen zu lassen.

Mit den Urbildern und Symbolen berühren wir den Nucleus des wahrhaft menschlichen Seins, nämlich das Schöpferische aus dem Geiste als der edelsten gestaltenden und vor allem der sinngebenden Funktion im Bereich der seelischen Welt. Darum heißt es zu unserer Feststellung im Kommentar zum I-Ging, dem altchinesischen Buch der Wandlungen: »Was die Urbilder setzt, heißt das Schöpferische (Kiën); was sie nachformt, heißt das Empfangende.« Schöpferisch ist hier das energetische Moment des zur Wirksamkeit gelangenden und irgendwie vorgeprägten Urbewußtseins, das Empfangende ist das schaffende und wirkende Bewußtsein, der Logos und Bildner der geistigen Formen in dieser Welt. Die Urform ist ein Ereignis der geistigen Teilhabe, die Seele das Empfangende und das Wandelnde, aus ihr kommt die Antwort zum neuen Bild, der energetische Beitrag ist die Resonanz des Gemüts, der Affekt, die Emotion als eine manifeste Form des Erlebens in der psychophysischen Einheit des ganzen Menschen. Leben ist Er-leben, Er-fahren und ganzheitlich Teilnahme der Psyche. So heißt es weiter im Kommentar des I-Ging: »Das Schöpferische erkennt die großen Anfänge, das Empfangende schafft die vollendeten Dinge.« Schöpferisches und Symbolik, Urenergie und Urform bilden die große Gleichung als spirituelles Leben aus der Intuition des Geistes, der wir oben eine vertikale Achse der Wirksamkeit zugeschrieben haben.

Und wie bildet sich im Vorgang der Zeit als Teilhabe am Ablauf der Evolution die Geschichtlichkeit und Aktualität des Symbols? Wir könnten als Behelf eine dreifache Abstufung vornehmen. Erstens gibt es da angelernte Vorstellungen und erprobte Bilder eines für jeden überlieferten Kulturkanons seiner Umwelt mit seinen kollektiv verbindlichen

Inhalten aus dem consensus gentium. Zweitens aber ist der Mensch ein historisch gewordenes Wesen, das psychologisch und auch genetisch betrachtet, phylogenetisch oder eben archetypisch vorstrukturiert ist. Er lebt mit einer archetypischen Präformierung symbolischer Funktionen und beweist somit seine Historizität, von der sein Dasein nicht getrennt werden kann. Daraus entfaltet er nun drittens seine persönlichen Bildungen des Symbols, die auf der schöpferischen Kraft seines individuellen Bewußtseins beruhen. Sie bilden seine persönliche Begegnung mit der Urform und der von ihm erfahrenen empirischen Wirklichkeit. Die erste Voraussetzung ist zugleich Ansatzpunkt für die dritte Stufe, in der Gegenwart und vorhandene Assoziationen auf den Urgrund unbewußter Strukturen einwirken.

Was wir auch immer als Individuum von einem Symbol sehen und erfahren mögen, immer sind es nur Aspekte, Teilwahrheiten oder emotionale Empfindungen, eben jene persönlichen Anteile am Symbolerleben, nicht aber das ganze Symbol selbst. In seiner Totalität ist ein echtes Symbol nicht von einem einzelnen Individuum allein erfaßbar oder in seiner ganzen Wirkung zu realisieren. Wir verfolgen einen mehrstufigen Weg von ›geistigen Umsetzungen‹, sei es nun, daß wir vom Urbild zum Phänomen schreiten, oder von diesem aus versuchen, die ursprünglich unteilbare Ganzheit des Symbols wiederzuerlangen. Goethe bringt hierzu in seinen Maximen eine gültige Definition: »Die Symbolik verwandelt die Erscheinung in Idee, die Idee in ein Bild, und so daß die Idee im Bild immer unendlich wirksam und unerreichbar bleibt, und selbst in allen Sprachen ausgesprochen doch unaussprechlich bliebe.«

Insofern steht das echte Symbol immer für eine tiefere und umfassendere Wirklichkeit, die mit Bildern doch nur in ihrem Abglanz erscheinen kann. Wir wissen, daß echtes Symbolerleben auf mehreren Ebenen zum Abklingen kommt, auf denen der Sinne, des Empfindens oder des Gefühls, der Intuition und manchmal gesamthaft auf allen Stufen gemeinsam. Das ist der Mensch in seiner gesamten psychophysischen Funktionseinheit, wenn er zu großen Augenblicken der Erfahrung fähig wird, es sind die seltenen und entscheidenden Augenblicke des Lebens.

Dieses totale Erleben aber zu beschreiben, bedeutet, das Symbol bereits in einzelne Denkschritte der Analyse zu zerlegen, die dann auch intellektuell einzeln nachvollzogen werden müssen. Damit ist ein Erlebnis der großen Gleichzeitigkeit und Gemeinsamkeit nicht mehr gegeben, und das Symbol als Phänomen und Ereignis tritt in den Hintergrund. Nur durch Erfahrung und Erleben nähern wir uns mehr und mehr dem Wesen eines Symbols, das uns in vielen Aspekten immer deutlicher und damit totaler zu werden scheint. So schreibt Goethe über Motive, Legenden und uraltgeschichtlich Überliefertes, »mir schien der schönste Besitz, solche werthe Bilder oft in der Einbildungskraft erneut zu sehen, da sie sich dann zwar immer umgestalten, doch ohne sich zu verändern, einer reineren Form, einer entschiedeneren Darstellung entgegenreifen« (Werke, 6, S. 589).

Die sich hinter dem symbolischen Bilde verbergende Kraft, das Symbol in seiner ursprünglichen Potenz, ist nicht darstellbar. Sie liegt im schöpferischen Grunde des Unbewußten als gerichtete oder vorgeformte psychische Energie und Bildekraft verborgen. Wolff-Windegg nennt das »Symbol die präverbale Vergegenständlichung eines Gedankenkomplexes«; es steht im »transverbalen Bereich«, der mit sprachlichen Mitteln nicht zu erreichen ist. Für Wolff-Windegg ist »Schweigen die eigentliche Zone des Symbols«. Also scheint die Urform des Symbols, aus der das bildliche und sichtbare, daher manifeste Symbol als sekundäre Bildung geworden ist, von amorpher und energetischer Natur zu sein, gerichtete Energie, noch ganz im geistig-seelischen Bereich verankert, von wo aus sie auf die Ebene des gestaltenden Bewußtseins gelangt. Symbole weisen auf Ursprünge zurück, sie zeigen uns eine offenbarte Weise des Daseins und der bildhaften Existenz, deren Ursprung, das noch nicht Gewordene und Unteilbare, den wirkenden Urgrund bildet. Denken wir an die aus der Psychologie bekannte Erscheinung, daß der Archetypus als Urbild psychischer Erfahrung von ambivalenter Natur ist, wenn er in das Bewußtsein tritt. Diese Ambivalenz oder innere Antinomie der Symbole führt zu verschiedenen Manifestationen aus der gleichen Matrix. Für Jung sind die »Symbole geformte Energien, Kräfte, d. h. determinierende Ideen, die einen ebenso großen geistigen wie affektiven Wert haben« (*Typen*, S. 333).

Symbole sind aber keinesfalls nur spontan entstandene Bilder, sondern auch bewußt aufgestellte Zeichen des Ausdrucks umfassender Wirklichkeitserfahrung. Denken wir an das Kreuz als ein künstliches und geschaffenes Symbol, so ist es das exemplarische Leiden gewesen, welches das Kreuz vom Gegenstand der Marter in ein Symbol sinnerfüllten Leidens erhob. Darin stimmten alle Betroffenen ein, und so entwikkelte sich das gültige Symbol. Im Kommentar zum Buch der Wandlungen erfahren wir: »Die Heiligen stellten die Urbilder auf, um ihre Gedanken restlos auszudrücken.« Sie gestalteten jene Urbilder nach den ihnen eigenen Formen und »stellten sie dar in der ihnen angemessenen Dinglichkeit. Daher nennt man sie die Urbilder.« Es ist also zu Recht, wenn Kleinstück *(Mythos und Symbol)* bei den Symbolen »natürliche und gewachsene« von den »künstlichen und gemachten« unterscheidet. Natürliche Symbole sind für uns Sonne, Mond, Baum, Wasser und Schlange, künstliche kennen wir im Kreuz, Mandala, Turm, den symbolischen Zeichen und anderen ähnlichen Bildungen.

Die andere schon angesprochene Möglichkeit der Darstellung der gerichteten psychischen Energieform ist das spontan erscheinende Symbol, besonders im Vorgang der schöpferisch wirkenden Intuition. Je freier und umfassender im spontanen Erleben das menschliche Bewußtsein ist, um so mehr kommt es in seiner Kapazität heran an ein gesamtheitliches Begreifen des Symbols. Vollbewußtes Empfinden und Intuition erhalten aus der kreativen Energie des Symbols einen seelisch-geistigen Gewinn, der zu einer höheren Stufe des Seins führen kann. Das rechte Erkennen und Eingehen auf den symbolischen Prozeß kann somit zu einem unschätzbaren Gewinn im psychisch-geistigen Felde führen, dessen Spannung uns zugute kommt. Sie ermöglicht Wandlung, Reifung und Integration. Darum verstand Goethe all sein Wirken und Dichten als ein Symbol für die Entfaltung und Reifung seines geistigen Kosmos, der sein Werk bis zum Faust und zur Farbenlehre als ein Durchwirken des Göttlichen in Gestalt des Schöpferischen begriff.

Der geistige Gewinn ist die für die schöpferische Tätigkeit frei werdende Kraft aus dem Symbol, und der Uranfang des Symbols ist die archetypische Struktur in den tieferen Schichten des Unbewußten. Der schöpferische Prozeß umfaßt den Ursprungsmoment und die erste Intuition durch Assoziationen, Gewahrwerdung und Erkennen. Er nimmt die sich formierenden Inhalte und Bilder auf und drängt zur darlegenden Gestaltung der symbolischen Formen, welche die Idee mit Bedeutung und Sinngebung erfüllen. So erscheinen uns die tragenden Ideen und die ›unbedingten‹ Leitbilder unseres Handelns wie Symbole, die sich zur Verwirklichung aufdrängen. Sie wirken katalytisch auf die Vielfalt der Motive, die sich aus den Urformen entfalten. Daran knüpfen sich dann die zahlreichen Assoziationen, die intellektuell erarbeiteten Formen und Bilder des diskursiven Denkens. Für die betrachtende Reflexion auf der Ebene der bewußten Denktätigkeit bleibt zwar das Symbol in einem »gegenständlichen Bild«, aber es »läßt ein überempirisch-unfaßbares Eidolon aufleuchten, das stets Phänomen bleibt, und dennoch nicht mehr Phänomen im empirischen Sinne ist« (Emmrich, S. 92). Damit ist treffend die Tatsache dargestellt, warum der Mensch die Symbole im geistigen Leben sozusagen immer an ›bevorzugter‹ Stelle behandelt und wertet, oder sie aber ebenso deutlich verdrängt, wenn es um die negativen Erscheinungen aus der Antinomie des Symbols geht.

Wir wissen aus der Erfahrung der Psychologie, daß der

seelische Reifungsprozeß eines Menschen, seine eigentliche ›Menschwerdung‹ und Höherentwicklung, von einem beständigen inneren Symbolwandel begleitet wird. Zu dieser Erkenntnis hat die Geschichte der Traumdeutung wesentlich beigetragen. Die Art und die Gesetzmäßigkeit der symbolischen Abfolge und der Wandlung und Sinnübertragung der Bilder wird zum Indikator für die Art und das Maß der Integration und damit der eigentlichen Individuation des Menschen. Die archetypische Struktur zeigt uns, daß jeweils mindestens zwei Aspekte des gleichen Urbildes manifest werden können, die sich innerhalb der gleichen dynamischen Polarität bedingen. Das Symbol ist nicht nur logischer, sondern auch ›alogischer‹ und ›arationaler‹ Natur, wie es Jean Gebser formulierte. Es ist nicht nur ambivalent, sondern potentiell multivalent, immer in seiner Manifestation von einer Ebene der zwei Möglichkeiten von der einen ausgehend. Es ist, um mit Gebser zu sprechen, »eine Zusammenballung zweier sich ergänzender Pole, immer zweideutig (ja selbst auch vieldeutig), und zwar in dem Moment, da wir nur einen der Werte oder Pole ins Auge fassen« (Gebser, *Ursprung*, S. 242).

Von verschiedenen Seiten aus bemühen wir uns um die Einkreisung der Definition des Symbolbegriffs, und es zeigt sich, daß wir philosophische, mythologische, psychologische, sprachwissenschaftliche und religionsgeschichtliche Ansätze sowie die Phänomenologie des Geistes anwenden müssen, um dem Wesen des Symbolischen gerecht zu werden. Denn es birgt sich im Symbol auch das Wesen des Numinosen, eines der Grundphänomene des echten Symbols überhaupt, weshalb es in den Religionen so stark verbreitet ist. Und dieses Numinose des Symbols erfahren wir persönlich, oder auf einer niederen Ebene des Bewußtseins auch kollektiv, aus seiner machtvollen antinomischen Gegensatzspannung, die sich sowohl im positiv erhebenden als auch im dämonisch bedrohenden Aspekt zu zeigen weiß. Goethe weist bereits auf diese Grundtatsache symbolischer Urformen in seinen Maximen hin: »Das unmittelbare Gewahrwerden der Urphänomene versetzt uns in eine Art von Angst, wir fühlen unsere Unzulänglichkeit; nur durch das ewige Spiel der Empirie belebt erfreuen sie uns.«

Vom philosophischen Standpunkt aus versteht Ernst Cassirer »unter einer symbolischen Form jene Energie des Geistes ..., durch welche ein geistiger Bezugsgehalt an ein konkretes sinnliches Zeichen geknüpft und diesem innerlich zugeeignet wird«. Nach Cassirer drückt sich im Symbol »das Grundphänomen aus, daß unser Bewußtsein ... jeden Eindruck mit einer freien Tätigkeit des Ausdrucks verknüpft und durchdringt. Eine Welt selbstgeschaffener Zeichen und Bilder tritt dem, was wir die objektive Wirklichkeit der Dinge nennen, gegenüber, und behauptet sich gegen sie in selbständiger Fülle und ursprünglicher Kraft« (*Wesen und Wirkung*, S. 175). Denken wir als Beispiel nur an die Kornähre der eleusinischen Mysterien, an die Sonne als Gott in der Gestalt des Rê, an das Feuer als Gestalt des Agni und an das Symbol der Schlange im indischen Kundalinî-Yoga.

Wir treffen hier mit der von Cassirer angesprochenen Definition auf das psychologische Phänomen der Objektimago, auf die Frage nach dem Bilde, das wir uns von einem Gegenstand machen. Es ist ein objektives Bild, das durch einen subjektiven Beitrag des eigenen bewußten und unbewußten Standpunktes zu einem komplexen Bild werden kann, wenn sich auch noch die symbolische Funktion dahinter verbirgt. So erhalten wir letzten Endes eine Ojektbetrachtung, die in ihrer Wertigkeit doch um einiges unterschieden ist von dem realen Wert des Objektes. Eine der bedeutendsten Imagines (Bilder) dieser Art ist das in der Symbolik der Mythen überlieferte und oft faszinierend ausgestaltete Bild der imago mundi, das kosmische Abbild als ein Vorstellungsbild unseres menschlichen Geistes von einem »idealen Kosmos«, wie er sich im Bewußtsein der Völker gebildet hat, bevor die vermessende Naturwissenschaft einen exakten und doch immer noch ähnlichen physikalischen Kosmos geschaffen hat. In der Kosmologie der Völker ist die imago mundi eine

Idealisierung der damals tatsächlich bekannten Form, eine symbolische Überhöhung und Konzentration der kosmischen Ordnung, die letzthin zum Urbilde auch der menschlichen Ordnung wurde. Und diese imago mundi ist ein komplexes Symbol, auf empirischer Welterfahrung und idealer Vorstellung begründet, und doch darüber hinaus ein künstliches Gebilde des gestaltenden Geistes. Betrachten wir die Kosmogramme der altindischen Mythologie, die Mandalas oder die kosmologischen Zeichnungen der Navajo-Indianer in ihrer äußeren Gestalt, so sind sie doch auch der modernen physikalischen Weltvorstellung immer noch verwandt.

Um die ganze Tiefe der Symbolschöpfung anzudeuten, müssen noch weitere Standpunkte berücksichtigt werden. Die evident vorhandene innere Notwendigkeit eben zu jener symbolischen oder Symbole schaffenden Funktion des Bewußtseins erkennt Cassirer sehr klar, wenn er sagt, daß alle Idealisierungen »niemals die Wirklichkeit selbst erfassen, sondern sie müssen ... zum Zeichen, zum Symbol ihre Zuflucht nehmen. An allen Zeichen aber haftet der Fluch der Mittelbarkeit; es muß verhüllen, wo es offenbaren möchte« (S. 78–79). Somit sind wir wieder bei der antinomischen Natur des Symbols, die oft in mehrschichtiger und auch widersprüchlicher Art eben mehr als das Sichtbare ausdrückt und nicht alles vermitteln kann, was immer wir auch daraus zu entnehmen vermögen. Die Differenz aus dem Darstellbaren, das zur konkreten Form gezwungen ist, und dem nicht Erfaßbaren ist also nicht zu lösen und erbringt aber für die Wirksamkeit des Symbols gerade seine ihm inhärente schöpferische Dynamik an den Tag. Diese Erscheinung wird bei den bekannten Schriften der Mystiker am deutlichsten, die sich wie Ekkehart, Hildegard von Bingen oder Jakob Böhme darum bemühten, für die Gotteserfahrung, die Wirklichkeit des Höchsten, einen adäquaten Begriff zu finden. Ihr ganzes Werk besteht darin, das beste Symbol für die ihnen widerfahrene Macht des Numinosen zu finden, um es in sprachlicher Form darstellbar zu vermitteln.

Es ist schlechthin die Ohnmacht des menschlichen Intellektes und seiner in einer Richtung wirksamen rationalen Einseitigkeit, an das Wesen des Symbols ganz heranzukommen. Gerade hier stellen wir fest: das Höchste, das Absolute, das Ding an sich, das (indische) Brahman oder das (chinesische) Tao, alle diese und ähnliche Begriffe sind für uns Symbole letzthin auch aus der Unerfüllbarkeit des transzendenten Raumes der Urphänomene in Zeit und Richtung. Bei den Symbolen oder Symbolbegriffen für die höchsten Werte der menschlichen Erfahrung wird die faszinierende Kraft des Symbols und dagegen unser unzulängliches Wissen für gültige Definitionen überzeugend erwiesen, das ist die Macht und das Geheimnis des Symbolon. Echtes Wissen vom Symbol liegt jenseits der nur Begriffe prägenden Sprache, es ist spontane Erfahrung eines im höheren Sinne Lebendigen. »Symbolisch ist also ganz allgemein jenes Wesen, jener Daseinszustand, in dem das Sinnenhaft-Empirische lebendiger Ausdruck des ihm Immanenten einer höheren Wirklichkeit ist«, wie es Daqué umschrieben hat (*Leben als Symbol*, S. 7).

Versuchen wir einige der schon erwähnten psychologischen Grundfragen der Symbolschöpfung zu erhellen, auch wenn es hier bereits wieder verschiedene Deutungen der einzelnen Schulen geben wird. Die Frage nach dem Archetyp oder dem psychoenergetisch bedingten und prästrukturierten Urbild haben wir bereits berührt, sie ist gewiß auch nur eine Lösung und auch Hypothese, die sich anbietet. So beweisbar auch heute in der analytischen Psychologie und in der vergleichenden Mythologie der Archetypus sein mag, so muß er doch durch biologische, genetische und physiologische Forschungen gestützt werden. Die Erkenntnisse über den genetischen Code sind mit der Archetypentheorie abzugleichen.

Das Symbolerleben ist ein zu komplexer und schöpferisch fließender Vorgang, an dem die Kreativität aus der geistig-seelischen Ganzheit einen leidenschaftlichen Anteil hat. Die Wirkung des Symbols erleben wir ja erst jenseits des Intellektes durch geistige Schau und intuitives Erfassen. Da Symbole durch keinen statischen Begriff erschöpfend definiert werden können, stellen sie uns immer wieder dem Prinzip des Dynamischen, dem eigentlich Lebendigen gegenüber. Sich dem Einfluß symbolischer Funktionen direkt und offen gegenüber in der Tiefe der Seele zu verhalten, bedeutet für uns Teilhabe am permanenten und evolutionären Vorgang des schöpferischen Lebens. Diese Teilhabe kommt auf zweifache Weise zustande. Wir bilden durch äußere Welterfahrung einen inneren Reichtum an geistigen und dann auch unbewußten Urbildern und Kräften, die immer wieder zu Bewußtsein gelangen können. Und da gibt es vielleicht jene präformierende und selektive Struktur in den Tiefen des Bewußtseins und eine veranlagte Art der Bilderfassung und Bildverwertung, die auf Einflüsse und Assoziationen mit spezifischen und individuellen Antworten reagiert. Durch Betrachtung und Innenschau erscheint uns dann eine durch Synthese aus all diesem entstandene neue Form, das Symbol. Es ist ein integrierter Bestandteil unseres seelischen Lebens, es kommt aus der objektiven Welt und dem subjektiven, das heißt persönlichen Leben, es ist historisch und doch nur momentan wirksam zugleich. Da es ein Bild der Psyche ist, geht es über die gestalthafte Form hinaus und wird übertragbar.

Die seelische Welt ist eine energetische und darum schöpferische, ihre Form ist ständige Wandlung, ihre greifbaren Zentren sind Urbilder und Symbole, die wir in der Psychologie in ihrem Wesen auf archetypische Konstellationen des Unbewußten zurückführen. Die Geschichte der menschlichen Psyche und der geistigen Evolution ist derart gesetzmäßig, daß wir die Symbole oder Strukturen der Polarität, der Trinität, der Quaternität, der quinta essentia, des Kreises, des Baumes, des Weltenberges oder der kosmologischen Ordnung in aller Welt wiederfinden, um hier nur einige Beispiele aus der Welt der Symbole zu nennen.

Im gleichen umfassenden Sinne erscheinen die Symbole von Licht, Gott, Leben und Seele; es sind überall und in reichhaltigen Wandlungsformen die Symbole für das Numinose, das Unendliche, die Bewußtwerdung, Erkenntnisakt und Erleuchtung, für das an sich Unsterbliche oder Todlose der psychischen Energie, des Allbewußtseins, oder wie auch immer wir diese Kraft benennen mögen. Diese Symbole zeigen das Lebendige in jedweder Form, das über sich hinaus Weisende und die Kraft der Transzendierung in einer totalen, seelischen Kosmologie, die über den irdischen Kosmos hinausgreift zu einer Bewußtseinstranszendenz, um im Symbol auch noch das jenseitige Ufer göttlicher Gesetze zu eröffnen. Der entgegengesetzte Weg ist die Innenschau der reinen Introversion, zu den Quellen, aus denen die Urbilder zu bestimmenden Symbolen erwachen. Humboldt beschrieb im 57. Sonett den Vorgang mit dichterischer Subtilität:

> Der Geist dann ruht auf seiner eignen Tiefe
> und über seines Schoßes Dunkel brütet.
> Was Absicht und Vernunft hervor nie riefe,
> von selbst aufblühend lieblich dar sich bietet,
> und aus der Kräfte tief beseeltem Zeugen
> sieht man der Dinge Urgestalten steigen.

Tausendfach drückt sich der Mensch symbolisch aus, es ist geradezu die Wesensnatur der Seele, im symbolischen Bild und Wort offenbar zu werden, oder wie es Daqué sagte, »das Symbol ist die wahre Form, worin wirkliches Wissen und Erkennen ausgesprochen zu werden vermag« *(Leben als Symbol,* S. 5). Aber wie wenige sind sich dessen bewußt. Das Symbol ist die der Seele am meisten adäquate Sprache und Ausdrucksform, dies zu wissen bedeutet, den Anfang schöpferischen Lebens wiederzugewinnen.

Nachdem die Symbole als Urbilder auch zu den determinierenden Leitbildern unseres Handelns und der Welterfahrung werden, muß in ihnen eine definitive Sinngebung verborgen sein. Nach Cassirer schafft ein jedes Symbol eine eigene Welt des Sinnes. »In ihm stellt sich die Selbstentfaltung des Geistes dar, kraft der es für ihn allein eine ›Wirklichkeit‹, ein bestimmtes gegliedertes Sein gibt« (S. 79). Das ist die eigene Welt des Sinnes im Bereich des Symbolischen, die von unentbehrlicher Bedeutsamkeit ist. Die sinnschaffende Kraft des Symbols, die auch das Fundament eines jeden echten Mythos ist, kann als ein wesentliches Element betrachtet werden. Ein echtes Symbol wird uns also immer vor eine Sinnfrage stellen und diese auch auf eine umfassende und eben unerschöpfliche, also symbolische Weise lösen. Wir müssen uns der Tatsache mehr bewußt werden, daß alle Symbole in sich einen Aspekt des Lebens, der Lebenserfahrung, der Lebensgestaltung und ihrer Sinngebung enthalten, so daß wir um die Begegnung und die Einheit mit den Symbolen bemüht sein sollten. Berücksichtigen wir die kollektiv verbindliche Sprache der Symbole, dann finden wir über sie auch mehr zwischenmenschliches Verstehen auf der Ebene des Bildes.

Symbole sind nicht allein Urbilder aus der Erfahrung der Seele und der äußeren Welt, sondern wir erkennen in vielen von ihnen auch den höchsten Ausdruck von Bewußtseinsgegenwart. Darum dienen sie so häufig als Vermittler von Erkenntnissen und Inhalten des Wissens in den großen Religionen und den Mythen sowie in der Poesie, die gar nicht besser als eben in Symbolen darzustellen sind. Sie können geradezu Bilder von subtilen Erkenntnisvorgängen sein (wie etwa die Symbole der großen Kosmogonien), die ihre einzig mögliche Ausdrucksform im Symbol gefunden haben. Wir kennen zum Beispiel als große Symbole des Selbstes im Indien der vedischen Zeit den Begriff des Âtman oder des Puruṣa, die auf das eigentliche Sein des Menschen in seiner Relation zwischen dem Göttlichen und der manifesten Welt hinweisen sollen. In der abendländischen Alchemie finden wir die Vermittlung von sehr komplexem ›Wissen‹ etwa in den Symbolen des lapis philosophorum, der aqua permanens oder des arcanum.

Auch der mythologische Standpunkt gibt uns einen homogenen Beitrag für die Funktionen des Symbols als einem Primäraspekt in der Entfaltung der mythischen Welt. Symbole sind die bildhaften Keimzellen der mythischen Geschichte, für den sich daraus entwickelnden feierlichen Ritus und die Zeremonien, sie werden zum Antrieb der im Mythos ablaufenden Geschichte und Handlung. Das Symbol ist die Urform für das bildhafte Wirken der religiösen Erfahrung, oder wie es Bachofen definierte, »der Mythos ist die lebendige Exegese des Symbols«. Wir müssen das Symbol an den Ursprüngen der bildenden Kraft des Geistes suchen, als erste formgestaltende Monade, die noch von ungeteilter Bedeutungsfülle getragen wird. Für Gebser ist jedes echte Symbol ein »wirkendes Ursprungselement und präformierendes Grundmuster des Seins, des Seienden und des Gewordenen, also der ganzen Wirklichkeit« (*Ursprung*, S. 244).

Wir sprachen vom bildhaften Symbol als einer Art von sekundärem, gestaltetem Bilde, das sich für uns als optimal deckungsgleich erweist mit jenem inneren Bilde, das wir durch Angleichung an die äußere Form zu objektivieren versuchen. Es ist das gestalthafte Abbild von einem Urerlebnis als der zuvor noch bildlosen Erfahrung der Wirklichkeit. Bewußte Erfahrung und unbewußte Reaktion der Psyche auf der einen Seite und innere Erfahrung sowie nach außen projizierte Ausdrucksform auf der anderen Seite formen aus Bild und Gegenbild in schöpferischer Verwandlung das Symbol oder lassen es transparent werden. Beide zusammen, das objektive und das subjektive, innere Bild als Anteile eines gleichen Symbols verhalten sich im individuellen Erlebnismoment komplementär, sie bilden die untrennbare Einheit der symbolischen Gesamtfunktion. Durch einen wiederum symbolischen Beitrag eines Bildgleichnisses aus der Literatur des alten China könnten wir eine psychologische Deutung des Ursprungs der Symbole wagen, die das Wesen des spontan Schöpferischen betont. In einem Text des Chung-Yuan-Chang aus dem 8. Jahrhundert steht:

Wie Wildgänse fliegen oben am weiten Himmel entlang.
Ihr Bild spiegelt sich in den stillen Wassern unten.
Die Gänse denken nicht daran, ihr Bild im Wasser zu prägen.
Noch gedenken die Wasser, das Bild der Gänse zu bewahren.

In dem dichterischen Gleichnis finden wir eine Darstellung der absichtslosen und darum spontanen Bildschöpfung, die durch Reflexion, das heißt Betrachtung im eigenen Zentrum des Bewußtseins, erscheint. Nichts ist bewußt geprägt, sondern nur Schau und Ereignis. Die Wildgänse sind das Bild der zum Ziele strebenden Seele, der suchenden. Das Wasser ist Symbol des unendlich tiefen Bewußtseins, das die verborgenen Potenzen des Bewußtseins aufleuchten läßt. Im zufälligen und absichtslosen, das heißt nicht intellektuell beeinflußten, und harmonischen Einklang von Psyche und Bewußtsein entstehen die wirksamsten Urbilder und Symbole, die von der plötzlichen und doch auch permanenten Gegenwart der Idee und des Schöpferischen künden. Der hier angedeutete Vorgang spielt in der analytischen Psychologie unter dem Begriff der ›transzendenten Funktion‹ eine große Rolle, es ist der Vorgang der übergeordneten Synchronisation von Bewußtem und Unbewußtem, womit ein größeres Spektrum des ganzen Bewußtseins zur Wirksamkeit gelangen kann.

Wir kommen noch einmal auf die Frage nach der Theorie des Archetypus zu sprechen, die von Jung aufgestellt wurde, und die sich uns in bezug auf die Symbole aufdrängt. Der oben zitierte chinesische Vers ist wohl lyrisch, aber doch ein großes Symbol zugleich. Jung sagte zur Darstellung des Symbols, daß es »vom Standpunkt des Realismus aus betrachtet« keinen Wahrheitsgehalt habe, »aber es ist psychologisch wahr, und es war und ist die Brücke zu den allergrößten Errungenschaften des Menschen« (*Symbole der Wandlung*, S. 390).

Unser besonderes Interesse sollten wir dem Wirkungsbereich des Symbols widmen, der sich aus der Gegensatzspannung der verschiedenen antinomischen Inhalte und ihrer Deutungsmöglichkeiten ergibt. Da schon ein Symbol immer mehrere Inhalte zugleich anbietet, sind die jeweils größten Gegensätze zu einer höheren Einheit zu integrieren. Symbolischer Ausdruck verlangt a priori eine Vereinigung von verschiedenen und rational auch inkompatiblen oder sogar polaren Gegensätzen oder Inhalten. Es kann auch ein Symbol aus mehreren Stufen zu einem vereinten Symbol zusammenwachsen (z. B. Mandala). Als solche sind auch die Riten zu bezeichnen. Ritus und Kultus sowie auch der mythische Bericht sind Symbole im bewußten menschlichen Handeln mit einer folgerichtigen Aktion, die sich zu einem vereinigten Symbolkomplex mit einzelnen Sinnschritten in der Zeit verbinden. Die Zeit wird zum symbolischen Handlungsraum der Mythen, der mythischen Verkündigung, die in einem Ritual zum dramatischen Ablauf symbolischer Handlungen wird. Im Mythos und im Ritus erlangt daher auch die Zeit einen symbolischen Wert.

In der polaren Spannung des Symbols erkennen wir die Notwendigkeit zu einer integrierenden Zusammenschau. Nicht die einzelnen Aspekte sind zu erfassen, sondern die sich ergänzende Einheit der auf verschiedenen Ebenen wirksamen Komponenten. »Erst dann«, so sagt es Jean Gebser, »wenn wir nicht mehr von Polen ausgehen, sondern von der Ergänztheit, die sie zusammengenommen darstellen ..., erschließt sich uns das echte Symbol und damit die Seele als das Sich-Ergänzende« (*Ursprung*, 243). Die Ergänztheit stellt also nur eine psychische und deshalb immer ambivalent bleibende ›Einheit‹ dar. Die Dynamik aus den verschiedenen Erfahrungsmöglichkeiten eines Symbols kann zur schöpferischen Erneuerung des Geistes führen. Die Verarbeitung von Symbolen durch den kulturschaffenden Menschen zeigt jeweils die Stufe seiner Integration an, die Stufe seiner geistigen Vollendung in der Meisterung der inneren und äußeren Probleme der empirischen Polarität, unter der er steht und wirkt.

Zur Vermittlung des Symbolischen gehört schließlich nicht zuletzt die Sprache, die nicht nur Medium des Symbolon, sondern dieses selbst zugleich darstellen kann. Eine ganze Reihe von sprachlichen Begriffen sind in gleicher Weise als lautliche sowie bildliche Zeichen für uns zum Symbol geworden. Nach Cassirer kann das Wort der Sprache zu einer Art

Urpotenz werden, »in der alles Sein und Geschehen wurzelt«. Mythenforschung und Symbolkunde verbinden uns unbedingt mit der Symbolik des gesprochenen Wortes, denn gerade der Mythos ist gesagtes und verkündetes Wort, seine Geschichte und symbolische Wahrheit wird durch das Wort in die Wirkung umgesetzt. Die Sprache des Mythos kristallisiert sich um zentrale Worte mit sinngebendem Wert, der die gleichnishafte und einmalige Wirklichkeit andeutet.

An dieser Stelle erhebt sich für uns die Frage nach der heute zur Gewohnheit gewordenen willkürlichen Veränderung der Wortinhalte und Bedeutungen, denn auch die Worte sind Symbole des Geistes mit sinngebendem Wert und nicht nur leblose Medien. So ist auch der innere Sinn der Sprache nur bis zu einem gewissen Grade flexierbar. Eine radikale Umwertung sowie die vollkommene Entwertung von Begriffen, wie sie heute üblich ist, richtet einen Schaden an, dessen Wirkungen wir zum Teil bereits selbst erfahren. Da sind in der Sprache zu viele uralte Symbole, und wenn diese unwissend oder auch absichtlich in ihren Gegensinn verwandelt und dann auch noch angewendet werden – wie es etwa in der Politik Brauch geworden ist –, dann wird der Mensch in ein Chaos geleitet, das von seinem eigenen Medium der Verständigung direkt ausgeht. Diese Gewalt an der Sprache, die Jahrtausende brauchte, um sich zu entwickeln – wie jedes Symbol –, führt zur inneren Destruktivität, zum negativen und zerstörerischen Pol der Sprachsymbolik. Er zerstört die Sprache als Symbol gleichsam von innen heraus, ohne daß wir selbst anfangs gewahr werden, was wir mit dem entwurzelten Intellekt angerichtet haben. Uns entgleitet auf diese Weise die Herrschaft über die Sprache, das große und bisher bedeutendste zwischenmenschliche Medium des Verstehens. Literatur, Poesie, Philosophie und politische Wissenschaften sind heute bereits deutlich von dieser inneren Zerstörung gezeichnet, die zur Entfremdung der Menschen und selbst der einzelnen Individuen beiträgt. Hier beginnt das Feld der Ideologien, welche die Sprache jedem Muster unterwerfen und ausnutzen, welche nicht mehr von der Wirklichkeit sprechen, sondern ›Wissenschaften‹ von Ideen aufstellen. Für solche Zwecke kann und wird die Sprache als Symbol nicht mehr dienen können, und eine Inflation der ›leeren‹ Begriffe wird die Folge sein.

Der große Mangel an innerer Reflexion, bedingt auch durch die unerbittliche ›Kultur der Ablenkung‹ und der Diversifizierung des Bewußtseins, und der Verlust der Bindungen zu den eigenen psychischen und geistigen Fähigkeiten aufgrund der exklusiven Zuwendung zur Außenwelt gibt sich in der heutigen Zeit kund als Unfähigkeit zum symbolischen Erleben. Daher folgern sich unabdingbar die Entstellung und Entwertung der gewachsenen Werte und des allgemeinen Wertconsensus, die die Dinge zum Teil ganz bewußt ihres ursprünglichen Sinnes entleeren. Für die Entwicklung einer humanen Kultur und der Möglichkeiten des zwischenmenschlichen Verstehens sind die negativen Folgen noch nicht abzusehen, wenn auch schon sichtbar. Eine willkürliche und unbedachte oder gar bewußt vollzogene Verkehrung des Sinnes muß zur Abwertung aller Werte und damit zur Destruktion der Sinngebung der Sprache überhaupt führen. Der Mensch sollte nicht dem Wahn verfallen, daß hier eine ›Umwertung‹ überhaupt denkbar ist, sie führt nur in die große Isolation einer sinnlos gewordenen Begriffswelt. So sind oft die Worte nur noch leere Hüllen, deren Sinn man beliebig auszutauschen bereit ist, da man das »Sichtbare und Unsichtbare des Symbols« (Humboldt) willkürlich getrennt hat. Damit gelangen wir in den zerstörerischen Kreis des Symbols, und die Sprache wendet sich unvermittelt und mit unglaublicher Härte und Realität gegen ihre eigenen Erfinder.

Es geht aber nicht um die Umwertung, sondern um die Setzung neuer Werte aus der echten und historisch bezogenen Erfahrung der Wirklichkeit des Seins. Es geht auch um die schlichte Erfüllung uralter und gültiger Werte, denn um die Geschichtlichkeit kann der Mensch nicht herumkommen, sosehr er sich bemüht, Zeit und Herkommen ›totzuschlagen‹.

Statt Zeit zu ›erfüllen‹, seine Zeit zu ›leben‹, erfand der Mensch den eben genannten Terminus, der sich nicht gegen die Zeit, sondern gegen ihn selbst richtet. Wir sehen an diesem ›Wortspiel‹, was die Symbolik der Sprache ausrichten kann. Alle Umwertung ist Willkür und Gewalt an historisch Gewachsenem, Symbole wachsen und wandeln sich nur aus sich selbst heraus, und nicht durch den rationalen Eingriff des Intellektes von außen oder oben her. Wir müssen erkennen, daß bei uns wesentliche Bestandteile aus der Bewußtheit um den Wert des Symbols und den aktuellen Wert des Wortes verlorengegangen sind. Darin liegen die Gefahren, wenn wir die Macht der Symbole verkennen und glauben, sie auf fremde Dinge ohne Schaden übertragen zu können.

Kommen wir von diesem Exkurs zurück zum Symbol, das an entscheidender Stelle zwischen Bild und Aussage wirksam wird. Es hat einen hervorragenden Platz zwischen den Menschen und für den einzelnen allein. Es kann zwar selbst nicht in ausreichendem Maße der sichtbare Ausdruck des vollkommenen Sinnes sein, für den es steht, wohl aber kann es für jeden individuell zur Erfahrung seines eigentlichen Wertes führen, denn es integriert und erhebt zu neuem Wissen. So ist das Symbol – ob Zeichen oder Wort – der große Mitteilende, man könnte von der Mittlerschaft des Symbols sprechen, meist genau an der Grenze zwischen den Erfahrungen aus der realen und der nicht-realen, oder zwischen der immanenten und der transzendenten Welt. So bedienen wir uns der Symbole als der Medien zu den Ufern des schöpferischen Erfassens und der Erfahrung einer größeren und tieferen Wirklichkeit, die im symbolischen Bilde immer wieder neue Aspekte zeigt.

Karl Kerényi bezeichnet die Symbole treffend als ›Abbreviaturen‹, die im Konzentrat das Ganze auf einmal enthalten. Darum können nach Kerényi die »Mythologeme, göttliche Gestalten und religiöse Symbole nicht als Probleme gelöst, sondern nur auf Ideen, Archetypen, Urgestalten – oder wie man sie nennen will – zurückgeführt werden.

Diese beschäftigen uns weiter, wie echte Geheimnisse es tun« (in: *Humanistische Seelenforschung*, S. 226). Das Symbol bleibt letzthin immer noch ein Geheimnis, und das ist seine Unausfüllbarkeit durch unsere mentale Unzulänglichkeit auf rationaler Ebene. An den Urbildern formen wir weiter, aus der Integration der Gegensätze im Symbol erfahren wir neue Impulse und schöpferische Energie, die uns das Verstehen des Symbols, seines Sinnes und Auftrags transparenter machen.

Schließlich bleiben für uns Symbole immer im Zustand des Erscheinens und Werdens, sie sind nicht abgeschlossen, nicht vollendete Zeichen oder gar leere Allegorien, sondern Bilder der Wandlung, die selbst nur in Wandlung erscheinen. Eben in ihrem nicht vollendeten und definitiven Zustand erscheinen sie uns doch auf der gestalthaften Ebene bereits als vollendet, das Mehr an Inhalt stellt sich uns nur als Potenz und als Möglichkeit der Transzendierung zur Verfügung. Vergleichen wir einmal die ältesten bestehenden und noch immer funktionierenden Symbole mit den symbolischen Abläufen der jahrtausendealten Menschheitsgeschichte, mit der Geschichte der geistigen Evolution, des Fortschreitens von Entfaltungen und Wandlungen geistiger Bilder, dann erkennen wir noch immer die Übereinstimmung und sogar häufig genug die Identität symbolischer Prozesse als Ausdruck der Gesetzmäßigkeit menschlichen Lebens und Wirkens.

Gerade hier finden wir das Symbol in seiner weiterführenden Aufgabe bestätigt, nicht allein in seiner offenbarenden und vermittelnden Rolle, sondern in seiner notwendigen Daseinsfunktion zur Weiterführung und Höherentwicklung des Menschen. Das Symbol war immer das erste Leitbild, die erste Ahnung in der möglichen Gestalt, das sich erst in den Jahrhunderten zu seiner Fülle entfaltete und zugleich überdauerte. Dies erkannte bereits J. J. Bachofen in seiner treffenden Definition über die »hohe Würde und ahnungsreiche Fülle des Symbols«, und »... daß es verschiedene Stufen der Auffassung zuläßt und selbst anregt, und von den Wahrheiten des physischen Lebens zu denen einer höheren geistigen Ordnung weiterführt« (*Mutterrecht*, S. 32).

In allen initiatorischen Kulten der Völker, in den eleusinischen Mysterien zur Epopteia des Mysteriums der Persephone, den ägyptischen Weihen zur großen Nachtmeerfahrt der Sonnenbarke des Rê, den buddhistischen Einweihungen in den mystischen Körper der vierfach großen Vollendung (sahajakâya), in der mythisch-symbolischen Konjunktion von Sonne und Mond als Bild der mikrokosmischen Einordnung durch Meisterung der psychischen Energie des Yoga (kuṇḍalinî), in der Gründung der heiligen Stadt als Mitte der kosmischen und geistigen Welt, immer finden wir das Symbol an zentraler Stelle der Vermittlung eines höchsten Wertes, und zwar mit einer Notwendigkeit der Erscheinung an den Grenzen von unbewußtem Wirken und bewußtem Gestalten, die uns zeigt, daß recht eigentlich das Symbol der Mittelpunkt und auch der Höhepunkt des lebendigen geistigen Geschehens ist. Wir finden es im Zentrum, und es führt uns selbst auf unser ureigenstes Zentrum zurück. Es ist ein Anfang und ein Kristallisationspunkt für die weiterführenden Erlebnisse der Seele, es ist Markstein und Wendepunkt der geistigen Wandlung; es steht an den Grenzen und jenseits immanenter und transzendenter Erfahrung, es weist auf das große Geheimnis, auf ein Numinosum hin, das sich allein im Geiste durch die Quellen des eigenen Bewußtseins erschließen läßt.

Sosehr auch eine Erklärung und eine möglichst sachliche Darstellung des gegenständlich sichtbaren Symbols zur Profanierung eben auf dem Boden der intellektuellen Verarbeitung und Objektivierung beitragen mag, so sehr liegt auch im Symbol die Möglichkeit zur Transzendierung beschlossen, da die Grenzen seiner Erfahrung nach außen und nach innen nicht gezogen werden können. In dieser recht eigentlich zu verstehenden arationalen Natur des echten Symbols, das den ältesten Tiefenschichten entwächst und doch das Geltende und das Zukünftige nicht begrenzt, liegt die Bedeutung für jeden Anbeginn oder Neubeginn schöpferischen Lebens aus dem Geiste, dem wir uns nicht verschließen dürfen. Wir verbinden die aus dem Schöpferischen erlebte Wirklichkeit des Symbolischen mit dem realen Ablauf des menschlichen Daseins; darin erkennen wir das Wesen des Menschen und sein In-der-Welt-Sein als urbildlichen und permanenten Ausdruck der Sinngebung.

Literatur:

Bachofen, J. J. *Mutterrecht und Urreligion*, Leipzig 1932
Bachofen, J. J. *Versuch über die Gräbersymbolik der Alten*, Basel 1925
Bergson, H. *Denken und schöpferisches Werden*, Meisenheim 1948
Bergson, H. *Schöpferische Entwicklung*, Jena 1912
Bergson, H. *Materie und Gedächtnis u. a. Schriften*, Frankfurt 1964
Cassirer, E. *Wesen und Wirkung des Symbolbegriffs*, Darmstadt 1969
Daqué, E. *Leben als Symbol*, München-Berlin 1928
Emmrich,W. *Protest und Verheißung; darin: Symbolinterpretation und Mythenforschung*, Frankfurt 1968
Gebser, J. *Ursprung und Gegenwart*, Stuttgart 1965
Goethe, J. W. v. *Sämtliche Werke in sechs Bänden*, Stuttgart 1863
Humboldt, W. v. *Latium und Hellas*, Werke Bd. II, Darmstadt 1969
I-Ging, *Das Buch der Wandlungen*, übers. v. R. Wilhelm, Düsseldorf 1924
Jung, C. G. *Psychologische Typen*, Zürich 1950
Jung, C. G. *Symbole der Wandlung*, Freiburg 1971
Kerényi, K. *Auf den Spuren des Mythos*, Darmstadt 1967
Kerényi, K. *Humanistische Seelenforschung*, Darmstadt 1966
Kerényi, K. *Antike Religion*, Darmstadt 1971
Kleinstück, J. *Mythos und Symbol in englischer Dichtung*, Stuttgart 1964
Plotin, *Schriften*, Bd. I, übers. v. R. Harder, Hamburg 1956
Pongs, H. *Symbol in der Schule*, Marburg 1975
Wolff-Windegg, Ph. *Symbol und Schweigen*, in Symbolon, Band III Basel 1962

II.
GRUNDLAGEN SCHÖPFERISCHEN WIRKENS

A.
Wesen und Strukturen des Archetypus als Ursprung schöpferischer Manifestationen

Wenn wir uns mit der Frage nach dem Wesen des Schöpferischen befassen, gibt es verschiedene Möglichkeiten, das Eigentliche zu umschreiben. Es bieten sich einige Ausgangspunkte aus dem Bereich der bildenden Kunst sowie etwa aus dem reichhaltigen literarischen Schaffen, das vor allem in der Dichtkunst zum Inbegriff schöpferischer Sprache geworden ist. Für uns jedoch soll hier an erster Stelle der psychologische Ansatzpunkt berücksichtigt werden, von dem ausgehend wir dann versuchen könnten, Erscheinungsformen und Grundvoraussetzungen für das Schöpferische darzustellen. Natürlich werden sich im Verlauf der Betrachtungen auch aus den anderen genannten Bereichen Beispiele anbieten, die unserem Thema wertvolle Beiträge liefern.

Wir können für unsere nur beschränkte Betrachtung drei Erscheinungen in den Vordergrund rücken, die im schöpferischen Prozeß sicher eine bedeutende Rolle spielen. Diese sind die Archetypen, die Symbole und die schöpferische Tätigkeit aus Intuition, Phantasie und kreativer Kombinationsgabe. Als erstes steht hier das Problem des Archetypus (oder einer irgendwie urbildlich gearteten Struktur) und aller aus diesem kommenden potentiellen Möglichkeiten, die in ihrer Aufgliederung zum Anlaß des schöpferisch wirkenden Geistes werden. Als ein weiteres Produkt aus dem urbildlich oder archetypisch präformierten Grunde des Unbewußten kennen wir bereits auf der Ebene des Bewußtseins die vielen Urbilder und Symbole, die uns bewegen in Form von sichtbaren, gestalthaft überlieferten Zeichen und Begriffen, von denen eine primäre und wiederum unser Bewußtsein gestaltende Kraft ausgeht. Für die Geschichte des menschlichen Bewußtseins und der großen Leistungen des Bewußtseins sind die manifesten Symbole und Urbilder sichtbare Wegmarken geworden. Sie waren zu allen Zeiten Kristallisationspunkte für seelische Wandlung und Individuation, für Selbstfindung und Überantwortung, indem sie in den Tiefen des Unbewußten die schöpferischen psychoenergetischen Kräfte auslösen konnten, welche an die Archetypen gebunden sind. Die Symbole stehen als erste Gestaltwerdungen daher an sekundärer Stelle über den Archetypen im Bereich des persönlichen Unbewußten, des Vorbewußten und des wahrnehmenden Wachbewußtseins. Symbole sind die bewußt werdenden bildhaften Schöpfungen aus den Archetypen und können bereits mit einer deutlich umgrenzbaren Definition erfaßt und bewußt bearbeitet werden. Wir könnten mit anderen Worten vielleicht die Symbole einmal als manifeste archetypische Bilder sozusagen der zweiten und dritten Generation bezeichnen, als Emanationen, denn ihnen haftet bereits ein gutes Teil bekannter Bewußtseinsgeschichte an.

Archetypen, Urbilder und Symbole, und wie wir auch immer sonst die primären Ereignisse menschlichen Geistes bezeichnen mögen, sind für uns höchst potentielle Träger für pyschische Energie, und sie haben meistens einen faszinierenden und numinosen Charakter, wenn sie von tiefen Empfindungen und Emotionen begleitet werden. Wir finden in ihnen ein Element, das sich unserer Beschreibung zu entziehen scheint. Denn zwischen dem von uns als wissenschaftlichem Theorem anzunehmenden Archetypus, dem eigentlichen Symbol und schließlich der sich auslösenden Wirksamkeit eines schöpferischen Bewußtseins muß noch eine besondere Gegenwärtigkeit und umfassende Gleichzeitigkeit vorhanden sein, die Ursprung und Gegenwart miteinander verbinden. In diesen subtilen Vorgängen finden wir vielleicht etwas, das ganz wesentlich schöpferische Funktionen ausüben kann. Es sind die so bezeichnete ›transzendente Funktion‹ (Jung), die eine lebendige und übergeordnete Verbindung zwischen Bewußtem und Unbewußtem herstellt, und vielleicht auch die synchronistische Funktion akausaler Zusammenhänge. Es ist darum im Folgenden zu versuchen, solchen Grundlagen des Schöpferischen nachzugehen. Dies setzt natürlich die Kenntnis vom Wesen des Archetypus, seiner möglichen Strukturen und Manifestationen voraus. Und wir müssen mit dem Symbolbegriff aus phänomenologischer und psychologischer Sicht umgehen können, um die dahinter liegenden Kräfte zu erkennen, welche die eigentliche Aktivierung des schöpferischen Geistes ermöglichen.

Es ist für den Anfang das Wesen des Begriffs Archetypus zu beschreiben, und was wir darunter verstehen können, ein Begriff, der durch C. G. Jung in die Psychologie eingeführt wurde. An erster Stelle haben wir davon auszugehen, daß es den Archetypus als eine sichtbare oder fest definierte Gestalt oder als ein Bild nicht geben kann. Die Archetypen sind bestimmte psychische Bereitschaften in den Tiefen der menschlichen Seele, die nach individueller Auswahl auf entsprechende urbildliche und subjektive Vorstellungen sowie Erfahrungen reagieren. Die im Bewußtsein erkennbaren Reaktionsweisen sind es, die uns dann die charakteristische Auswirkung und hintergründige Präsenz von Archetypen anzeigen können. Die Archetypen sind im tief unbewußten Teil der menschlichen Psyche ursprüngliche Verhaltensmuster, die der Psyche ganz allgemein als eine urbildliche Reaktionspotenz inhärent zu sein scheinen. Wenn diese Archetypen durch die psychische Energie aktiviert werden und in den Bereich des Bewußtseins eindringen, dann erscheinen sie dort als Bilder oder Vorstellungen und geistige Inhalte. Und diese ganz bestimmten und immer charakteristischen Bilder und Vorstellungen zeigen uns regelmäßig eine psychische Gesetzmäßigkeit, die auf die ihnen zugrunde liegenden Archetypen schließen läßt.

So haben sich in der Entwicklungsgeschichte des Bewußtseins ganz evident nicht nur viele Symbole und Sinnbilder entwickelt, die eine ganz spezifische Antwort auf die im Unbewußten wirksamen Archetypen geben, sondern die zugleich wieder einen wichtigen Energieträger bilden, um durch Imagination und Assoziationen wieder zur Belebung des archetypischen Schöpfergrundes beizutragen. So kann die Welt der vorbewußt latenten und der gestalthaft bewußten Symbole und die ihrer äußeren Formen eine bedeutende Komplementärfunktion übernehmen, indem sie eine Korrespondenz zur archetypischen Konstellation des individuellen Unbewußten eröffnet. Denn ein jedes Individuum zeichnet sich durch eine persönliche Strukturierung der Tiefenseele aus, die auf ganz einmalige Weise auf die vorhandenen Archetypen des kollektiven Unbewußten reagiert. Sind dort auch ganz allgemein menschliche Urbilder oder Urkräfte vorhanden, so sind doch ihre sichtbaren Aspekte unendlich vielfältig und wandelbar. Hier liegt ein Grund für die fast endlose Möglichkeit schöpferischer Entfaltung und Variabilität. Der Archetypus ist ein unbewußter Inhalt, der »durch seine Bewußtwerdung und das Wahrgenommensein verändert wird, und zwar im Sinne des jeweiligen individuellen Bewußtseins« (Jung, *Wurzeln*, S. 6).

Die in der langen Geschichte des menschlichen Bewußtseins geschaffenen Symbole und Mythologeme, die Symbole der Worte sowie ganz bestimmter Gesten, sie bilden gemeinsam eine mehr äußere, das heißt, im bewußten Raume wirksame Welt von Bildern und Inhalten, die in einem energetischen Austausch mit den unbewußten psychischen Bereitschaften und Instinkten stehen kann. Wir nennen sie den Bereich der Archetypen, der Primärfunktionen eines sich formierenden Bewußtseins.

An sich ist die Zahl der Archetypen unbestimmt, auch wenn am Anfang sicher nur wenige der ungeteilten Kräfte stehen dürften, aber das Problem liegt überhaupt in der Notwendigkeit, eine Trennung vorzunehmen, die uns primäre

Unterscheidungen erlaubt, sosehr sie auch in das Hypothetische gelangen. Nach Jung überschneiden sich die Archetypen und haben eine solche Kombinationsfähigkeit, daß wir nicht in der Lage sind, sie in einzelnen isolierten Begriffen genau zu erfassen. Daraus können wir vielleicht ersehen, daß Archetypen vor allem ein gerichtetes psychoenergetisches Potential darstellen, die in entsprechend erkennbarer Aufgliederung Symbole und Bilder verursachen, die nunmehr auf der bewußten Ebene der Symbol- und Begriffsbildungen einem Archetypus zugeordnet werden können. Jung sieht diese Bilder als immer wiederkehrende Anordnungen entsprechend psychischen Gesetzmäßigkeiten, die als Archetypen bezeichnet werden können. Sie sind also unbewußte Inhalte, die sich im Vorgang der Bewußtwerdung und des Wahrnehmens so verändern, wie es den Daseinsbedingungen des individuellen Bewußtseins entspricht. Wir erleben also im Bilde nur die Manifestationen der Archetypen. Somit ist das Wesen jeweils hinter den sichtbaren Bildern und Inhalten zu suchen, denn diese sind nur die Abbilder instinktiver Situationen des Unbewußten. Die Ursprünge des Archetypus liegen in dem Vorhandensein eines psychischen Momentes, das sich in charakteristisch immer wieder gleichen oder ähnlichen Strukturen im psychischen Geschehen erkennbar macht. Von dieser Eigenschaft der Archetypen meint Jung, daß sie vererbbar sein müsse. Hierzu hat auch Adolf Portmann einen biologischen Ansatzpunkt zum Vergleich mit dem Verhalten bei Tieren gesucht und kommt zu einer ähnlichen Annahme wie C. G. Jung. Portmann spricht 1. von der Struktur einer sehr offenen Gestaltanlage, die ein primäres Erkennen überhaupt voraussetzt; dann 2. von einer Art »archetypischer« Strukturmöglichkeit im Sinne von C. G. Jung, und 3. von einem archetypisch geprägten psychischen Strukturvorrat aus der Überlieferung und Pflege des Kulturkanons, also einer abgeleiteten und sekundären Prägung, die sich durch die Zeit im menschlichen Leben ergibt.

Wir müssen noch verschiedene Definitionen über den

Archetypus berücksichtigen, damit seine Natur nicht fälschlicherweise so erfaßt wird, als handele es sich um eine konkret erfaßbare Gestalt. Es ist ein psychoenergetisches Problem der Anlage, denn ein Archetyp kann auch nicht aus der Bewußtseinsstruktur herausgelöst werden, er ist und wirkt nur mit dieser und aus dieser heraus. Bewußtseinsfähig werden aus der archetypischen Grundstruktur des kollektiven Unbewußten immer nur bestimmte Anteile, Abspaltungen und sekundäre Erscheinungen – wir nennen sie Bilder –, deren Form oder Inhalte uns sogleich das Vorhandensein einer archetypischen Konstellation erkennen lassen. Erich Neumann ist der Auffassung, daß alle urbildlich bezogenen Bilder auf der Ebene des Bewußtseins Abspaltungen des Archetypus sind, nie das Ganze, sondern immer nur Versionen. In seiner ›Entwicklungsgeschichte des Bewußtseins‹ legt er eingehend dar, wie alle Gestalten der großen Mythologeme immer wieder als verschiedene Formen oder als »Töchter« und Abkömmlinge des im Hintergrund wirkenden Archetypus zu erkennen sind. Schöpferische Tätigkeit wurzelt also im archetypischen Grunde und bezieht ihre bedeutendsten Kräfte von dort, bis sie in der bewußten Modulation der Urbilder und ihrer vielen mythologischen Derivate erscheinen.

Eine ebenso ertragreiche Studie gab uns Neumann mit seinem Werk über »Kunst und schöpferisches Unbewußtes«, worin eingehend dargelegt wird, daß auch die Werke der Kunst, ähnlich wie die Symbole der Mythen, immer um das gleiche Problem der Darstellungen kreisen und daß diese Werke der Kunst in tausendfachen Variationen letzthin nur schöpferische Manifestationen der Archetypen sind. So zeigen sich auch die Werke der Kunst als Selbstdarstellungen und Umkreisungen archetypisch bedingter Konstellationen. Darum sah Jung die archetypischen Inhalte, die vom Bewußtsein wahrgenommen werden, oder besser gesagt, dort wirksam werden, wie die Variationen über ein und dasselbe Grundthema. Denn der Archetypus muß grundsätzlich als bewußtseinsfähig bezeichnet werden.

Wir müssen zwischen dem ersten sich ergebenden Ursprung eines Bildes oder eines Gedankeninhalts, die sich noch im unbewußten Raum ereignen, und ihren bewußten Manifestationen im Wachbewußtsein deutlich unterscheiden. Ein Symbol erscheint aus einem primären unbewußten Vorgang, der bereits zeitlich vor unserer bewußten Kenntnisnahme stattgefunden hat, vorausgesetzt, daß er überhaupt bewußt wird. Und mancher schöpferische Prozeß ist schon lange im Unbewußten angelaufen und hat sich dort formiert und gebildet, ehe er als ein unbedingt sich aufdrängendes Bild im Bewußtsein erschienen ist. So entstehen ja auch Worte und neugeprägte Begriffe über einer vorausgegangenen psychischen Erfahrung und Reflexion, wobei uns die zeitliche Distanz zwischen Urprägung und erscheinender Wortbildung unbekannt ist. Für die Sprachphilosophie und die Psychologie der Worte hat uns Jean Gebser bedeutendes Material zusammengestellt und unter einem neu begriffenen Polaritätsstandpunkt erläutert, der gerade für die Erforschung der Funktion der archetypischen Struktur des Unbewußten noch von großem Interesse sein wird. Er nennt es die Einheit der Urwörter, und wir werden darauf noch einmal zurückkommen.

Was uns also aus dem bewußtseinsimmanenten Kraftfeld des Archetypus erkennbar wird, sind »Veranschaulichungen und Konkretisierungen« (Jung), sind seine Manifestationen in den Traumbildern, in den charakteristischen Bewußtseinsinhalten aus dem Spannungsfeld der Urbilder und Symbole in den Mythen sowie auch des persönlichen Mythos, die sich in auffallend vergleichbarer Übereinstimmung in allen Ursprungsgebieten menschlicher Kulturen nachweisen lassen. Auch das Mythologem geht auf die Funktionen des Archetypus zurück und trägt ganz pragmatische Züge einer psychischen Grundsituation, die durch variierende Symbolreihen im Mythos und im Kultus dargestellt werden kann. Alle großen mythischen Gestalten, die Götter der Theogonien, die Helden und Heilsbringer, die mütterlichen Erscheinungsformen der Schöpfung, Ishtar und Isis, Prakriti (Indien) und Izanagi

(Japan), Athene und Śakti (Indien), sie alle sind Symbole für ganz bestimmte psychische Bedingungen in der seelischen Welterfassung, die durch deren Urform, die Archetypen, vorgegeben werden. Ihr Gestaltwandel in der Geschichte des Bewußtseins zeigt die Entwicklung und Wandlung des Bewußtseins, das im ganzen wie auch im einzelnen mit immer wieder neuen und anderen Formen auf die Präformation des Archetypus antwortet. Daher steht auch die Geschichte des Individuums und seiner Symbole in einer vergleichbaren Relation zu einer ganzen Gruppe von Menschen.

Nun kennen wir bestimmte Eigenschaften des Archetypus, die wir zumindest als kennzeichnende Offenbarungen seiner Präsenz bezeichnen können. Die Eigenschaften haben in bezug auf das Schöpferische im Menschen eine große Bedeutung, denn schöpferisches Bewußtsein ist abhängig von Emotionalität, Gefühl, Intuition, Numinosität und a priori von der Ambivalenz der Archetypen. Die grundsätzliche Zweiwertigkeit, die Antinomie und auch die Mehrwertigkeit archetypischer Inhalte sind die bedeutendsten Bedingungen für eine schöpferisch sich gestaltende Richtung der Bewußtseinsdarstellung. Wir haben diese Problematik bereits in Kapitel I (Symbolik) behandelt. Alle diese Momente spielen in der Wesensbestimmung des Archetypischen als Grundlage des Schöpferischen eine bedeutende Rolle.

Wir können einen Archetypus nachweisen, wenn wir zu ihm bewußte Erfahrungswerte und Inhalte haben, die auf einen gemeinsamen Ursprung beziehbar sind. Was wir hinter den Dingen ahnen, weist auf den Ursprung hin. Am deutlichsten erkennen wir dies in der amplifizierenden Traumsymboldarstellung, man nähert sich mehr und mehr dem archetypischen Kern, der im Traume die merkwürdigsten Manifestationen ausgelöst hat. Und wie es die unerschöpfliche und eben nicht faßbare Struktur des Archetypus will, werden in den auf die erste Analyse folgenden Träumen immer weitere Manifestationen des gleichen Archetypus auftreten, indem er sich durch Bilder erklärt. Jung vergleicht den

Archetypus auch mit dem immer symmetrisch wirksamen Achsensystem eines Kristallgitters, das in einer Kristall-Lauge als unsichtbare und doch bildende Kraft vorhanden ist. Dieses Spannungsfeld führt zur präformierenden Bedingung des Kristalls. Und immer werden in jeder Lage aus der gleichen Lauge nur Kristalle entsprechender Form wachsen, sie haben zwar alle möglichen Größen und Richtungen, ihre Struktur und Symmetrie ist sich jedoch gleich. So wird die Funktion des Gitters zur Bedingung der Form, nicht aber die Form selbst. In diesem Sinne sieht Jung den Archetypus als ein Prinzip ›mit invariablem Bedeutungskern‹, dessen Erscheinung wir im Prinzip zwar feststellen, nicht aber konkret beziehen können. Nehmen wir den Vergleich mit dem Kristallgitter wieder auf, so wäre das kollektive Unbewußte jene essentia mit allen potentiellen Faktoren, in der die Archetypen als Strukturdominanten (Jung) zu bezeichnen sind. Wir erkennen sie dann als Reaktionsordnungen, die uns im gewissen Sinne auch das künftige Wirken der individuellen Psyche vorhersehbar machen.

Wir betrachten die Einheit des Psychischen unter der Voraussetzung, daß sich über dem kollektiven und dem persönlichen Unbewußten das Feld der Bewußtheit mit seiner Ich- und Selbstzentrierung aufbaut. Alles, was in bewußte Erscheinung tritt, hat den Bereich des Unbewußten vorher schon durchlaufen und ist dort mehr oder weniger schon präformiert oder aufbereitet worden. Unsere Erkenntnis geschieht nicht unter Ausschaltung des Unbewußten, sondern baut sich über diesem auf, indem es seine Kräfte zum Teil miteinschließt. Der Sichtbarwerdung oder Manifestation psychischer Inhalte gehen also bereits unbewußte Prozesse und vor allem natürlich psychoenergetische Umsetzungen voraus. Zur Erkenntnis des Vorgangs von Symbolschöpfungen ist diese unbewußte Wirkungszeit von großer Bedeutung. Hier ist auch der Raum für die Abspaltung der archetypischen Inhalte zu suchen, für die Erscheinung ambivalenter Formen des gleichen Ursprungs, wie sie auch von Gebser in den indogermanischen ›Urwörtern‹ nachgewiesen wurden. An diesem Ursprung gibt es noch vieles Ununterschiedenes, archaische Inhalte ohne Bedeutungsschwerpunkt, reine ungerichtete Potenzen, die erst durch das unterscheidende Bewußtsein einer Zuordnung und Richtung unterworfen werden müssen.

Alle Höherentwicklung des Geistes geschieht auf der Grundlage eines Austausches zwischen Kräften des Unbewußten und Bewußten. Das Unbewußte ist der mütterliche Boden für jede schöpferische, bewußtwerdende Geistestätigkeit, es ist, psychologisch gesehen, die unerschöpfliche Schatzkammer unbekannter Inhalte und Energien. Als solche wird sie zum Beispiel in den philosophischen Bewußtseinslehren des indischen Mahâyâna-Buddhismus verstanden, wo das Urbewußtsein als Schatzkammer aller möglichen, aber noch nicht gewordenen Inhalte (âlayavijñâna) bezeichnet wird. Und in ähnlicher Art versteht die indische Philosophie der Vedânta-Schulen das Bewußtsein als die große Urmutter, als die Hervorbringende, als die Grundlage und Energie der Schöpfung zugleich. Alle Inhalte des Bewußtseins sind geschaffene Trugbilder des Bewußtseins (mâyâ), Illusion, da nur durch das Bewußtsein erzeugt und abhängig von ihm. Wir kommen auf die bedeutenden indischen Vorstellungen über das Wesen der schöpferischen Energie später noch zurück.

Wenn auch unsere Vorgänge des Denkens und Wollens durchaus bewußt sein können und sogar rational notwendigerweise wirksam werden müssen, so verdanken wir doch die Sicherheit unserer bewußten Entschlüsse nicht zuletzt dem selbsttragenden Hintergrund und der schöpferischen Tiefe des Unbewußten, aus dem wir so manche Inspiration, Idee und manch rettenden Einfall aus urbildlichen Kräften und Leitbildern erhalten haben. In diesem unbestimmbaren Bereich zwischen einer archetypischen Urgegenwart unbewußter, gerichteter Kräfte, zwischen Urbild und manifester Variation, schaltet sich die schöpferische Phantasie ein, um sich am Ursprung den rechten Wert für die persönliche, bewußte Verwendung zu holen. Wir müssen die Fähigkeit der Phantasie als einen höchst wichtigen Vorgang im Verlauf schöpferischer Entwicklungen betrachten, denn nur diese Bewußtseinstätigkeit sieht vieles, akzeptiert ohne Intervention des Intellektes zuerst einmal auch das Unmögliche oder eben Undenkbare, und findet eventuell gerade dort den Ansatzpunkt, der dem rein rationalen Denken verwehrt bleiben muß. Schöpferische Phantasie und Intuition schließen rationales und intellektuelles Denken und das dualistische Konzept als den einzigen Weg zum Wissen aus. Die Phantasie kann es sich erlauben, auch das Irrationale, das Gegenteilige und rational nicht Logische in den Bereich ihrer Schau einzubeziehen. Bergson geht auf dieses Phänomen des Schöpferischen im folgenden ein: »Alles im Begriff der Schöpfung bleibt dunkel, solange man, wie wir gewohnt sind und wie der Verstand nicht anders kann, an Dinge denkt, die geschaffen werden, und an ein Ding, das schafft« (*Schöpferische Entwicklung*, S. 252).

So kann die Phantasie zur Realisierung und Bewußtmachung ungekannter Dimensionen und Urbilder jene archetypischen Konstellationen umkreisen, um neue und individuelle und originale Inhalte zu finden. Schöpferisches Wirken wäre dann die Fähigkeit des Bewußtseins, aus dem präformierenden und psychoenergetisch trächtigen Material der Archetypen solche Anteile und Bilder zu finden, die auch auf bewußter Ebene zu einer dynamischen Funktion und zur Auslösung geistiger Leistungen beitragen können. Dazu muß ohne Zweifel eine tragende, vitale Verbindung zwischen dem Archetyp und seinem Bild oder seiner Manifestation entstehen, die das Bild vor der mentalen und rationalen Erstarrung bewahren kann. Wir haben also zwei sich ergänzende Komponenten, welche die Einheit des Bewußtseins bilden: das Bewußtsein als die gegenwärtige Ebene des Geistes und der verfügbaren Bilder und Inhalte des Bewußten, und das Unbewußte als die Fülle des unbekannten Stoffes, empfangend, gebend, gebärend und schöpferisch.

Sprechen wir gerade von dem Wert der schöpferischen Phantasie und dem Archetypus, erinnern wir daran, daß Jung als Methode zur Amplifikation der archetypischen Bilder die »aktive Imagination« empfahl, eine psychische Technik bei uns vor allem der Dichter und Künstler, die in den asiatischen Formen des tantrischen Yoga zum psychologischen System erhoben wurde. Der Dichter konnte als schöpferischer Mensch eben durch Imagination und Phantasie an die Tore gelangen, aus welchen die Strukturdominanten der Seele ihre Bilder entließen. Wilhelm von Humboldt als ein überaus schöpferischer Geist des 19. Jahrhunderts, der seine Lebensaufgabe im schöpferischen Ausgleich der Polarität sah und dessen umfangreiche Sammlung seiner Briefe uns auch eine wertvolle Studie zur Wandlung des Animabildes abgeben würde, hat uns in seinen Schriften auch die Sonette der letzten Lebensjahre hinterlassen. Eines von diesen bringen wir hier, es ist eine dichterische, psychologisch-symbolische, und darum so treffende Einkreisung unserer Frage nach dem Archetypus (Sonett 57).

Dichtungen oft anmutigen Träumen gleichen,
vom Finger leichter Phantasie gewebet.
Der Geist die Fäden festzuhalten strebet,
doch fühlt sie sich, wie Nebelduft, entweichen.

Und Träume tiefer doch als Wahrheit reichen.
Was in dem innersten der Wesen lebet,
nur von des Geistes Ätherhauch umschwebet,
findet im Traum, unsichtbar, sichtbar Zeichen.

Der Geist dann ruht auf seiner eignen Tiefe
und über seines Schoßes Dunkel brütet.
Was Absicht und Vernunft hervor nie riefe,
von selbst aufblühend lieblich dar sich bietet,
und aus der Kräfte tief beseeltem Zeugen
sieht man der Dinge Urgestalten steigen.

Zu den wesentlichsten Eigenschaften des Archetypus gehört seine Numinosität, diese steht in der psychischen Organisation wiederum mit Emotionen, instinktiver Verhaltensweise und Affektivität in Verbindung. Der Archetypus gehört der unbewußten Sphäre an und wird zum Selbstabbild der Instinkte, der stärksten und natürlichsten, gerichteten menschlichen Strebungen, die archetypisch strukturiert sind. Wir finden darum an die Archetypen starke psychische Energien gebunden, die sich in Emotionen und Affekten zeigen können. Ein jedes schöpferisches Ereignis ruft im Menschen Bewegung, Freude über das Gelingen und andere Emotionen hervor, die auf die psychoenergetische Lösung einer langen unbewußten Spannung hinweisen.

Was unsere Kenntnisse über das Schöpferische anbelangt, bilden sie eine »Phänomenologie von Wegen, in denen das Schöpferische wahrgenommen wird. Sie erscheinen empirisch als empfundene Erfahrung, erlebte Ereignisse in wirklichen Leben als Selbst-Erfahrungen der Psychisierung instinktiver Prozesse« (Hillmann, *Eranos* xxxv, S. 364).

Psychisch emotional bedingte Regungen sind also natürliche Begleiter der archetypischen Funktionen, sie werden ausgelöst vor allem durch die Numinosität der Urbilder, die je nach Bewußtseinslage in größten Gegensätzen erscheinen kann. Am deutlichsten ist der numinose Charakter in den Traumvisionen zu erkennen, da hier die unbekannten Bilder jenseits aller bewußten Schranken auftauchen und keiner Kontrolle unterliegen. Die einzige Möglichkeit, dieser Numinosität in Traumerscheinungen zu begegnen, ist bekanntlich das Erwachen, welches dann noch als Nachwirkung im Bewußtsein zeigt, wie stark sich diese Kräfte im Unbewußten ausgebreitet haben. Und doch ist es gerade die Numinosität der Archetypen mit ihrem Potential an psychischer Energie, die dem schöpferischen Bewußtsein bei entsprechender Transformation bedeutende Kräfte verleihen kann.

Wir erkennen die Wirksamkeit numinoser Archetypen im Bewußtsein durch die Möglichkeit zu einer starken Gegensatzwirkung, und zwar nach der positiven und heilenden Seite hin wie auch nach der negativen und zerstörerischen oder hemmenden Seite. Wie uns die Kräfte und Bilder erscheinen, so verhalten wir uns ihnen folgend oder aber auch abwehrend gegenüber. Ein solcher Kontrast des Numinosen wird in seiner größten Antinomie in den visionären Bildern des tibetischen Totenbuches gezeigt, dessen friedvolle und dämonische Aspekte höchste Steigerung der Gegensätze und schließlich darüber hinaus einen Weg zur integrierenden Einheit zeigen. In der psychischen Konfrontation mit den Urbildern werden religiöse, ethische, moralische und triebbedingte Gefühle und Leidenschaften motiviert, die zu einer Auseinandersetzung und endgültigen Lösung zwingen, die wir als die eigentliche Aufgabe des Individuationsprozesses bezeichnen. Der Archetyp der großen Mutter, des Dämonischen, des alten Weisen und des großen Magiers und ähnlicher Urbilder erhalten besonders im Traum numinose Macht, deren Faszination man sich mit intellektueller Kraft allein nicht entziehen kann. Die Bilder der Anima können in ambivalenter Deutung erscheinen, und beide haben trotz inneren Widerspruchs die gleiche Gültigkeit. Wir finden sie in der Projektion als gute und böse Gestalten oder Gottheiten, und es wird der Sinn schon dann nicht mehr verständlich, wenn Gegenbilder erscheinen, die im persönlichen Bewußtsein unerwünscht sind. Diese Kräfte binden also auch einen Teil psychischer Kraft und verlangen Aufmerksamkeit. Deshalb ist es nicht geboten, sich mit der magischen Macht der Archetypen zu identifizieren, weil dies zu Regression und Bindung an die Mächte des Unbewußten führen würde. Das wäre psychologisch das Gegenteil einer jeden Evolution und der schöpferischen Entwicklung. Identifikation mit den Kräften des Unbewußten gefährdet das bewußte und objektive Erfassen psychischer Gegebenheiten, und diese einseitig gerichtete Haltung fördert unrealistische und pathologische Einstellungen. Werden die Urbilder nicht bei all ihrer Bedeutung aus genügend objektiver Ferne betrachtet, so wirken sie dissoziierend auf die Struktur des Bewußtseins. Im Prozeß der Individuation, die den Vorgang der permanenten Gegensatzintegration archetypischer Inhalte zeigt, werden die Wirkungen der Bilder transparent und verständlich gemacht. Gerade die Individuationsphase zeichnet sich durch eine intensive Auseinandersetzung mit den antinomischen Kräften der Urbilder aus. Wir können durchaus sagen, daß in bezug auf das Individuum der innere seelische Wandlungsprozeß eine auf die Gestaltung des Bewußtseins einwirkende höchst schöpferische Entwicklung ist. Individuation bedeutet psychische Wandlung und Reifung und läßt eine Art Entelechie des Seelischen erkennen, die ihren Sinn in der permanenten complexio oppositorum finden muß, einem komplementären Wirken aller Kräfte des Bewußten und Unbewußten, um das seelische Gleichgewicht zu bewahren und zu festigen.

Erinnern wir uns der Abspaltung der Archetypen in Gestalt von Bildern, die als energetische Momente und Inhalte im Bewußtsein erscheinen. Die Mythen der Völker bringen uns übereinstimmend mit den aus Traumserien bekannten Bildern eine Fülle archetypisch bedingter Symbole, wobei die Aufspaltung und die Metamorphose der Aspekte eines Archetypus das wesentliche Merkmal seiner Gegenwärtigkeit bilden. Die große Mutter erscheint auf der anthropomorphen Stufe in Gestalt der Himmelskönigin, der Göttin Nut, als Isis, Ceres oder Kybele; sie ist in ihrem Gegenbild aber auch Kâlî, Cunda, Durgâ, Lha-mo, Gorgo, Hekate oder Lilith. Auf der theriomorphen Stufe begegnen wir dem gleichen Archetyp in der entsprechenden Gegensätzlichkeit als Hathor, Nâginî, Tigerin oder Löwengöttin, als Göttin Coatlicue in verschiedenen Aspekten, als Erdkröte oder Hündin. Auf der einen Seite ist die große Mutter die zeugende und gebärende, die Kraft des Hervorbringens und Nährens; auf der Gegenseite ist sie die rezeptive, vernichtende und zerstörende Kraft. Unter den natürlichen Zeichen des Mondes, des Wassers und der Finsternis wird der Mutterarchetyp zum Symbol der Fruchtbarkeit, Wandlung und Mehrung. Und doch sind alle diese ganz verschiedenen Darstellungen und Symbole, die wir aus Mythen gleicherweise wie aus

Träumen gewinnen können, doch nur Aspekte und Bilder, Manifestationen des einen Archetypus, der sich individuell im Bewußtsein unter ganz verschiedenen Vorzeichen bemerkbar machen kann.

Wichtig für die Darstellungen der Manifestationen des Archetypus ist uns die Erkenntnis, welche Gestalten und Ausdrucksformen der Urbilder im Bewußtsein erscheinen und wie sie motiviert werden. Die Traumanalyse zeigt hier am deutlichsten den Unterschied zwischen subjektiv erfaßten und objektiv zu deutenden und zu vergleichenden Bildern. Wir haben schon erwähnt, daß zur Erklärung der Ambivalenzphänomene der Urbilder Jean Gebser (in: *Ursprung und Gegenwart*) beachtenswerte Untersuchungen auf dem Gebiet der Sprachbildungen unternommen hat. Er geht davon aus, daß die Urwörter der menschlichen Sprache, älteste Lautbildungen, »wie alle Urphänomene« in sich noch nicht gerichtet sind. Gebser bezeichnet dieses Phänomen als »Einheit der Urwörter«, als eine in sich undifferenzierte Einheit von bestimmten Stammbegriffen, die sich vor allem im Indoarischen nachweisen lassen. Solche Worte sind Stammbegriffe, eine Silbe oder eine Wurzel, die ohne Gegensatz noch einen gemeinsamen oder einheitlichen Inhalt zum Ausdruck bringen. Die Richtung oder innere Gegensätzlichkeit solcher Worte wurde erst später durch das räumliche und vor allem das unterscheidende Denken geprägt.

Diese von Gebser angesprochene unteilbare Einheit der Urworte können wir vielleicht auf dem Gebiet der kosmogonischen Mythen wiederfinden, wenn wir den Gang solcher Mythen aus ihrem Ursprung verfolgen: Zuerst war auch hier nur das Eine, ein Chaos, Urwasser, etwas Dunkles oder das Urei. Aus diesem noch ganz Ununterschiedenen begann dann eine erste Teilung, Unterscheidung, in oben und unten, hell und dunkel, in Himmel und Erde. Und dann folgen bei den einzelnen Mythen die weiteren Teilungen und Entfaltungen einer urtümlichen Welt durch immer wieder aufeinander folgende Teilungen, welche die Elemente der kosmischen Ordnung schufen. Ein Blick auf die Entstehung der mythischen Welten zeigt eine gewisse Parallelität zwischen den Symbolen ungerichteten Ursprungs und solchen, die eine ganz eindeutige Richtung vorgeben. Besonders in der alten Symbolsprache der Mythen und in den archaischen Formen ältester hymnischer Gesänge, wie etwa in den indischen Vedas, in assyrischen und altägyptischen Texten zeigt sich eine große Dichte der Symbolik, eine Verwobenheit kräftig gezeichneter Bilder, aus denen sich noch die Verbundenheit und Nähe urbildlicher Prägung des Bewußtseins ablesen läßt. In der magisch-mythisch bestimmten Sprache der Schöpfungsmythen erleben wir noch eine deutlich in symbolischen Sinnschritten sich entfaltende Weltschau, die sich aus voneinander scheidenden Gegensätzen bildet und weitere Emanationen daraus hervorgehen läßt. So zeigen urbildliche Strukturen den Fortschritt der Antinomien, die Bildung erster kosmischer Quadrate, die wiederum zur Gegensatzeinheit verbunden werden. Gebser findet »noch heute selbst in unseren rationalisierten Sprachen Wortpaare, an denen der Doppelaspekt (Polarität) oder die Doppelwertigkeit (Ambivalenz) der Ursilbe, die eine Einheit darstellt und ausdrückt, manifestiert ist« (*Ursprung*, S. 138). Er nennt die Begriffe ›Maß‹ und ›Masse‹, die sich zueinander verhalten wie ›Weg‹ und ›weg‹ und wie ›muß‹ und ›Muße‹. Demnach sind es die Dehnung oder die Kürzung eines Grundvokals allein, welche den Sinn verändern und den Worten sozusagen ihre Ausrichtung geben. Eines bleibt statisch, und das andere erhält einen dynamisch auf eine Bewegung gerichteten Charakter.

Weiterhin führt Gebser den Nachweis für die gemeinsame indogermanische Wurzel ›kel‹ in den Worten ›Helle‹ und ›Höhle‹ an. In diesen beiden finden wir den größten Gegensatz, der sich auf den Zustand des Bewußtseins bezieht, das eine ist hell und licht (männlich) und das andere schließt es in Finsternis als der Höhle (weiblich) aus. In der gleichen Stammwortreihe finden wir dann die deutschen Worte ›Hehlen, Halle, Höhle, hohl, Hülle, Hülse‹. Für das Lateinische erwähnt Gebser das Stammwort ›clam‹ = ›heimlich‹, und wenn wir es zum Gegenteil aktivieren, wird es ›clamare‹ = ›schreien‹, ebenso haben wir das lateinische Wort ›altus‹ für hoch und tief zugleich.

Gebser kommt nun zu der Erkenntnis, »daß solche ›Urwörter‹ anfangs weder gegensinnig noch ambivalent (und somit auch nicht polar) sind, sondern daß sie gegensinnig wurden; zuerst polarisiert sich ihre Einheit, um dann zum Gegensatz gemacht zu werden. Die Wirksamkeit dieses Aufspaltungsprozesses« nennt Gebser (S. 139) die ›Dimensionierung des Urwortes‹. Nennen wir noch aus diesen äußerst beachtenswerten Gedankengängen Gebsers solche auf die Urwörter zurückgehende Formen wie ›Logos‹ mit der Wurzel ›leg‹, und daß diese auch die Worte ›Licht‹ und ›Lüge‹, also den Gegensatz Wahrheit und Unwahrheit bildet. Auffallend ist auch der Gegensatz der Worte ›Tat‹ und ›tot‹, die sich ebenfalls aus der gleichen Wurzel ableiten lassen. Das eine ist unbedingt ein sprachliches Symbol für Handlung, das andere ist Aufhören jeder Tätigkeit. Wenn wir da eingehende Betrachtungen anstellen, drängen sich uns nicht nur die Vergleiche zur Funktion des Archetypus auf, sondern wir stoßen auch zu den potentiell unendlichen Möglichkeiten des schöpferischen Grundes vor. Es scheint uns hier ein bedeutender Ansatzpunkt für die Verifizierung der Archetypentheorie vorzuliegen, der nicht übersehen werden kann, da auch das Schöpferische aus einer ungestalteten oder ungeteilten Ganzheit seine Kraft entfaltet.

Wir könnten diese Wort- und Bildsymbole aus der ambivalenten Symbolik Indiens leicht erweitern, hier wäre vor allem die höchst interessante Symbolsprache (Sandhâbhâṣâ) der tantrischen Philosophie ein psychologisches Muster für die Verwendung antinomischer Urbilder. Es dürfte jedoch als Ergänzung zur Darstellung der Ambivalenz des Archetypus genügen, die hier angesprochene Aufspaltung der Urwörter auf die schöpferischen Anfänge aller Manifestationen der Urbilder als einen potentiellen Faktor zu übertragen.

Als den Erscheinungsort der Archetypen als Strukturdominanten der Psyche, die selbst also noch ›nicht gerichtet‹ sind, aber eben Richtung zu geben vermögen, sieht Jung das kollektive Unbewußte, in dem alle menschlichen Erfahrungen thesauriert werden. Da diese aber im Unbewußten ohne Gestalt sind, können wir auch sagen, sie sind dort noch nicht strukturell voneinander geschieden, sie bilden also reines Potential für gerichtete Manifestationen im Bewußtsein. Das, was uns dann Richtung gibt und damit Trennung und Teilung, das ist das Denken, die Orientierung der Potenzen auf die Außenwelt hin durch den gerichteten Willen des Individuums.

Der für uns unermeßliche Bereich des kollektiven Unbewußten ist jener Anteil innerhalb der individuellen Psyche, wo die allen Menschen gemeinsamen Grunderfahrungen des Lebens und des biologischen Daseins gemacht und gesammelt werden. Friedlaender wendet, ebenfalls aus schöpferischer Originalität, ein dualisierendes, ›richtendes‹ Wortspiel an und sieht den Menschen in seiner ›unteilbaren‹ Ganzheit als Individuum im eigentlichen Sinne des Begriffs, alles andere ist für ihn Teilbares, also Dividuales: »Dividuales aus dem Individuum, das heißt also aus dem herzhaftest Persönlichen. Der freie, der individuale Wille, die unbrechbare ganze Person ist geradezu der Schöpfer selber« (*Schöpferische Indifferenz*, S. 50). Friedlaender versucht den Menschen dahin zu verstehen, daß letzthin durch sein Bewußtsein alle Teilungen, die Welt des Dividualen, entstehen, während er im wahrsten Sinn sich als den Unteilbaren zu begreifen hat. »Das Schöpferische, das Allgemeine, persönlich Inwendige, ist ja eigentlich nur die zentrale Maxime des Zusammenbestehenkönnens aller Sonderfälle« (S. 50). Natürlich ist es von diesem Denken eines ureigentlich unteilbaren menschlichen Wesens aus kein weiter Schritt zur Lehre vom höchsten Selbst der indischen Philosophie.

Psychologisch betrachtet, sind die Grunderfahrungen des Lebens natürlich mit all den menschlichen und lebensnotwendigen Instinkten verbunden, deren Reflexe im Bewußtsein uns Bilder der Lebenslagen vermitteln, vor denen wir stehen. Darum nannte Jung die Archetypen auch »Selbstdarstellungen der Instinkte«, die in jeder Psyche vorhanden sind und deren Denken, Fühlen und Handeln präformieren oder zumindest nach irgendeiner Richtung hin beeinflussen. Im Prozeß der Bewußtwerdung entscheiden die Emotionen über Intensität und Erscheinungsart archetypischer Bilder und geben damit einen Hinweis auf die jeweilige Bedeutung instinktiver Handlungen im Bewußtsein. Durch die Kopplung an die Emotionen und damit an die Triebsphäre wird der Archetypus mit einer psychischen Dynamik verbunden und zum Energieträger der Libido oder psychischen Energie, die als unbedingte Grundlage für Wandlung und jegliches schöpferisches Wirken zu erkennen ist.

Jung sagt, daß der »Archetypus nicht nur Bild an sich ist«, sondern zugleich aus Dynamik besteht, die sich aus der »Numinosität, der faszinierenden Kraft des archetypischen Bildes« ergibt. Im Bewußtsein erscheint also die instinktive Triebverbundenheit des Archetypus als ein Bild mit numinoser Wirkung, und diese stellt sich uns als geistiges Ziel oder als eine gerichtete Vorstellung dar, die nach einer Klärung durch bewußte Arbeit drängt. Somit führt das Urbild zur Selbstdarstellung in einer Bewußtseinsintegration. Die anfängliche Form ist natürlich, und besonders in den Träumen, noch unverständlich, das heißt nicht bewußtseins-konform, sondern oft irrational. Gelingt die Sinndeutung und Sinnerfüllung dieser Urbilder durch bewußte Leistung und Anpassung, so haben diese einen schöpferischen Prozeß in Gang gesetzt, den wir Individuation nennen, wenn er sich auf die psychische Lage des Individuums bezieht.

Der Mensch hat als geistig erfassendes, erlebendes, analysierendes und begreifendes Wesen zwei Möglichkeiten der Wirklichkeitserfahrung, aus denen er sein ganzes ›Weltbild‹ entwickelt. Und dieses Weltbild ist ein synchrones Bild seines inneren und äußeren Lebens aus Projektion, Introspektion und Wahrnehmungsfunktionen. Die erste ergibt sich aus der realen und objektiven oder direkten Erfahrung mit dem Gegenüber der empirischen Außenwelt. Sie ist deutlich physisch und auch durch physiologische Tätigkeiten bestimmt und vor allem reine Wahrnehmung. Die zweite Ebene der Erfahrung hat einen wesentlich längeren, komplizierteren und auch tieferen Weg und ist die psychische Verarbeitung und die innere Selbstabbildung dieser Erfahrungen. Sie kann in der seelischen Phantasietätigkeit mit Hilfe des komplexen Bewußtseinsapparates symbolische Formen des Unbewußten wecken und provozieren. Wenn man sich also ›ein Bild‹ von etwas macht, so ist dies eine eigenschöpferische Tätigkeit, eine Neuschöpfung der Wirklichkeit, die Bildung einer eigenständigen Welt sich selbst behauptender Bilder (Cassirer), die sich aus einem äußeren Anlaß aufbauen kann, die aber auch von diesem unabhängig geschehen kann. Dies ist eine spezifisch menschliche Funktion, da sie uns über die animalische Triebverbundenheit hinaushebt und damit auch von dieser frei macht. Also kann sich für uns jede Welterfahrung auf objektiver und physiologischer sowie auf subjektiver und mehr psychischer Ebene in symbolischen Prozessen offenbaren. Reize der Außenwelt wandeln sich in der bewußten Sphäre zu Bildern der Innenwelt, biologische Vorgänge wandeln sich zu Emotionen und Affekten. Die symbolischen Prozesse ihrerseits bieten dem Geistigen einen bildhaften Hintergrund zu eigenständigem Verständnis realer, biologischer Wirklichkeiten. So entfaltet sich das erfahrene und selbstgeschaffene Weltbild.

Erich Neumann formulierte das Problem von Außenerfahrung und seelischem Bilde wie folgt: »Der Mensch reproduziert in keiner Weise die Natur, sondern er stellt mit der Bildung einer analogen Symbolreihe in sich seelisch den gleichen schöpferischen Prozeß her, dem er außen in der Natur begegnet« (*Entwicklungsgeschichte,* S. 232). Dies ist eine für die praktische Anwendung der Symboldeutung in der Psychologie wesentliche Aussage, die mit der von Cassirer erwähnten Definition übereinstimmt. Nehmen wir ein kurzes Beispiel. Wer irgendeiner Art von persönlichem Unglück glimpflich entkommen ist, der erlebte in kürzesten Momenten nicht nur den physisch ausgelösten Schrecken der Urangst und die Kette aller natürlichen Instinktreaktionen, sondern kaum, daß er »zu klarem Bewußtsein« gelangte, stellten sich ihm Seelenbilder ein, archetypisch bedingte Personifikationen der vielleicht bösen Mächte und der dagegen schützenden Schicksalskräfte oder Götter. Hermann Usener hat hier mit seiner Vorstellung von der Bildung der »Augenblicksgötter« interessante Hinweise gegeben, welche die Spontaneität solcher unbewußter Bildungen aufgrund aktueller Anlässe darlegen. Es ereignen sich also auf objektive Herausforderungen subjektive »Antworten« als psychische Gegenmächte. Aus dem Unglücksereignis und seiner Anwendung bilden sich am Bewußtseinshorizont numinos stark wirksame Bilder und Inhalte ab, die so eine funktionelle Symbolschöpfung aus archetypisch instinktiven Reaktionen darstellen. Diese sind zuerst spontane Schöpfungen und werden erst allmählich im Bewußtsein eingegliedert und aufgelöst.

Die urbildlichen Erscheinungen sind also auch als Auslösungen von Instinkthandlungen und seelischen Bildern gleichzeitig zu verstehen. Und in diesem Sinne schreibt Portmann auch den ererbten Verhaltensweisen »Auslöser-Wirkungen« zu, die eine Reihe von spezifischen Reaktionen bewirken. Das gleiche kann aus jedem seelischen oder auch physisch einwirkenden Ereignis hervorgehen und zeigt uns im alltäglichen Fall die Wege zum Urgrund aller schöpferischen Prozesse, welche die Individuation bedingen. Sie sind immer symbolisch und erbringen neue Bewußtheit aus Integrationen. So kann der Archetypus zum Bildner eines Ereignisses werden, das in symbolischen und individuell bezogenen Bildern in das Bewußtsein projiziert wurde. Da die ältesten Grunderfahrungen des Lebens die Struktur der unbewußten Urbilder so gebildet haben, daß diese unmittelbar auf äußere Anlässe reagieren, ist es auf der psychischen Seite der

Gesamtstruktur des Bewußtseins und seiner individuellen Kapazität nur eine subjektiv relevante Frage, in welcher Art sich die Bilder objektivieren. Die Welt der Symbole, der eigentümlichen, teils archaischen Urbilder vergangener Kulturen und der großen Mythologeme erscheint für uns als die Evidenz von einer »ewigen Präsenz« (Jung) der Archetypen. Hinter ihnen erkennen wir immer wieder die gleichen Anlässe der Erfahrung des Lebens, das seine Bahnen in der Psyche hinterläßt, die sich in den Traumbildern lebendig erhält. Nur so ist es zu verstehen, warum wir den Menschen als ein Symbol für irdisches Leben und Vergehen bezeichnen, denn die Vielzahl der immer wiederkehrenden Ereignisse im Zentrum formen exemplarisch das Eine im Individuum, das doch in seinem Denken und Handeln für die Ganzheit steht.

Es besteht für uns die Frage nach einer chronologischen, oder wenn wir so wollen, ursprungsgeschichtlich hierarchischen Anordnung der Archetypen. Sie müßte eine Geschichte der ältesten und wichtigsten und der späteren und mehr differenzierten sowie sekundären psychischen Bereitschaften zeigen können. Im Prinzip dürfte sich eine Hierarchie aufstellen lassen, zumindest hätten wir dafür Analogien aus der Tierpsychologie, der Kinderpsychologie und der Geschichte der Mythenüberlieferungen. In gleicher Weise fänden wir vielleicht auch eine Phänomenologie der Symbole mit allen von diesen abhängenden und aus ihnen emanierenden sekundären Bildungen und Ableitungen. Es sind zum Beispiel die kosmogonischen Mythen und die Theogonien der mythischen Berichte, die uns auf der einen Seite urbildliche Strukturen von der Vorstellung der Schöpfung zeigen, während sie auf der anderen Seite auch die archetypischen Vorstellungen der geistigen und der numinosen Entwicklung zu immer mehr differenzierender Bewußtheit zeigen. Nur zu einem geringeren Teil könnte uns etwa der anthropogonische Mythos darüber Aufschluß geben, welches die primären Instinkte des Urmenschen und der ersten Menschen waren. Die Mythen sind noch ganz eingebettet in die Vorstellungen von der biologischen Schöpfung, aus der einst der Mensch als Urmensch in einer noch ganz unbewußten und überdimensionalen Größe hervorgegangen ist. Aber schon hier scheint der Vorgang der symbolschöpferischen Tätigkeit stattzufinden, indem wir erfahren, daß erst der aus dem Urmenschen (z. B. der adipuruṣa des indischen Mythos) noch einmal neu gebildete Mensch, also eine zweite und bewußtere Schöpfung Homo, zum eigentlichen Menschen gezählt werden kann.

Wir erkennen aus der Geschichte der Mythologie: die ältesten Formen archetypisch geprägter Darstellungen sind am wenigsten differenziert, sie werden mit einer größtmöglichen Fülle der Attribute belegt und haben starke numinose Kraft. Die hieratische Sprache der kosmogonischen Mythen läßt uns heute noch die Urereignisse nachempfinden, die doch eine Selbstabbildung erster reflektierender Ereignisse des Bewußtseins sind. Aus dem Chaos kommt erste Ordnung, Nicht-Dimensioniertes scheidet sich in oben und unten, in hell und dunkel. Die ersten Ordnungen scheinen noch aus einfacher Teilung zu kommen. Aber schon der erste mythische Kosmos, der Urkosmos, hat die Form eines Kreises (oder Ovals). Die Ununterschiedenheit von männlich und weiblich wird in der Schöpfung erst langsam differenziert, erst ist unteilbare Ganzheit, bevor die Aspekte des ersten Urpaares, die Götter und Göttinnen als bildhafte Gestalten erscheinen. Und noch längerer Zeit bedurfte es, um in den Naturerscheinungen projizierte männliche und weibliche Eigenschaften zu erkennen, womit die Wanderung personifizierter Symbole durch die magisch-mythisch belebte Natur begann.

Wie können wir heute mit den urbildlichen Kräften so umgehen, daß wir ihrer teilhaftig werden, wenn sie doch ins Bewußtsein gelangen? Den einen Weg über die schöpferisch phantasierende Betrachtung etwa des Dichters haben wir durch das Beispiel an dem Sonett von Humboldt angedeutet. Dieser Weg, es ist auch jener der Mystiker zum schöpferischen Grund des Selbst, ist sicher oft begangen worden. Aber die meisten Menschen können kaum daran teilhaben. In einer Zeit, da der Mensch in einer einseitigen rationalistischen Daseinslage von den vielfältigen Wurzeln seines dynamischen Bewußtseins abgetrennt lebt, ist es schwer geworden, den Weg zu sich selbst unter Ausschaltung der psychischen Gefahr der Regression wiederzufinden. Und das Wesen des Schöpferischen darf nicht damit verwechselt werden, was wir unter Rückbindung und Fixierung an nur überlieferte und unbelebte Inhalte und Bilder des Unbewußten verstehen. Aus solcher Bindung kann sich keine Bewegung entfalten. Beständiges Angleichen der persönlichen inneren Welt und ihrer symbolischen Formen an die heute gebotene Wirklichkeit wäre ein Weg, sich selbst mit allen gegebenen Fähigkeiten neu zu verstehen. Dies führt zu einer Neubewertung der inneren Welt und zu einer schöpferischen Auseinandersetzung mit einer sich wandelnden Außenwelt, von der wir wissen, daß sie nicht verdrängt werden darf, sondern ebenfalls zu einem Stück lebendiger Innenwelt werden muß.

Die analytische Psychologie hat nicht nur nach den energetischen Quellen archetypischer Strukturen gesucht, sondern auch für den therapeutischen Weg Lösungen gefunden, um sich konstruktiv mit dem Unbewußten auseinanderzusetzen. Das ist das Wesentliche für eine Methodik, um den nicht angepaßten Menschen wieder auf den Weg in eine offene und dynamische Bewußtseinslage zu bringen. Jung fand in der psychologischen Methode der aktiven Imagination eine gute Möglichkeit zur Auseinandersetzung mit der archetypischen Welt, da mit dieser Technik der bewußten bildlichen Vorstellung eine Erweiterung von unbekannten Inhalten erreicht wird. In der aktiven Imagination finden wir auf bewußtem Wege mit zielgerichteter Methode die komplementären und entsprechenden Inhalte zu archetypischen Bildern, die es dann ermöglichen, die Sinngebung der Urbilder im bewußten Raume zu erhellen. Für die Traumdeutung ist ein solcher Weg eine der wenigen Möglichkeiten, zum Verständnis der verschlüsselten Inhalte zu kommen.

Es ist eine Methode des Hindeutens und der Ergänzung durch geeignete Vorstellungen, die helfen, den unbekannten Kern transparent zu machen. Die Methode der aktiven Imagination objektiviert alle verwandten Inhalte, indem die Leistung der Vorstellung über den zentralen Inhalt gesteigert wird. In dieser Art entspricht die Imagination den östlichen Meditationstechniken Indiens. Dort bestehen wesentliche Teile der Selbstverwirklichung durch Yoga und der transzendierenden Identifizierung mit dem Göttlichen aus praktischen Übungen zur Imagination und angewandten Bildschau. Sie verstärken die schöpferische Entfaltung des Bewußtseins, der Vorstellungen durch Belebung von Bildern, die zu Trägern bestimmter numinoser Inhalte werden. Sodann real im Bewußtsein mit Inhalt versehen und vorgestellt, können diese visionären und sinn-erfüllten Inhalte dem Bewußtsein als sublime Erkenntnisformen eingegliedert werden.

Wir sollten nicht versäumen, auf die Theorie schöpferischer Geistesentfaltung im indischen Yoga hinzuweisen, die wohl die älteste und unbedingt psychologisch durchdachte Systematik der Bewußtseinsschulung darstellt, die wir kennen. Hier werden zum Zweck der Vorstellung transzendenter Inhalte und einer höheren Identifikation des Bewußtseins eine ganze Reihe von Symbolen und Zeichen oder auch einzelnen Bildern geboten, die als Sinnträger verschiedener spiritueller oder religiöser Eigenschaften zu verstehen sind. Durch Imagination und Visualisation werden sie innerhalb und außerhalb des Bewußtseins geschaut und somit in all ihren Aspekten geistig erfaßt. Auch der Inder kennt eine psychische Energie als einen höchst wichtigen Faktor einer menschlichen Individuation, deren Aufgabe es ist, die großen Gegensätze permanent aufzulösen, um höchste Bewußtseinsgegenwärtigkeit zu erlangen. Die psychische Energie ist mit der Vorstellung von der symbolischen Gestalt der Kuṇḍalinî oder Schlangenkraft verbunden. Sie ist, wenn sie durch das Bewußtsein einmal erweckt worden ist, die Macht der unaufhörlich wirkenden schöpferischen Aktivität als ein kontinuierlich wirksames Bindeglied zwischen Unbewußtheit und höchster Bewußtseinsgegenwart. Daher wird die Kuṇḍalinî oder Schlangenkraft als der Weg zu reiner Erkenntnis bezeichnet, sie verbindet die unbewußten Funktionen mit den bewußten und erweitert den Bereich der spirituellen Aktivität. Ganz ähnlich wie in der ›Transzendenten Funktion‹ kennt der Yoga die große Bedeutung der Vereinigung der Gegensätze, aus der sich allein das Schöpferische entfalten kann. Vorausgesetzt wird, daß der Mensch zuvor alle seine Wege nach innen zu sich selbst sowie nach außen erkannt und erprobt hat.

Der schöpferische Prozeß ist eine Selbstdarstellung des Unbewußten und des Bewußten aus seiner harmonischen Funktion einer ganzen menschlichen Persönlichkeit, in der das Ich, das Selbst, das Bewußte und Unbewußte zu einer synthetisch schaffenden Funktion in den großen Momenten der Einheit zusammentreffen.

II. B.
Vom Wesen des Schöpferischen
Voraussetzungen, Manifestationen und Wirkung

Die Frage nach dem, was wir als das Wesen des Schöpferischen bezeichnen können, ist bisher eigentlich nur von wenigen ausführlich behandelt worden. Es ist eben objektiv kaum oder nur schwer in Worten zu beschreiben. Jedoch haben wir einen unendlichen Reichtum an echt schöpferischen Manifestationen auf der Ebene individueller Leistungen. Darum kennen wir ungleich viel mehr Äußerungen, wenn nicht fast ausschließlich, in der Dichtkunst, der Musik und der gesamten Kunst überhaupt, als irgendwelche konkreten Beschreibungen des Schöpferischen als solches. Schöpfung und Entwicklung geschieht in unendlicher Vielfalt um uns herum und durch uns selbst. Der dagegen festzustellende Mangel an sogenannten objektiven Betrachtungen liegt natürlich in der Art der Sache selbst begründet, daß nämlich eine Unmöglichkeit besteht, den Vorgang des Schöpferischen in allen seinen Aspekten überhaupt rational darzustellen. Eine solche Aufgabe ist schon deshalb kaum zu bewältigen, da wir einen permanenten und zudem noch meist aus dem Verborgenen sich entfaltenden Vorgang nicht in Begriffen statischer Definitionen darstellen können.

Schöpferisches Ereignen ist ein dynamischer Vorgang von äußerster Dichte der Abfolge seelischer und bewußter Prozesse der Intuition, so daß wir höchstens Bilder und gewisse Sequenzen des Ablaufs beschreiben können. Darum wäre uns mit der exakten Darstellung, wenn diese möglich wäre, letzthin das Wesen des Schöpferischen doch nicht enthüllt, sondern als Lebendiges vernichtet, und zwar rational zergliedert. Und alles Deskriptive wäre nur ein dauerndes Eingreifen in Vorgänge, deren Ergebnis und voraussichtliches Ende wir gar nicht kennen. Da nun der bedeutendste Anteil des Schöpferischen, einmal psychologisch betrachtet, jenseits der Bewußtheit liegt, nämlich im Unbewußten, ergeht es uns ähnlich wie bei der Darstellung von Phänomenen des Archetypischen und des Symbols. Wir müssen einen guten Anteil des Bewußtseinstranszendenten, des uns an sich Unbekannten, des noch Werdenden und des Irrationalen mit in unsere Erwägungen einbeziehen. Wir müssen rationale Erkenntnisse auf alogische und irrationale sowie nicht-dualistische Erscheinungen anwenden, für die wir auf der rationalen Ebene keine oder nur unzureichende Sprachmittel haben. Das heißt, daß wir uns in etwa der gleichen oder einer ähnlichen offenen, das Geheimnis des Schöpferischen erfühlenden oder erahnenden Sprache bedienen müssen, wie etwa jener des I Ging, des großen altchinesischen Buches der Wandlungen, das die älteste schriftliche Quelle zum Verständnis des Schöpferischen überliefert hat. Damit aber müssen wir uns auf den Boden der Spekulation begeben, sosehr gerade auch diese im unbewußten Prozeß wiederum als eine Spielart der Phantasie eine Voraussetzung für schöpferisches Wirken ist. So kommen wir nicht umhin, daß manche Aussagen dem rationalen Denken kryptisch erscheinen mögen, um möglichst nahe an das Mysterium schöpferischen Werdens zu gelangen, das den Bereich des Intellektes weit überschreitet.

Es bleiben also verschiedene Möglichkeiten, das Wesen und die verborgenen Strukturen geistiger Schöpfung durch den Menschen darzustellen. Wir sollten uns zu diesem Zwecke nicht allein auf psychologische Untersuchungen und Erkenntnisse beschränken, sondern es ist notwendig, einige der bedeutendsten Aussagen von philosophischer Seite und einige Erkenntnisse der Sprachsymbolik zu berücksichtigen, die wiederum sehr feinsinnig, aber konkret auf die Manifestationen des Schöpferischen hinweisen. Schließlich können wir den Prozeß des schöpferischen Wirkens nur durch gewisse ›unvollendende‹ nicht limitierende Worte beschreiben. Besonders in der Sprachphilosophie finden wir bei bestimmten Begriffen und ihrer Deutung wichtige Hinweise auf synchronistische Phänomene, die zum Kern schöpferischer und unbewußter Synthese der Psyche gehören.

Wilhelm von Humboldt sieht im Wirken der Natur immer ein Zusammenwirken von zwei polaren Kräften, die sich zu einem umfassenden Ganzen vereinen. In seinen feinsinnigen Beschreibungen von der weiblichen und der männlichen Kraft nähert er sich schließlich, ohne es direkt anzusprechen, einer Darstellung des Schöpferischen. Er sagt: »Die zeugende Kraft ist mehr zur Einwirkung, die empfangende mehr zur Rückwirkung gestimmt. Was von der ersteren belebt wird, nennen wir männlich, was die letztere beseelt, weiblich.« Und so sieht Humboldt im Menschen »immer Selbsttätigkeit und Empfänglichkeit einander gegenseitig entsprechen« (*Werke*, I, 320). Dabei sieht er im männlichen Prinzip mehr den Wirkungsgrad von Kraft, Energie und Vernunft, und der »weiblichen Phantasie« schreibt er mehr »überströmende Fülle« zu. So bietet uns Humboldts Beschreibung in ihrer ganz eigenen Sprache eine richtige und spontane Selbstdarstellung des schöpferischen Vorgangs, der in seinem Werk in der gleichen Charakteristik häufiger wiederkehrt.

Weiterhin anerkennt Humboldt, daß in einer Seele beide Kräfte wirksam werden und daß der geniale Mensch um das gänzliche Gleichgewicht dieser Kräfte in sich selbst bemüht ist. Mit anderen Worten, hier wird die Notwendigkeit der inneren und äußeren Angepaßtheit der Seele beschrieben, eine natürliche Entelechie der Psyche im Streben nach Vollständigkeit, die eine Grundlage für das schöpferische Wirken bildet. Humboldt sagt von der Wirksamkeit beider Kräfte: »Wo indes das Genie männliche Kraft besitzt, da wird es zeugend mit selbsttätiger Vernunft auf das idealische Objekt einwirken. Wo demselben hingegen weibliche Fülle eigen ist, wird es, empfangend, die Einwirkung dieses Objektes durch das Übergewicht der Phantasie erfahren und erwidern« (*Werke*, 1, 321).

Außerdem erkennt Humboldt noch eine andere Bedingung des Schöpferischen, die uns als Methode in Asien als Yoga oder geistige Askese (tapas) bekannt ist und die wir, psychologisch betrachtet, als Introversion allerdings in der Form einer bewußten Abwendung von den äußeren Einflüssen bezeichnen. Dazu kommt die dem Künstler und Mystiker eigene Selbstaufgabe oder Ichentäußerung, da nur in der Lockerung dieser Struktur neue Einflüsse in das fest gefügte Gebäude von Intellekt, Willen und Bewußtsein einfließen können. Letzten Endes läuft die Ichentäußerung auf eine neue und erweiterte Ichanpassung hinaus, indem man sein Ich zeitweise mit der ganzen Umwelt identifiziert. Humboldt sagte darum: »Nie wird in schwierigen Fällen des Lebens der handelnde Mensch alle verwickelten Knoten gegeneinanderwirkender Triebfedern genialisch lösen, wenn er nicht über der Welt sein eigenes Ich vergißt oder vielmehr sein Ich zu dem Umfang einer Welt erweitert« (*Werke*, 1, 318). Erst dann bahnt sich die schöpferische Tätigkeit an, wenn die Klimax von dem »Gefühl einer überfließenden Fülle« zu einem deutlichen Mangel auf bewußter Seite erreicht wird. Psychologisch ergibt sich eine Differenz zwischen dem gefühlten Reichtum an emotional befrachteten, aus dem Unbewußten kommenden Regungen und dem Unvermögen, diese auf rationale Art in konventioneller Form darzustellen. In diesem Moment drängt sich ein Verzicht auf reinen Intellekt auf, und der Rückgriff auf das Reservoir schöpferischer Ideen aus den Urbildern wird zur unvermeidlichen Notwendigkeit einer introvertierenden Einstellung. Es muß für einen Augenblick die bewußte und durch psychische Automatismen geregelte Ebene verlassen werden, um zu ›schöpfen‹ im Sinne einer echten Wortsymbolik, die uns ja schon der Begriff anbietet. Denn schöpferisch sein bedeutet etwas aus der Tiefe heben, etwas ausschöpfen und erschaffen, um es aus unbekanntem Raume in die Gegenwärtigkeit zu heben.

Ein solcher unbekannter Raum ist die immer wieder intuitiv erahnte Sphäre des unbewußten Reichtums an neuen Kombinationen aus dem kollektiven und persönlichen Unbewußten, dessen Kraftfeld durch instinktives Verhalten an die vorbewußten Grenzen gehoben wird. Das ist die vorhandene Dynamik aus dem archetypischen Grunde des Unbewußten, den zweiten Schritt zur sichtbaren Verwirklichung muß das Bewußtsein selbst vollziehen, es macht den Einbruch des schöpferischen Geistes sichtbar. Folgen wir hierzu einer Darstellung von Humboldt, die mit einfachen Worten das Wesentliche transparent macht: »Die ganze Erwartung ist nun auf die Hervorbringung gespannt, und das eigene Ich entäußert sich bis zu einem Grade, daß es sich selbst gern für die neue Schöpfung hingeben möchte. Aus diesem höchsten Dasein springt das Dasein hervor. Auf diesem einzigen Moment beruht die Erzeugung auch des geistigen Produkts ... Die wirkliche Darstellung gehört nur noch dem Nachhall jenes entscheidenden Moments an« *(Werke,* I, 319).

Mit dem doppelt verwendeten Begriff Dasein wird hier von zwei Dingen gesprochen, einmal Dasein als höchstes Moment einer intuitiven Bewußtseinsgegenwart als Potenz, aus der das eigentliche Dasein als Realität geboren wird (das Mögliche und das Sein), nämlich das Produkt der Idee, das Neugeschaffene an sich. Nur in höchst subjektiver Seinserfahrung, also aus dem Zustande des zentrierten Bewußtseins, kann eine optimale und objektiv wirksame Wirklichkeit erzeugt und dann auch als solche erkannt werden.

In einer ähnlich indifferenten, aber doch trotz der Mittel eben dieser Indifferenz sehr definitiven Weise beschäftigt sich Henri Bergson als ein Philosoph der schöpferischen Energetik a priori mit dem Problem der schöpferischen Entwicklung des Geistes und der Natur. Er bezieht in seine Betrachtungen die gesamte Naturwissenschaft und die Physik nach dem Wissen seiner Zeit als einen evolutionären Prozeß mit ein, wobei er von einem energetischen Ursprung ausgeht, der ›Schwungkraft des Lebens‹, und die Evolution als dessen ständige Wandlung begreift. Auch Bergson bezieht seine Betrachtungen aus einem Standpunkt, der in der Tiefe seiner eigenen geistigen Erfahrung wurzelt. »Diese Schöpfung des Selbst durch sich selbst übrigens ist um so vollkommener, je besser man das durchschaut, was man tut« (*Schöpferische Entwicklung*, S. 13–14). Das erinnert uns an die ältesten vedischen Vorstellungen von der Energie durch Tapas, oder der psychischen Kraft, die durch Intensivierung aus sich selbst und Rückwirkung auf sich selbst im höchst introvertierten Zustand geschaffen wird. Nach den Vorstellungen des Veda wurde der erste Schöpfungsakt des Brahman möglich durch eine Selbstinduzierung oder Selbstentfachung ursprünglicher Energie, indem alle psychische Kraft wieder auf sich selbst zurückgewendet wurde, anstatt sie auf die Welt der Objekte zu richten. Die altindische Kosmogonie und Anthropogonie beginnt sozusagen mit einem Akt energetischer Selbstentfaltung.

So findet auch Bergson das Problem des Schöpferischen in sich selbst als persönliche Entfaltung begründet, es ist etwas unbedingt und speziell Humanes, das nur aus der Mitte des Individuums im Wissen um sich selbst in Gang gesetzt werden kann. Darum findet Bergson, »daß Dasein für ein bewußtes Wesen darin besteht, sich zu wandeln, um zu reifen, um sich selbst unendlich zu erschaffen« (l. c. S. 14).

Zur allgemeinen Definition von den eigentlichen Grundlagen des Schöpferischen bemerkt Bergson, daß es eben Zentren in der Natur gibt, »um welche die Unstimmigkeit kristallisiert«. Er ahnt deutlich in dem rational scheinbar nicht Zusammenhängenden, sich aber evident aufdrängenden Wesen unbewußter Inhalte und bewußt sich aufdrängender Relationen die Entwicklung des eigentlich Wesentlichen. Bemerkenswert ist sein Hinweis: »Man muß damit beginnen, dem Zufall sein Teil, das recht groß ist, zu lassen.« Und gerade ein so bedeutender und subtil schreibender Philosoph wie Bergson beschreibt das schöpferische Werden in einer zuweilen unphilosophischen Freiheit der Worte aus der Erkenntnis, daß allzu rationale Definitionen nicht den Kern der Dinge berühren können. »Und diese Kristallisation« läßt die »großen Straßen sichtbar« werden, in denen das »Leben seinen Ursprungs-Impuls entwickelt«. So ist für Bergson die schöpferische Welt eine grenzenlos reiche Einheit; »allem überlegen, was ein Verstand je träumen könnte, da ja dieser Verstand nichts als eine ihrer Ansichten und Erzeugungen ist«. Auch geht Bergson ähnlich wie schon Humboldt von zwei Komponenten als Grundlagen des Schöpferischen aus, die wir als bedeutsame Faktoren der menschlichen Persönlichkeit kennen. Diese beiden Anteile der Psyche sind Intellekt und Instinkt. Nach Bergson ist »Intellekt als Angeborenes die Erkenntnis einer Form, Instinkt die Erkenntnis eines Stoffes. Im übertragenen Sinne finden wir bei der Deutung von Humboldt den Intellekt als richtunggebende männliche Kraft und Vernunft, welche die Formen erfaßt und wertet, und das Weibliche als das mehr Instinktive, das Empfangende, das die Fülle der Möglichkeiten zu bieten hat.

Intellekt und Instinkt sind also zwei Komponenten, die in den bewußten und willensmäßigen Entscheidungen eine große Rolle spielen. Beide aber sind in bezug auf die Hervorbringung des Schöpferischen einander bedingende und ergänzende sowie notwendige Formen. Sie stehen in einem polaren Verhältnis zueinander. Gewöhnlich aber müht sich der menschliche Intellekt damit ab, möglichst unter Ausschaltung und Verdrängung der Instinkte und ihrer numinosen Begleiterscheinungen zum Ziele zu kommen. Solche Ergebnisse haben aber keine tragfähige Wurzel im Unbewußten und sind selten an die für schöpferische Leistungen erforderlichen Emotionen gebunden. Damit ist auch eine Rückwirkung auf das Unbewußte ausgeschlossen, ohne deren Relation aber keine schöpferische Entfaltung möglich ist. Bergson gibt ein treffendes Gleichnis zu diesem Problem, das die psychologische Situation der Komplementarität bestens verdeutlicht: »Es gibt Dinge, die einzig der Intellekt zu finden vermag, die er jedoch aus sich selbst heraus niemals finden wird. Diese Dinge könnte nur der Instinkt finden; er aber wird sie niemals suchen« (*Schöpferische Entwicklung*, S. 156).

Mit dem Wesen des Schöpferischen verbunden ist die Frage nach der Beziehung von Leben und Geist. Das Leben befindet sich auf der Seite der Instinkte, ist natürlich an die biologischen Notwendigkeiten der belebten Materie gebunden und wirkt nur von dort aus belebend auf die geistige Entfaltung ein. Der Geist, besonders in Gemeinschaft mit der Funktion reinen Intellektes, kann durchaus autonom und lebensfern wirksam werden, die unendlichen Formen aus dem unentbehrlichen unterscheidenden und eben teilenden Denken entwickeln, ohne je von sich aus die Frage zu stellen, ob diese seine Tätigkeit noch einen auf das Leben bezogenen Sinn hat. Darin liegt die Gefahr der nur rationalen und dualistischen Denkweise, die dem Intellekt als durchaus natürliche Funktion zu eigen ist. Der Intellekt hat das unbegrenzte Vermögen und sogar Bestreben, alle Objekte in Teile zu zerlegen, zu analysieren und eventuell diese wieder synthetisch zu einen, aber der Intellekt allein kann nichts erschaffen. Es ist nur eine theoretische Frage, und gerade die aus der Analyse geschaffenen neuen geistigen Verbindungen können durchaus solche sein, die in dieser Form von Natur aus nicht erscheinen würden.

Die Instinkte sind natürliche und an den Trieb gebundene

Funktionen und sind Organe des Lebens, sie können nicht einfach intellektuell abgewandelt, umgebildet oder ohne Auswirkungen verdrängt werden. Und wenn dies geschieht, dann nennen wir sie Fixierungen, Verdrängungen, Triebverschränkungen und psychopathologische Deviationen, die uns auf Störungen und Unangepaßtheit des Trieblebens aufmerksam machen. Es ist gut zu beachten, daß die Instinkte letzthin nicht zu betrügen sind. Es gibt also nur einen Weg, der zum Schöpferischen führen kann, das ist die Harmonisierung von Instinkt und Intellekt, eine psychoenergetisch ökonomische Verteilung der Einflußbereiche und ihrer Potenzen an der Grenze von Bewußtem und Unbewußtem. In diesem Sinne stellt Bergson mit Recht klar: »Der Intellekt charakterisiert sich durch seine natürliche Verständnislosigkeit für das Leben. Nach der Form des Lebens selber dagegen ist der Instinkt gemodelt« (*Schöpferische Entwicklung*, S. 170).

Friedlaender betrachtet das Phänomen des Schöpferischen vom Standpunkt der Definition polarer Gegensätze, die durch ein entsprechendes Spannungsequilibrium aufeinander bezogen sind. Er setzt dabei direkt an der Eigennatur der Begriffsbildungen an und kommt zu einer originellen, aber nicht uninteressanten Definition. »Es entspringt Relatives dem Absoluten, Zeit aus der Ewigkeit, Notwendigkeit aus der Freiheit, Dividuales aus dem Individuum. Dividuales aus dem Individuum, das heißt also aus dem herzhaftest Persönlichen, und die unbrechbar ganze Person ist geradezu der Schöpfer selbst« (*Schöpferische Indifferenz*, S. 16).

Hier wie auch bei einigen anderen Autoren sowie etwa auch bei den Darstellungen im chinesischen I-Ging und gewissen taoistischen Begriffen, die wir noch aufgreifen werden, finden wir als Charakteristikum die Unbestimmtheit und eben jene genannte ›Indifferenz‹, die schon ein Merkmal dafür sind, daß sich die Vorgänge des Schöpferischen an der Grenze zum Unbewußten abspielen, daß sich ihre Funktion aus einer Mittlerschaft ergibt, die zuweilen tiefer in das Unbewußte hinabgreifen muß, um die energetischen Kräfte für die schöpferischen Leistungen zu erhalten. Der Philosoph Siegfried Behn behandelt die Frage des Schöpferischen in bezug auf die Entwicklung des menschlichen Genius, die Hochform des schöpferischen Menschen schlechthin. Auch Behn weist auf den Übergang von einem Bewußtseinszustand in den anderen hin, wobei »allein die schöpferische Gestaltung gelingt« (*Schönheit und Magie*, S. 232).

Aber auch die andere Seite, jene der schon erwähnten Phantasietätigkeit als Bewirker und Verursacher der schöpferischen Prozesse, ist nicht zu übersehen. Sie ist eine Vorbedingung für die geistige Ortung im Raum der unbestimmten Relationen, in dem noch alle Möglichkeiten eine offene Chance der Verwirklichung enthalten. Behn sieht »im Genius einen Mann, der in seinen entscheidenden Stunden sehr ernsthaft spielt«, für ihn sind die Phantasie und das Spiel mit den Bildern und Ideen eine Notwendigkeit, die zu Ergebnissen folgerichtig führen werden. Behn sieht die Psyche des schöpferischen Menschen »voll Bilderdenken bis auf den heutigen Tag«.

Wir haben bereits auf die Bedeutung und auch Relativität des rational wirkenden Intellektes hingewiesen, und soll schöpferisches Wirken in Aktion treten können, so kann dies nur auf Kosten eines zu sehr bestimmenden Einflusses reinen Intellektes gehen. Behn stellt fest: »Eine geniale Konzeption ist niemals im Wachsein möglich und auch nicht im Hellwachsein, vielmehr müssen gerade die Abhängigkeiten, welche in den Gestalten des Wachseins obwalten, zerrissen sein. Solche Dissolution entsteht nur in der Erregtheit oder Entzücktheit« (l. c. S. 234). Damit sind wir wieder bei der emotionalen Beteiligung am schöpferischen Prozeß, der einen gewissen psychoenergetischen Betrag freigibt, der durchaus als positive Erregtheit erfahren wird. Es ist der Zustand, der auch dem inneren persönlichen Erleben des Mystikers zugrunde liegt. Die ganze Person nimmt Anteil an einem nur teilbewußten und aus den Tiefen gesteuerten und numinos behafteten Ereignis, das nicht nur seine Bilder und Inhalte bringt, sondern eine Reihe von Empfindungen, die jenen Bildern erst ihren affektiven und damit einmaligen Wert geben. Erst durch sie werden die schöpferischen Prozesse zu einem psychischen und nicht nur intellektuellen Ereignis, sie werden zum Erlebnis des Schöpferischen. Diese Doppelwertigkeit oder Gleichzeitigkeit von bewußter Erkenntnis und positiv als Bestätigung empfundenen Emotionen, welche die ganze Psyche zugleich im Vorgang der neuen Bewußtwerdung begleiten, spielt in der Begriffsbildung und im Verständnis von Vorgängen der indischen Yogasysteme und der Tantras eine bedeutende Rolle.

In den tantrischen Überlieferungen des Vajrayâna-Buddhismus werden die nicht-dualistischen Erfahrungen als die große Leerheit (mahâśûnya), als Intuition von Licht (âlokopalabdhi), absolute Natur (parinişpanna), rein glückselige Bewußtseinserfahrung (mahâsukha) oder als unteilbare Wesensnatur der Erleuchtung (sahaja) bezeichnet. Ähnliche aus dem schöpferischen Prozeß kommende Erscheinungen gesamtpsychischer Natur finden wir in der Terminologie des I-Ging, des Taoismus und im Zen-Buddhismus sowie in verschiedenen tibetischen Lehren. Im Zen kennen wir das Koan, welches als Moment zur spontanen Zusammenschaltung von Bewußtem und Unbewußtem im Satori-Erlebnis höchste Bewußtheit und Emotionalität auslöst. Es bedarf also, um es noch einmal mit einem Wort von Behn auszudrücken, »der individualen Empfindlichkeit oder Empfänglichkeit für meist gefühlsbetonte Eindrücke«, die das Ganze für uns zu einer Erfahrung jenseits des Intellektes machen.

Die schöpferischen Ereignisse im Bewußtsein beruhen noch auf weiteren förderlichen Momenten. Zu ihrer Entfaltung gehören auch die Bereitschaft zu innerer Stille, also Introversionsfähigkeit für geistige Empfängnis, Intuitionen und Eingebungen, die der frei assoziierende und kombinierende Geist aus den offenen Zusammenhängen erkennt. Und erforderlich ist eine gewisse Erregbarkeit der Gefühle für schöpferische Bilder und Ideen und zur Erfassung ihrer Numinosität. Aus einer Reihe von nicht sehr deutlichen, aber doch evidenten Inhalten, von indifferenten, aber doch latenten Werten in der Unschärfe sich kristallisierender Bewußtseinskonstellationen, schafft der schöpferische Mensch schließlich höchst konkrete Dinge, die mit allen nur rationalen und intellektuellen Bemühungen gar nicht zu erreichen sind. Die sogenannten ›großen Gedanken‹ kommen dabei meist ungewollt, also gerade ohne intellektuelle Anstrengung, absichtslos und spontan. Sie geben sich wie Einfälle oder Zufälligkeiten, und erst dann wird nach und nach die Tragweite des neu Gewonnenen erkannt und in bewußtes Leben eingesetzt. Mit intellektuell getragener und willentlich vorgetragener Absicht sind die schöpferischen Prozesse kaum auszulösen, sie werden durch die logischen Gesetze des rationalen Denkens geradezu blockiert. »Wollte man schöpferischem Künstler- und Forschertum ›Absicht‹ zuschreiben, so ist und kann die Absicht nur sein, daß es Unaussprechliches, Ungreifbares, Unnennbares durch Stoffhaftes oder Gedankliches ahnen lassen oder zum Ausdruck bringen möchte« (Daqué, *Leben als Symbol*, S. 240).

Jeder schöpferische Vorgang erfolgt aus der Gegebenheit neuer Anfänge, kommt aus der scheinbaren Leere eines momentanen Ursprungs, das Bewußtsein allein bietet für den Augenblick keinen irgendwie brauchbaren Inhalt für die Entwicklung an. Die ganze Geisteslage oder Fragestellung muß sich ändern, wenn ein Durchbruch erzielt werden will. Das Aufleuchten von Ideen als Inhalten oder urbildlichen und erahnten Zusammenhängen aus dem Unbewußten, das bewußte Eintreten in eine Gemeinsamkeit mit unbewußter Führung eröffnet plötzlich und spontan den großen Wurf, die neue Grundlage für bewußtes Handeln. Ist die Idee erst einmal geboren, sind alle anderen Entschlüsse nur noch die konsequente Exegese der einmaligen schöpferischen Leistung. Eine auf diesem wahrhaft schöpferischen Grunde gewachsene Idee erkennen wir schon daran, daß sie für lange Zeit ihre tragende, bestimmende und formende Kraft, ihren überzeugenden und faszinierenden Aspekt bewahrt, selbst wenn ihre Verwirklichung nicht gleich in die Tat umgesetzt werden kann. Bedeutsame schöpferische Intuitionen sind wie alle großen Ideen den echten Symbolen höchst ähnlich, was ihre Effektivität anbetrifft. Sie sind eine nicht durch andere oder ›bessere‹ Inhalte auszudrückende Kurzform oder ›Abbreviatur‹ (Kerényi) geistiger und sinnbezogener Einheiten, die den Kern und die Essenz individuellen Wissens und der persönlichen Wirklichkeitserfahrung darstellen. Auch das chinesische Yin-Yang-Symbol dürfte aus einer solchen einmaligen Schöpfungs-Situation einer idealen Vision des Bewußtseins entstanden sein, wie wäre es je durch ein ›besseres‹ oder geeigneteres Zeichen zu ersetzen?

Siegfried Behn teilte den Prozeß des Schöpferischen in eine dreifache Folge ein, an erster Stelle steht die Empfängnis des Werkkeimes (die Konzeption), wobei gerade diese sicher in den meisten Fällen noch in den Bereichen des Unbewußten stattfindet. Und wenn schon einmal diese Konzeption bewußt eine gute Idee bietet, so kann man doch meistens zuerst noch nichts damit ›anfangen‹, denn unsere Ratio hat eine andere Bahn eingeschlagen, die Idee paßt noch nicht in das laufende Konzept. Hierzu ist nach Behn der zweite Vorgang als Reifeprozeß von Bedeutung, wie ein Samen liegt das Neue im Unbewußten und dringt schließlich immer mehr an die Oberfläche, eben in unser Bewußtsein. Nach dieser ›Maturation‹ erfolgt schließlich die Schöpfung (Kreation), oft spontan, oft auch als eine ganz konsequent sich aufbauende Entwicklung.

Das Waltenlassen einer freien Phantasie, das geradezu Spielerische in der Arbeit an den Bildern und Ideen, die sozusagen über den Zufall vollkommen neue Aspekte erschließen, bleibt eine Bedingung des Schöpferischen. C. G. Jung vergleicht in bezug auf Schillers ›Anmerkungen über Ästhetik‹ schöpferisches Wirken mit dem Spiel oder der spielerischen Betätigung der Phantasie. »Verläuft das Spiel in sich selbst, ohne ein Dauerndes und Lebendiges zu erzeugen, so war es eben nur ein Spiel, im anderen Fall aber nennt man es Schöpferarbeit« (*Psychologische Typen*, S. 163). Unter psychologischem Aspekt betrachtet, ist dieses zu den schöpferischen Quellen führende Phantasieren ein Fluktuieren freier psychischer Energie zwischen verschiedenen Polen einer bewußten und beobachtenden Aufmerksamkeit und den unbewußten Strukturdominanten. In diesem Fluktuieren geschehen die zufälligen Berührungen auch mit den archetypischen Konstellationen, das heißt, die Phantasie entnimmt von dort energetische Anteile und bringt diese zu neuen Formierungen im Bewußtsein ins Spiel. In der bewußten Introversion als einer Suche nach dem Möglichen können bekannte Inhalte dann im Bereich des Unbewußten neu aufgeladen werden, oder sogar vollkommen gewandelt wieder im Bewußtsein zutage treten. Diese Wandlungen sind das Wesentliche, und ihre Manifestationen im Bewußtsein sind das, was wir als die Neuschöpfungen bezeichnen. In diesem Sinne versteht auch das I-Ging das Zwischenspiel der Wandlungen, das sich aus den Grundfunktionen von Kiän und Kun ergibt, der lichten und schöpferisch-männlichen Kraft des Himmels und der weiblich-empfangenden Kraft der Erde, welche die große Mutter der Wandlungen selbst ist. Besonders dieses altchinesische Weissagebuch des I-Ging ist ein hervorragendes Beispiel dafür, daß letzthin alles Wesentliche und Entscheidende sich im Unbekannten vorbereitet und dann plötzlich als Geordnetes in Erscheinung tritt. Und jede Wandlung ist eine andere, führt zu einer Antwort, die doch nur wieder ein Zwischenglied bildet für zukünftiges Werden. So ist das Schöpferische immer ein Vorgang von Leben, »reicht in die Zukunft und der schöpferische Mensch hat eine Aura von Zukünftigem« (Hillman, *Eranos 35*, S. 366).

Die schöpferischen Wandlungen finden im Geiste jenseits des bewußten Raumes statt (und in der Natur jenseits der nur sichtbaren oder meßbaren Dinge) und manifestieren sich als neue Anteile und fertige Produkte im Bewußtsein. Was wir hier erleben, sind in bildhafter oder ideenhafter Form die Selbstabbildungen des schöpferischen Prozesses, der mit seiner bewußten Manifestation bereits abgeschlossen ist. Erforderlich ist zuvor eine Befreiung von den Gegensätzen zwischen Intellekt und Unbewußtem mit seinen Instinkten, das heißt, die Grenzen zwischen den beiden Ebenen müssen transparent und überschreitbar werden. Dies geht nur durch ein Wegstück der Introversion und einer gewissen Identität und vitalen Verbindung zwischen Innen und Außen. Wir kennen besonders in den verschiedenen Systemen des indischen Yoga sehr genau definierte Wege zur Erlangung einer größeren Harmonie zwischen der Außenwelt und der Innenwelt. Ziel dieser Übung ist dabei immer eine Mehrung der Selbsterkenntnis und ein größeres Wissen über die Zusammenhänge von Mensch und Welt. Erkenntnis auf diesem Wege erfordert daher immer eine schöpferische Leistung, da, wie es in Indien heißt, nicht der Intellekt, sondern die ›Kräfte des Herzens‹ die Tiefe der Erkenntnis bestimmen.

Aus der alten vedischen Periode kennen wir einen Doppelbegriff unter der Vorstellung des persönlichen und des universalen Âtman, beide Aspekte bilden die immanente und die transzendente Erscheinung des Selbst, einmal auf das Individuum bezogen, und zum anderen doch von universeller Art. Die Chândogya-Upaniṣad gibt genaue Hinweise zur Meditation hierüber, das heißt entsprechend unseren psychologischen Begriffen, zur aktiven Imagination und Introversion (oder Zentroversion), über den innersten und persönlichen sowie über den äußeren und universalen Âtman. Beide Formen werden eingehend in ihrem Wesen betrachtet, im Inneren des Bewußtseins vorgestellt, sei es nun in der kosmischen Größe eines Alls oder in der Größe eines Senfkorns. Alle die zum meditativen Vergleich herangezogenen Bilder dienen zur vertiefenden Assoziation, um die Kräfte unbewußter Energien an die vorgezeichneten Formen zu binden, die sich im Bewußtsein manifestieren. Die Übungen des Vedânta-Yoga führen zur bewußten Introversion und einer neu angepaßten höheren Identität mit dem Selbst. Auf diesem Wege gelangt der Mensch zurück an die Quellen der Urbilder des Geistes und des Numinosen und berührt die energetischen Potentiale, aus denen sich neue schöpferische Entwicklung und die Transparenz von Bewußtsein ergibt. Die so begonnene Introversion, als eine Zentrierung bewußter Tätigkeiten auf die psychische Mitte, führt uns an die Wurzel des Bewußtseins und ermöglicht neue Konstellationen des Geistes durch schöpferische Wandlung, die nicht durch intellektuelle Bearbeitung einseitig vorbelastet ist.

C. G. Jung hat sich einige Male mit der Psychologie der indischen Yogamethoden von seiner Sicht auseinandergesetzt. Nach seiner Erkenntnis werden durch Yoga »die Beziehungen zum Objekt introvertiert und durch Beraubung des Wertes ins Unbewußte versenkt, worin sie neue Assoziationen mit anderen unbewußten Inhalten eingehen, und darum verändert wieder ans Objekt herausstreben. Durch Veränderung der Beziehungen zum Objekt hat das Objekt ein neues Gesicht bekommen. Es ist wie neu geschaffen« (*Psychologische Typen,* S. 158 f.). Es scheint durchaus so zu sein, daß ein wesentlicher Zug des Schöpferischen darin liegt, daß zu gleichen und scheinbar unveränderlichen Problemstellungen des Lebens ein neuer Ansatzpunkt provoziert wird. Nichts ist schwerer für das gewöhnliche Tagesbewußtsein, als aus den einmal festgelegten Bahnen seines Denkens auszubrechen. Daher bleiben letzthin viele Ideen im Hintergrund, und ungelöste Aufgaben scheinen vom rational logischen Standpunkt aus nicht mehr lösbar zu sein. Die spontan schöpferische Kraft aber kann schlagartig eine Situation und deren ganze Folge zur Klärung und damit neuer Entwicklung und Reifung sowie ihrer Lösung entgegenführen.

Wir haben nach den bisherigen Betrachtungen herausgefunden, daß sich die Vorgänge der schöpferischen Entwicklung immer aus zwei komplementär wirksamen Faktoren entfalten, wir sprechen von den bewußten und unbewußten Handlungen und ihrem zueinander auch korrelativen Verhalten. Die wachbewußte und rein mentale Ebene ist mit rationalem Denken und den intellektuellen Fähigkeiten allein nicht in der Lage, wirklich schöpferische Leistungen zu erzeugen. Auf der Ebene des Intellektes können wir schöpferische Impulse anwenden und nutzen, nicht aber erzeugen. Und wie oft zehren wir im täglichen Denken und Handeln von den schöpferischen Ideen, die den Intellekt und den Willen zum Teil auf lange Sicht hin zu leiten und zu beeinflussen vermögen. Wenn auf der intellektuellen Ebene auch die logischen und konstruktiven Ergebnisse rationaler Verstandestätigkeit wirken, so sind doch die eigenschöpferischen Leistungen oft das tragende und sinngebende Element aller denkerischen Tätigkeit.

Die unbewußte und vom Triebleben beeinflußte Seite mit ihrer instinktiven Orientierung ist ein viel feineres Sensorium für die Intuitionen und deren zweckmäßige Anwendung, aber sie kann die wesentlichsten und wertvollen instinktiven Antriebe und Entscheidungen nicht aus sich selbst allein intelligibel darstellen, es sei denn durch Steigerung der Emotionen und einer zu Projektionen drängenden Energetik, die sich dann in bewußten Bildern oder bestimmten Gedankeninhalten abbildet. Es bedarf für den Fortgang der schöpferischen Funktion immer einer Komplementarität von psychischen und instinktiven Kräften, um Schöpfungen des intuitiven Geistes aus dem Unbewußten zu heben. So zeichnet sich die schöpferische Leistung durch die Fähigkeit zu neuen Kombinationen und Assoziationen aus, die dem Niveau geistiger und emotionaler sowie unbewußter Potenzen entstammen, Schöpfung ist lebendige Erneuerung und Selbstwerdung der geistigen Welt im wahrnehmenden Bewußtsein.

Die Yogaschulen, vor allem der indischen Tantras, des Hinduismus und des Buddhismus gehen so weit, zu behaupten, daß der optimale Zustand des Bewußtseins dann erreicht ist, wenn eine ständige Transparenz zwischen dem Nicht-Bewußten und dem Bewußtsein erreicht ist, welches als höchste Gegenwart von Bewußtsein bezeichnet wird.

Nichtwissen bedeutet in den indischen Philosophien erstens

soviel wie noch nicht zu Wissen oder Erkenntnis gelangt sein, zweitens aber daher auch geistige Unfreiheit und Bindung. Solange der Prozeß der schöpferischen Entfaltung von Wissen und Erkenntnis voranschreitet, befindet sich das Bewußtsein in der Entfaltung von Leben und auf dem Wege zur geistigen Freiheit.

Auf die Erscheinung des Komplementären kommt C. G. Jung zu sprechen und nennt hierzu die Bedeutung der ›transzendenten Funktion‹. Sie ist nach Darstellung der analytischen Psychologie die Fähigkeit, bewußte Inhalte durch die Komplementärfunktion des Unbewußten zu ergänzen und wesentlich zu erweitern. Das Unbewußte ist unter entsprechenden Bedingungen, eben jenen unbestimmten und offenen Beziehungen, in der Lage, die fehlenden Anteile oder Inhalte zu bewußten Bildern zu ergänzen. Das ist ein psychischer Vorgang, der auch in der konstruktiven Traumanalyse von Bedeutung ist, um Sinngebung der Bilder zu finden. Die Korrespondenz zwischen den Bereichen des Bewußten und des Unbewußten ist die so bezeichnete ›transzendente Funktion‹. Sie steht an entscheidender Stelle zur Auslösung von schöpferischen Vorgängen und ihrer Wirkung im bewußten Leben.

Im altchinesischen Weisheitsbuch des I-Ging finden wir die bisher vielleicht älteste sprachliche Formulierung des Schöpferischen. Sie wird dazu in einer lapidaren Sprache angeboten, bei der jedes Wort natürlich eine intensive Bedeutungsfülle erlangt hat, sie sind längst Symbole geworden, die etwas unbedingt Richtiges und Wahres zu vermitteln haben. Den unlimitierten Möglichkeiten der schöpferischen Wandlung entsprechen die kurzen Beschreibungen und Kommentare, die zu wenig aussagen, um nicht bewußt alles offen zu lassen, und die es aber so dem Befrager des Buches der Wandlungen ermöglichen, sämtliche Assoziationen zu bilden und aus diesen die individuelle Chance zur Wandlung zu erkennen. In der großen Unschärfe oder Allgemeinverbindlichkeit der Situationsdeutung durch das I-Ging liegt gerade die auf das Persönliche bezogene Sicherheit der Aussage. Es scheint hier eine ähnliche Grundlage zu sein, wie die Beziehung zwischen dem kollektiven und dem persönlichen Unbewußten. Das erstere liefert allgemeine Inhalte, die durch das letztere zu einer persönlich motivierten Valenz erhoben werden.

Das I-Ging geht von der naturgegebenen Notwendigkeit aus, daß sich der Mensch zu seinem Ursprung hinwenden müsse, und zwar durch intuitive Innenschau sowie durch die rechte objektive Erkenntnis von den verborgenen Vorgängen der äußeren Welt, wenn er die Wirklichkeit des waltenden Tao begreifen will. Es ist das I-Ging in der Tat ein ›Buch der Wandlungen‹, weil es die verborgenen und unbekannten Anfänge aufzuzeigen versucht, die den Grund der äußeren und sichtbaren Wandlung bilden. Es ist einer der ältesten Versuche der Menschen, das unbegreifliche Wesen des verborgen Schöpferischen in der Welt zu verstehen durch die hohe Kunst des nicht genau bestimmenden Hindeutens. Denn für das I-Ging sind die sichtbaren Schöpfungen und Ereignisse des Lebens jeweils das Ergebnis, die Manifestation einer im verborgenen wirksamen Kraft, die nur durch Offenbarungen auf der individuellen Ebene auf das Bestehen eines universalen Gesetzes hinweist.

Introversion ist im I-Ging der Weg zum Wissen von Kiän, dem Zeichen für das Schöpferische, das mit dem Lichten und dem Himmel identisch ist. »Das Schöpferische wirkt erhabenes Gelingen, fördernd durch Beharrlichkeit« (III, S. 1). Es ist also eine beharrliche Kraft, eine den ganzen Kosmos durchwaltende Energie, die sich in allen Formen darstellen kann, ohne daß sie selbst je ein Bild sein würde. Insofern ist sie vielleicht auch die gerichtete Potenz der Urbilder, eine energetische und allgegenwärtige Kraft, die »alle Welt zu fördern« vermag. Und der Kommentar des I-Ging sagt weiter »darin, daß nicht angegeben wird, wodurch es fördert, besteht seine wahre Größe. Das Schöpferische ist rein, unvermischt und geistig« (III, S. 7). Die uns unbekannten Verfasser des I-Ging hatten intuitiv gewußt, daß für das Wirken des

Schöpferischen ein Boden der Reifung und Entfaltung notwendig ist, nämlich die weibliche und empfangende Kraft als Funktionsgrundlage des Schöpferischen. Und diese Grundlage ist das Empfangende, das Kun, das als zweites großes Zeichen in der Reihe der Hexagramme verwendet wird. Auch das Empfangende »wirkt erhabenes Gelingen«. Es hat den »Zustand der Erde« in »empfangender Hingebung«. Die Definitionen der beiden Kräfte im I-Ging erinnern uns auffallend an die von Humboldt gebrachte Darstellung des Schöpferischen als eines Ineinanderwirkens der ›männlichen und weiblichen Kraft‹. Im gleichen Sinne heißt es im Buch der Wandlungen: »Das Schöpferische und das Empfangende sind das eigentliche Geheimnis der Wandlungen. Indem das Schöpferische und das Empfangende vollendet sich darstellen, sind die Wandlungen zwischen ihnen mitgesetzt. Würde das Schöpferische und das Empfangende vernichtet, so gäbe es nichts, woran man die Wandlungen sehen könnte. Wenn keine Wandlungen mehr zu sehen wären, so würden die Wirkungen des Schöpferischen und des Empfangenden auch allmählich aufhören« (II, S. 246).

Hier wird deutlich das Unaussprechliche oder ›Indifferente‹ oder der Faktor des ›Unbestimmten‹ mit in die ernsthaften Erwägungen einbezogen, obwohl diese genannten ›Wandlungen‹ zwischen Yin und Yang alles andere als rational darstellbar sind. Aber sie sind und bleiben ein unübersehbarer Faktor in der Rechnung schöpferischer Entwicklung, der uns an die ›Unschärferelationen‹ in Heisenbergs Quantenmechanik erinnert, das Gesetz des Unbestimmbaren, aber trotzdem Evidenten. So vermittelt uns auch der chinesische Text ein in seinem individuellen Ausgang ungewisses, aber trotzdem definitives Wissen von der Natur und dem Schöpferischen, obwohl oder gerade weil die offenen Relationen in vorsichtigen und nur abschätzenden Worten beschrieben werden. Im Vorgang des schöpferischen Prozesses befindet sich die ganze menschliche Persönlichkeit mit ihren sehr komplexen Verbindungen zu sich selbst sowie ihr Eingebundensein in einen vorgegebenen natürlichen Ablauf. Nur das Geringste von allem bietet vielleicht ein Quantum Entelechie, die durch uns selbst wirklich frei erkannt und ausgenutzt werden kann. Wie schon in bezug auf die Grundlehren des indischen Yoga angedeutet, hat die Orientierung auf das Selbst eine entscheidende Bedeutung im schöpferischen Prozeß, es ist der innerste Bezugsort, an dessen Transparenz sich die Wandlungen und ihre Qualitäten abbilden lassen.

Erich Neumann hat sich sehr eingehend mit dem Wesen der schöpferischen Funktion auseinandergesetzt, und wir können sagen, daß seine Arbeit die bisher eingehendste Studie in der analytischen Literatur der Tiefenpsychologie darstellt. Neumann stellt fest: »Die schöpferische Wandlung stellt grundsätzlich einen Ganzheitsprozeß dar, in dem das Schöpferische ... als eine mit dem Selbst, dem Ganzheitszentrum, verbundene Macht auftritt« (*Der schöpferische Mensch*, S. 23). Die Beziehung zum Selbst als der einenden Mitte der menschlichen Psyche darf nicht übersehen werden. Denn die Wandlungen durch den Vorgang der Individuation werden uns um so mehr bewußt, als sich dabei das Selbst unübersehbar manifestiert. Die Selbsterfahrung während des schöpferischen Prozesses ist sozusagen der transparente, aber deutlich erfahrbare Ort, von dem aus das Schöpferische begreifbar wird.

Die Erfahrung des Selbstes kann nur stattfinden, wenn eine Zentrierung psychischer Kräfte auf die tragende Mitte des Bewußtseins möglich ist. Sie ist eine bewußte Introversion, wobei sich das Bewußtsein nach innen auf sich selbst richtet. Dies ist im schöpferischen Vorgang eine freiwillige und bewußte Handlung, die nicht mit Regression zu verwechseln ist. Regression führt nicht zum Selbst, sondern in die Schattenseiten und unbewußten Bereiche. Neumann nennt es die Zentroversion, eine bewußte Hinwendung zur Mitte, sie ist die wichtigste Bezogenheit der Seele für die Entwicklung der individuellen Persönlichkeit, denn »sie führt zu einem dauernd sich erneuernden dialektischen Prozeß zwischen dem verarbeitenden Bewußtsein und den sich neu konstellierenden unbewußten Inhalten« (l. c. S. 24). Neumann legt also Betonung auf den dialektischen Prozeß innerhalb der ganzen psychischen Organisation, das heißt innerhalb der Relationen von Bewußtem und Unbewußtem, sowie auch innerhalb der Bezüge zwischen der gesamten objektiven und subjektiven Welterfahrung. Darum stellt Neumann fest: »Das Schöpferische, unabhängig von der Modalität seines Erscheinens, unabhängig davon, ob es als Einbruch auftritt, als allmählicher Wandlungsprozeß, oder als beides, ergreift und wandelt sowohl das Bewußtsein wie das Unbewußte und die Beziehung beider zueinander« (l. c. S. 24).

Damit wird eine gesamte Umwandlung oder Veränderung der psychischen Situation erlangt, die wie bei jedem schöpferischen Prozeß eine Neuorientierung der subjektiven und objektiven Bezogenheit zu sich selbst und zur Umwelt darstellt. Sie hat einen starken Einfluß auf das Selbst, das im erfolgreichen Wandlungsvorgang plötzlich transparent und zuweilen auch je nach Stärke tiefgreifender Emotionen merklich wahrnehmbar zu werden vermag. Das heißt, wir erkennen das Selbst, wenn auch nicht in einer bildhaften Form, so doch als eine unbedingte Evidenz unseres eigensten Seins, das sich mit offener Wirklichkeit aufdrängt. Der gleiche Effekt eines im schöpferischen Werden gleichsam spontan aufleuchtenden Selbstes wird daher auch durch Übungen des indischen Yoga bewirkt, der zentroversive Kräfte fördert und an einem Punkt der großen Einung der Seele plötzlich den Durchblick auf die bildlose Erfahrung des Selbstes freigibt.

Wie wir zum Beispiel aus den Berichten des Zen über die Wirkung des Koan erkannt haben, kann dieses Ereignis eine ungeheure Wirkung auf die zukünftige seelische Entwicklung gewinnen, da es richtunggebenden Charakter hat. Für oft nur wenige Augenblicke höchster Intensität wird die psychische Energie auf das Selbst konzentriert und von dort reflektiert. In bezug auf Yoga und verwandte Vorstellungen der

Psychologie sollten wir das Selbst noch einmal umschreiben. Es ist die absolute psychische Mitte, von Werten und beschreibenden Attributen frei. In der Bewußtseinsstruktur ist es der Kern von Ich, Bewußtem und Unbewußtem, und da es nicht auf die Welt bezogen ist, kann es nur transparent werden als eine unveränderliche und nicht beeinflußbare Wesensessenz. Nicht ohne Grund wird zum Beispiel im Buddhismus von einer Selbstnatur (svabhâva) gesprochen als einem a priori Wahren und durch nichts zu beschreibenden Wesen.

Im schöpferischen Prozeß wird eine Spannungsachse zwischen dem Selbst, dem Unbewußten und Bewußten geschaffen, als sei ein elektrischer Funke über eine freie Strecke von Pol zu Pol gelaufen. Alle anderen Widerstände im Innenraum der Bewußtseinswelt sind plötzlich ungültig und übersprungen. Dieser Effekt ist zuerst reine Dynamik, wertfrei und auch ohne Bilder und Inhalte, die sich dann erst wie Reflexe im Horizont des Bewußtseins bilden. Diese neuen Konstellationen sind das schöpferische Ergebnis, wie ein Nordlicht des Geistes als Widerschein von Wandlung und Werden. An ihm orientiert sich das weitere Verhalten des ganzen Bewußtseins, das nun in ein neu geschaffenes Verhältnis zu sich selbst tritt.

Je mehr man diese Neuschöpfung aber objektivierend betrachtet, erschließt sich ihr ureigenstes Werk, das die zukünftigen Motive und Haltungen leitet und bestimmt. Der Widerschein der Wandlung ist das, was wir die Idee, eine Entdeckung, den neuen Einfall oder das Ergebnis unseres Suchens nennen. Wir wissen dann nur, daß es uns von nun an zur Verfügung steht, nicht aber, wie es letzthin entstanden ist. Wesentlich an der Neuschöpfung ist der sich uns aufdrängende Offenbarungscharakter einer Notwendigkeit, von dem Neumann sagt: »das Schöpferische hat überall, wo es auftritt, Offenbarungscharakter« (l. c. S. 26), es hat für uns den Charakter der unbedingten Gültigkeit. Diese erschien direkt, ohne intellektuell vorher zurechtgelegt worden zu sein, und wir merken bald, daß sich diese neue Idee gegen alle bisherigen Vorstellungen als die rechte durchzusetzen vermag. Die schöpferische Offenbarung ist für Neumann »nicht nur nicht vom Menschen ablösbar, sondern mit ihm einmalig und unverwechselbar verbunden. Weil das Schöpferische seine Wurzeln im Tiefsten und Dunkelsten des dem Menschen Unbewußten ebensosehr wie im Besten und Höchsten des ihm Bewußten hat, kann es nur als Frucht seiner ganzen Existenz faßbar werden« (l. c. S. 26).

Den Vorgang der schöpferischen Entwicklung als eine Art der spontanen Offenbarung des Selbstes finden wir in einem Gedichte Hölderlins im doppelten Gleichnis dargestellt. Es geht aus vom Gleichnis des Gewitters als des »Himmlischen Feuers«, welches sich auch im schöpferischen Menschen, hier dem Dichter, ereignet.

Jetzt aber tagt's! Ich harrt' und sah es kommen,
Und was ich sah, das Heilige sei mein Wort.
Denn sie, sie selbst, die älter denn die Zeiten
und über die Götter des Abends und des Orients ist,
die Natur ist jetzt mit Waffenklang erwacht,
und hoch vom Äther bis zum Abgrund nieder
nach festem Gesetze, wie einst aus heiligem Chaos gezeugt,
fühlt neu die Begeisterung sich,
die Allerschaffende wieder.

Und wie im Aug ein Feuer dem Manne glänzt,
wenn Hohes er entwarf, so ist
von neuem Zeichen, den Taten der Welt jetzt
ein Feuer angezündet in der Seele der Dichter.
Und was zuvor geschah, doch kaum gefühlt,
ist offenbar erst jetzt,
und die uns lächelnd den Acker gebaut,
in Knechtsgestalt sie sind bekannt dir, die
Allebendigen, die Kräfte der Götter.

In diesen Worten Hölderlins finden wir die ganze Kraft des Erlebens in einem Feuergleichnis, das auf die große psychoenergetische Vorspannung der schöpferischen Prozesse hinweist, aus denen sich immer ein Mehr von dem offenbart, als mit Worten je darstellbar wäre. Nur ein Teil dieses Erlebens findet seine Verwirklichung in einer schöpferisch gestalteten Form oder Tätigkeit, ein anderer Teil ist energetischer Beitrag, der nicht abgebildet werden kann, es ist die Kraft und Beglückung in den Worten des Dichters. Um hier mit einem Gedanken von Neumann anzuknüpfen: »Das Individuum« lebt letzthin immer ein »unbewältigtes Leben, von dem immer nur neue Teile erfahren und integriert werden können. Das Unintegrierte aber ist nicht nur das Beunruhigende, sondern stets auch das, welches die Wandlung bringt« (l. c. S. 34). Bei Hölderlin findet sich der fruchtbare Wandlungsgrund in dem Acker, einem a priori archaischen Symbol des mütterlichen Bodens mit den lebendigen Kräften der Götter, die als dem Unbewußten dienende Gestalten das Schöpferische als verborgene Macht und Feuer der Seele bieten. Das Hölderlinsche Gedicht zeigt uns außerdem die ganze Gewalt von Spannung und Lösung, von Chaos und Licht (von Unbewußt und Bewußt) und schildert als Gleichnis den schöpferischen Prozeß als Lichtwerdung und Erkenntnisvorgang zugleich.

Der schöpferische Mensch lebt immer aus einer Erfahrung der Spannung von bewußter und unbewußter Welt, in einem Wissen um das Bekannte und dem ständigen Suchen nach dem Unbekannten. Eine polare Struktur der Psyche, die ihre Gegensätze in sich selbst erkennt, erleidet, und aus diesen die energetische Spannung zur Umsetzung unbewußter Strebungen zu nutzen weiß, ist die Voraussetzung für das Schöpferische. Die bewußte Welt weist den Menschen auf die Notwendigkeit der Anpassung im Außen hin, die unbewußte Welt der Wandlungen aus dem Archetypus versucht das Bewußtsein ambivalent, also positiv oder negativ, zu beherrschen. Im intuitiven Wissen um diesen Gegensatz lebt der schöpferische Mensch aus der Notwendigkeit der ständigen Ausmittelung, in der sich beide Welten auf einer neuen Ebene der höheren Integration treffen können. Somit bedarf schöpferisches Wirken der vereinigenden Komponente, dem sich spannenden und lösenden Verhältnis und Zusammenwirken aus den zwei psychischen Daseinsweisen des Menschen, der bewußt-unbewußten und synergetischen Funktion, die der Geisteswelt ihre Bilder und Symbole aufprägt. Eine solche Funktion wird gerade im indischen Tantra-Yoga zur Bedingung des Innen- und Außengeschehens, zur sich bedingenden Polarität, aus deren Untrennbarkeit sich das Ziel, nämlich die schöpferische Freiheit und lebendige Spiritualität, ergibt.

Abschließend finden wir bei Neumann zum Wesen des Schöpferischen noch eine mehr philosophische Definition, die uns das Einmalige und Neue der Schöpfungsvorgänge im Geiste erläutert. »Das Synthetische des schöpferischen Prozesses besteht gerade darin, daß Transpersonales, das heißt ewig Seiendes, und Personales, das heißt einmalig Seiendes, zusammentreten, wodurch das Einzigartige geschieht, daß im Einmaligen, Geschaffenen und Vergänglichen das Ewig-Schaffende und Bleibende gegenwärtig wird« (l. c. S. 43).

Zu diesen Ereignissen gehört das Symbol, das sich immer wieder aus dem Nährboden des archetypischen Bewußtseinsgrundes neu gestaltet und das immer wieder zu neuen Ausdrucksformen im schöpferischen Geiste hervorbricht. Symbole als numinos trächtige Bilder aus den Archetypen erhalten hier im Bewußtsein höchste mentale Deutungen, die scheinbar in größtem Gegensatz zum Unbewußten stehen. Aus dieser Antinomie ergibt sich die weitere schöpferische Leistung als permanente Kristallisation des Geistigen, das Symbol begreifbar zu machen. Vom Symbol und seiner Wirkung aus betrachtet, ist das schöpferischen Wirken eine erkannte Notwendigkeit der Meisterung eines transpersonalen Phänomens aus irrationaler und rationaler Natur. Sehr eindrucksvoll wurden solche symbolische Erscheinungen in bestimmten Meditationsanweisungen Asiens beschrieben, im Yoga, in den buddhistisch-tantrischen Texten der Siddhas vor allen Dingen, und wir finden sprachlich besonders schöne Hinweise auf das Schöpferische in der Dichtkunst der chinesischen Ch'an-Tradition, in den Schriften der japanischen Zen-Schulen und in der subtilen Kunst der Haiku-Dichtungen.

Wir kommen noch einmal auf jene Worte, Begriffe und Symbole zurück, die uns unvermittelt auf den Vorgang schöpferischer Wandlung hinweisen. Es sind Symbole, die als tertium comparationis die transzendente Funktion bereits enthalten. Wir kennen sie besonders aus dem asiatischen Kulturraum, wo man eigentlich schon immer in einem ungebrochenen Verhältnis zu den sich natürlich bedingenden Gegensätzen stand; Welt und Mensch, göttliches Gesetz und irdisches Walten, Wissen und Nichtwissen waren immer die zwei Erscheinungsweisen des einen Seins. Diese polare Harmonie drückt sich Yin-Yang-Symbol, dem ältesten Zeichen, in unauflöslicher Form aus. Das Symbol des ältesten China zeigt uns nicht nur eine aufeinander bezogene und sich ergänzende Polarität, sondern vor allem auch die Gleichzeitigkeit, wie sie vom integral denkenden Menschen zu erfüllen wäre. Am deutlichsten wird die schöpferische Wandlung des Bewußtseins im Satori-Erleben des Zen, es ist die Gleichzeitigkeit und Untrennbarkeit von Emotion und neu einsetzendem Bewußtsein auf höherer Ebene. Die höchste Numinosität in der Erfahrung von Erleuchtung als Bewußtseinserweiterung und damit verbunden ein unbeschreibliches Erleben in der psychophysischen Gesamtsphäre kündigen die Wandlung des Bewußtseins an. Ihm ist ein langer Weg der Introversion vorausgegangen, in dem das Bewußtsein gelernt hat, sich selbst zu intensivieren und neue Kräfte auszulösen. Der Durchbruch zur Transzendenz gelingt im Augenblick auch der größten affektiven Spannung, die sich plötzlich löst und den Weg freigibt.

Im buddhistischen Tantra der indischen Siddha-Schulen, der die große Vollendung von Weg und Ziel, von Ursprung und Zielsetzung in der unteilbaren Gegenwärtigkeit lehrt, nennt man das große Ereignis des Durchbruchs die Erfahrung der großen Glückseligkeit (mahâsukha) und das neue Wissen »die gleichzeitig oder spontan geborene Weisheit« (sahajajñâna). Das heißt, mit der neuen und superioren Erkenntnis wird zugleich ein neuer psychischer Zustand erlangt, der einer Hebung des bewußten Niveaus entspricht. Diese Erhebung ist Wissen und ein psychisch positiv empfundenes Ereignis zugleich. In einem solchen geistigen Ereignis fallen intellektuelle Erkenntnis, der schöpferische Augenblick und eine Transzendierung durch alle Schichten der Bewußtseinsstruktur zusammen. Es wird so die Ununterschiedenheit von Ursprung oder Ansatzpunkt des Denkens, des Erkenntniszieles und der daraus resultierenden Freiheit erkannt. Im Yoga des großen Symbols (mahâmudrâ) wird gesagt, daß höhere Bewußtwerdung und Erkenntnis in einem Lichterleben zusammenfallen. Das erinnert uns an das schöne Gleichnis von Hölderlin. In den Schriften der Upaniṣads und des Vedânta haben wir den in sich untrennbaren Begriff von ›Sein-Bewußtsein-Glückseligkeit‹ (sat-cit-ânanda), das bedeutet, das Bewußtsein erlebt in höchster Erkenntnis das Selbst als reines Sein seiner selbst in Einheit mit Seligkeit. Würden wir hier nur einen der Begriffe zu isolieren versuchen, so verfielen wir in die unschöpferische Definition rationaler Begrifflichkeit.

So ist ein jeder Zustand des Schöpferischen, unabhängig von seiner Größe, Tiefe und Qualität, letzthin als ein dynamisches Ereignen zu verstehen, bei dem alle Bilder und Symbole bereits Abtrennungen aus dem schöpferischen Vorgang darstellen. Sie sind die statischen Abbilder eines dynamischen Vorganges von Wandlung und Reifung, der sich in der polaren Struktur des gesamten Bewußtseins im Ausgleich mit der empirischen Welt vollzieht. Die schöpferische Welt ist das große menschliche Gegenbild als innere Antwort auf den Ablauf der äußeren Welt, sie führt den Menschen aus der inneren Gegensätzlichkeit zur integralen Einheit mit sich selbst, welche schöpferische Freiheit bedeutet.

Literatur:

Bachofen, J. J. *Mutterrecht und Urreligion,* Leipzig 1926

Bachofen, J. J. *Der Mythus von Orient und Occident,* München 1956

Behn, S. *Schönheit und Magie,* München 1932

Bergson, H. *Schöpferische Entwicklung,* Jena 1912

Bergson, H. *Denken und schöpferisches Werden,* Meisenheim 1948

Cassirer, E. *Wesen und Wirkung des Symbolbegriffs,* Darmstadt 1969

Cassirer, E. *Philosophie der symbolischen Formen,* Darmstadt 1973

Daqué, E. *Leben als Symbol,* Berlin-München 1928

Friedlaender, S. *Schöpferische Indifferenz,* München 1926

Gebser, J. *Ursprung und Gegenwart,* Stuttgart 1966

Hillmann, J. *On psychological creativity,* ERANOS XXXV, 1966

Humboldt, W. v. *Werke,* Darmstadt 1969–72

I-Ging, *das Buch der Wandlungen,* übers. v. R. Wilhelm, Düsseldorf 1924

Jung, C. G. *Die Dynamik des Unbewußten,* Zürich 1967

Jung, C. G. *Psychologische Typen,* Zürich 1950

Jung, C. G. *Psychologie und Alchemie,* Zürich 1952

Jung, C. G. *Von den Wurzeln des Bewußtseins,* Zürich 1954

Jaffé, A. *Das sinnvolle Angeordnetsein,* in: Parapsychologie, Darmstadt 1971

Kerényi, K. *Humanistische Seelenforschung,* Darmstadt 1967

Kerényi, K. *Auf den Spuren des Mythos,* Darmstadt 1967

Neumann, E. *Ursprungsgeschichte des Bewußtseins,* Zürich 1949

Neumann, E. *Der schöpferische Mensch,* Darmstadt 1965

Neumann, E. *Kunst und schöpferisches Unbewußtes,* Zürich 1954

Portmann, A. *Biologie und Geist,* Zürich 1956

Silberer, H. *Probleme der Mystik und ihrer Symbolik,* Darmstadt 1969

Unger, E. *Wirklichkeit, Mythos, Erkenntnis,* Berlin 1930

Usener, H. *Götternamen, Versuch einer Lehre von der religiösen Begriffsbildung,* Frankfurt 1948

III.
C. G. JUNGS PSYCHOLOGIE UND DIE SYMBOLE DER ASIATISCHEN WELT

Es ist vielleicht nicht der so gerne zitierte ›Zufall‹, sondern erscheint uns mehr als eine psychologisch folgerichtige Notwendigkeit, daß unter den Wissenschaften von der Seele diejenige, die C. G. Jung entwickelt hatte, eine so fruchtbare Berührung mit der Welt asiatischen Geistes und seiner Symbole erreichen konnte. Erinnern wir uns an das Erscheinen der beiden so bedeutenden Orientalisten Richard Wilhelm und Heinrich Zimmer, die gerade zu jener Zeit in den geistigen Aktionsradius von Jung traten, als dieser sich mit der Psychologie der Alchemie und mit den vereinigenden Symbolen des Individuationsweges beschäftigte. Und es war zudem noch ein gutes Vorzeichen, daß diese beiden Wissenschaftler von aufgeklärtem und umfassendem Geiste waren, nicht nur einseitig orientierte Fachleute, sondern Menschen von einer bedeutenden Integrationsfähigkeit wie eben auch C. G. Jung, der aus der Fülle seines Schaffens prädestiniert war, mehr als nur die psychische Evolution der abendländischen Welt und ihrer Kultur zu überschauen. Wir könnten natürlich leicht sagen, dazu sei das Konzept der analytischen Psychologie geradezu geeignet gewesen. Bleiben wir aber bei der Ursache, so steht hinter dieser ein ganzer Mensch, nämlich C. G. Jung, der für sich selbst ein Beispiel setzte, was der Individuationsprozeß in menschlicher Entwicklung bewirken kann.

In der eigentlich noch recht kurzen Geschichte der abendländischen Psychologie als einer Wissenschaft war Jung der erste, der eine umfassende Ganzheitspsychologie, das heißt eine Lehre von der Wiederherstellung der psychischen Ganzheit zur seelischen und geistigen Vollendung des Menschen entwickelte, deren Phänomenologie des inneren Aufbaus seines Denkens, der psychologischen Erkenntnisformen, der Empirie des Forschens und der Sinngebung ein auffallendes Gleichnis zu den Philosophien und Religionen der asiatischen Welt aufweist. Es liegt in der vielschichtigen Natur der analytischen Psychologie von C. G. Jung, daß wir die Behauptung aufzustellen wagen, daß sie die erste abendländische psychologische und in gewissem Sinne auch geisteswissenschaftliche Erkenntnislehre von der menschlichen Seele in unserer Neuzeit gewesen ist, mit der es uns ohne größere Schwierigkeiten ermöglicht wird, Geist und Psyche der asiatischen Kulturen besser zu verstehen. Zumindest fällt es uns leichter, vom Standpunkt der analytischen Psychologie aus gesehen, eine beträchtliche Anzahl besonders der indoasiatischen Symbole besser zu verstehen.

So manche unserer heute im Westen geläufigen Kenntnisse von den Geheimnissen indischer und chinesischer spiritueller und psychischer Techniken sind zu einem gewissen Grade auch der vermittelnden Rolle eben dieser analytischen Psychologie gutzuschreiben, die es eben mit ihren neuen Entdekkungen, vor allem jenen aus den erkannten Gemeinsamkeiten eines kollektiven Unbewußten, verstanden hat, uns auch rational und intellektuell vollkommen fremdartige Symbole zu erschließen. Und es sind ebenfalls nicht wenige Menschen, die über diese Psychologie ein Verständnis für die asiatischen Symbole entwickeln und gewinnen konnten. Und dieses entwickelte sich dadurch, daß C. G. Jung uns aus vielen Symbolen der westlichen Welt eben genau jene archetypischen Strukturen des kollektiven Unbewußten nachweisen konnte, nach denen auch die Kollektivpsyche des östlichen Menschen ihr bildhaftes Dasein im Ausdruck von Religion und Kultur gestaltet. Kaum an einer anderen Stelle vielleicht erweist sich die Valenz der zentralen Lehre Jungs von den Archetypen als Bild der psychischen Realität besser als in dem westöstlichen Vergleich, von dem wir nur einige Beispiele bringen wollen.

Es ist natürlich nicht möglich, hier in einigen Vergleichen auch nur in wenigen großen Zügen das bedeutsame Konzept der Jungschen Psychologie zu umreißen. Wir müssen uns auf einige Punkte beschränken und andere beiseite lassen. Doch sollen bei der Durchsicht der Grundgedanken der analytischen Psychologie nur einige Beiträge die geistige Situation klären helfen, aus der wir dann den Zugang zur östlichen Symbolwelt durch unsere psychologischen Erkenntnisse darstellen wollen.

Die analytische Psychologie, die wir wegen ihrer Vielschichtigkeit und der Ausdehnung auf die verschiedensten Bereiche der Geistes- und Religionswissenschaften im theoretischen Sinne ja auch als eine ›komplexe Psychologie‹ bezeichnen, ist eine final orientierte Psychologie im ganzheitlichen Sinne, die ihre Aufgabe darin sieht, eine grundsätzliche Anerkennung der Entelechie des Weges der psychisch-geistigen Vollendung oder Individuation offenbar werden zu lassen. Sie dient also als theoretische Wissenschaft und als angewandte praktische Psychotherapie der Erlangung von psychischer Gesundheit und einer seelischen Totalität in jedem Sinne des Wortes, das heißt, der psychischen Angepaßtheit an das Bewußte und Unbewußte, wie eben auch an jene schon genannte Entelechie der Psyche, die sich in der ihr inhärenten Notwendigkeit zur Individuation ergibt.

Die Psychologie geht davon aus, daß die Gesamtheit menschlichen Bewußtseins aus dem Bewußtsein (der Bewußtheit) mit dem Ich und einem Unbewußten besteht. Das Unbewußte setzt sich gemäß den Erkenntnissen der analytischen Psychologie zusammen aus dem Vorbewußten, dem persönlichen Unbewußten und einem kollektiven Unbewußten, wobei das letztere die urbildlichen Bewußtseinsinhalte allgemeingültiger und daher kollektiv verbindlicher, menschlicher Urerfahrungen enthält. Wenn mit Kant das Ich dasjenige ist, »mit dem sich der Mensch über alle Wesen der Welt erhebt«, so möchten wir versucht sein, für die Psychologie von C. G. Jung zu sagen: Die Individuation des menschlichen Bewußtseins ist das, womit eben dieses Ich erst seinen Auftrag einer ›Menschwerdung‹ im wahren Sinne des Wortes sich zu erfüllen beginnt.

Darum weitet sich die analytische Psychologie auch noch über das Maß der eigentlichen psychotherapeutischen Situation hinaus aus, indem sie sich bemüht, dem Menschen neben der Wiederherstellung des psychischen Gleichgewichtes auch noch den individuellen Weg zu sich selbst zurück zu zeigen, womit sich eigentlich erst der Beginn zur Verantwortung für den eigenen Weg gestaltet. Ganzheit der Psyche setzt aber auch die Funktion und die Ergänzung zu den großen Unbekannten voraus, seien es die Archetypen (die im Verborgenen wirksamen Urbilder) des kollektiven Unbewußten, die aus diesen sich bildenden Symbole als psychoenergetisch überdeterminierte ›Sinnbilder‹ der eigentlichen und individuell bezogenen Sinngebung des Daseins, oder auch die zur psychischen Realität gehörenden Ereignisse des Numinosen, die sich in den Symbolen und Lehren der Religionen wie auch in den persönlichen Träumen und individuellen Mythen offenbaren. Es sind weiterhin die großen Gegensätze des Bewußten und Unbewußten in einem harmonischen Gesamtbewußtsein (funktionell) zu vereinigen, über denen sich letzthin die Einheit einer aus dem Ganzen lebenden, bewußten Psyche aufbaut, die im Transparentwerden des Selbst zugleich den höchsten Erfahrungswert der seelischen Mitte als eine immanente Realität erfährt. Und es geht nicht nur um eine Erweiterung, Vertiefung oder Intensivierung von Bewußtsein und Bewußtheit auf der Tagesseite des Seelenlebens, sondern auch vor allem um die notwendige komplementäre Funktion zum Unbewußten und aus dem Unbewußten als dem tragenden, dunklen und schöpferischen Grund der ganzen Persönlichkeit. Das Unbewußte gilt als der Quell, der Ursprung oder die Schatzkammer aller psychischen Potentialitäten, der erst dann als ein Brunnen des Lebens erschlossen werden kann, wenn das Unbewußte über die von Jung so bezeichnete ›transzendente Funktion‹ mit der Bildung vereinigender Symbole in eine ständige Korrespondenz mit dem Bewußtsein treten kann.

Das ist eine der großen Erkenntnisse der analytischen Psychologie, die auf eine so konkrete und adäquate Symbolik auch zum Beispiel in der tantrischen Philosophie Indiens und im Kuṇḍalinî-Yoga trifft, als seien jene altindischen Symbole geradezu zu einer psychologischen Entdeckung durch C. G. Jung geschaffen gewesen. Der Weg der Individuation ist entsprechend unserer psychologischen Definition die Ganzwerdung unter Anerkennung und bewußter Integration der innerpsychischen Gegensätze, die Entwicklung der Selbstverwirklichung, die Wandlung und Vollendung zur persönlichsten Einzigartigkeit eines jeden Individuums. Wahres Menschsein ist Verwirklichung und Reifung in die eigene Individualität.

Die analytische Psychologie geht von einem breiten Fundament aus, indem sie das Psychische in seiner unteilbaren Gesamtheit als den Organismus der Welterfassung und Welterfahrung begreift, der zur Selbstdarstellung und Entfaltung der unabhängig individuellen Persönlichkeit führt. Das Psychische wird gebildet aus der Gesamtheit aller bewußten und unbewußten Inhalte, aus allen bekannten und noch unerkannten Vorgängen, die sich aus den psychophysischen Relationen und der psychischen Autarkie sowie dem übergeordneten Selbstsein des Geistes ergeben. In einer ähnlichen Totalität wird auch in Indien das Wesen der Seele verstanden.

Es ist die durch alle physischen und physiologischen Ebenen des Individuums wirkende Funktion der Erfahrung der Lebenswirklichkeit ebenso wie auch der Relativität des irdischen Daseins, dem außerdem eine Erfahrungsqualität der Absolutheit des Transzendenten oder Unvergänglichen gegenübergestellt ist. Darum finden wir gerade hier in der asiatischen Geisteswelt eine grundsätzlich kosmologisch bezogene und universale psychologische Symbolik von Mensch, Seele, Natur oder Leben und dem Numinosen, welche gemeinsam die Grundlage der Religionen, der Philosophien und des Yoga bilden. Nichts ist ohne die große Kosmologie denkbar, jene starke archetypische und mythisch geformte Konstellation aus der Einheit eines gleichzeitig individuellen wie allgemeinen Universums, das dem asiatischen Seelen- und Weltbild zugrunde liegt. Alle bedeutsamen seelischen Funktionen, die auf das Leben und die auf die Transzendenz bezogenen, werden in der kosmologischen und zugleich auch spirituellen Symbolik des Geistes vorgestellt.

C. G. Jung stellt heraus, daß sich die seelische Ganzheit aus einer Komplemetärfunktion ergibt, indem die Gegensätze von Bewußtem und Unbewußtem zu einer sich ergänzenden und vitalen Bedingung des psychischen Daseins werden. Ohne diese Komplementarität könnte sich zum Beispiel das Schöpferische als die bedeutendste und eigentlich produktive Funktion des menschlichen Geistes überhaupt nicht ereignen. Was aber in der abendländischen Welt noch in einem Unverhältnis zum natürlichen Verständnis der individuellen seelischen Wandlung steht, das sind der Intellektualismus und das aus seiner Rationalität einseitige Zeitverständnis. Das eine bedingt das andere, und solange Ideologien als intellektuelle Konstruktionen in der Führung sind, wird sich wenig daran ändern. Der westliche Mensch erlebt sein Dasein fast ausschließlich in einer quantitativen Verdichtung und Wirkung der Zeit, indem er sie dermaßen rational dimensioniert, daß sie in ihm nur noch vorbeizueilen scheint. Ein solches Zeitverständnis, das nur als ›Zeitverlust‹ erlebt wird, kann aber auf den Ablauf seelischer Wandlung nicht angewendet werden. Unsere psychische Entwicklung wird sich der für sie notwendigen und natürlichen Zeit nicht bewußt. Denn diese wirkt im Prozeß des Schöpferischen immer wieder aus dem eigentlich Akausalen, das unsere bekannten und nur meßbaren Dimensionen übersteigt. Der westliche Mensch hat sich zu sehr daran gewöhnt, nur über den abstrakten Intellekt zu begreifen und zu urteilen, und zwar möglichst unter Ausschaltung oder Umgehung des Unbewußten, so daß man selbst glaubte, das Irrationale durch rationales Denken allein erklären zu können. Der Intellekt aber ist kein dem Irrationalen angemessenes Medium, das selbst ja eine ganz andere Sprache hat, nämlich jene des Symbolischen, des Mythischen und des Numinosen. Hier bedarf es mehr der instinktiven Seite des Erlebens und einer mehr integralen Bewußtseinserfahrung, wie sie dem Asiaten näherliegt. Der Osten, so sagte Jung, »lehrt das Begreifen durch Leben« (*Goldene Blüte*, S. 4).

Wie aber kann man die Psyche des asiatischen Menschen verstehen, die dort in so vielen sich teils widersprechenden Nuancen zwischen reinem Seelenbegriff und ausschließlicher Bewußtseinsexistenz beschrieben wird? Man könnte die Frage für den indischen und ostasiatischen Kulturraum vielleicht in Kürze so umreißen, daß die Psyche als ein Ganzes in der Polarität und aus der Untrennbarkeit und Spannung dieser Polarität existiert. Die Anwendung der Hexagramme des I-Ging ist eine Via regia zum Verständnis der psychischen Polarität und des Schöpferischen, denn ihr Medium der Vermittlung sinngebender Inhalte ist freiwerdende Energie aus der Polarität selbst.

Überwiegend aber versteht man in Asien das Bewußte unter den Begriffen von Erkennen, Wissen und Weisheit und das ›Unbewußte‹ in unserem Sinne als das Nichterkennen, Nichtwissen und Unwissenheit. Unser Unbewußtes im westlichen Sinne der psychologischen Definition des Begriffs kennt der Asiate nicht, vielmehr versteht er darunter mehr dynamisch eine Potenz zur möglichen Bewußtwerdung und zur Erkenntnis. Deutlich wird dies in der Symbolik des indischen Kuṇḍalinî-Yoga, welcher mit dem Libido-Symbol der Śakti (Schlange) den Weg von der Nicht-Tätigkeit der psychischen Energie in passiver Unbewußtheit bis hin zur höchsten und aktiven Bewußtheit kennzeichnet. Die angestrebte permanente und dynamisch werdende Vereinigung der Kuṇḍalinî-Śakti (Symbol der psychischen Energie) mit Śiva (dem Symbol des höchsten Geistes und Absoluten zugleich) im Zentrum des Geistes ist das Ziel des Yoga. Und wir können den vom Kuṇḍalinî-Yoga erstrebten und definierten Zustand permanent wirkender Psychodynamik mit unserem analytischen Begriff von der ›transzendenten Funktion‹ vergleichen. Er führt in der Tat zu den gleichen psychischen Ergebnissen, die eine weitere Individuation und Entfaltung des sich befreienden Bewußtseins ermöglichen.

Es ist aber für unser Verständnis von der asiatischen psychologischen Symbolik von einiger Bedeutung, daß wir dort den Begriff eines Unbewußten im strengen Sinne unserer westlichen Psychologie nicht finden können. Das Problem Bewußtsein wird dort im wesentlichen viel mehr dynamistisch und ungeteilt als eine zusammenhängende Funktion betrachtet als in der westlichen Welt. ›Unbewußt‹ heißt in Indien soviel wie noch ›nicht-wahrgenommen‹, was noch nicht gewußt wird, oder eben ›Nichtwissen‹, im negativen Sinne auch Unwissenheit. Haben wir diese Unterscheidung getroffen und setzen sie einmal mit unserer psychologisch orientierten Terminologie parallel, ohne den Unterschied im Ansatzpunkt verwischen zu wollen, also Bewußtsein gleich Wissen und Unbewußtes gleich Unwissen oder Nichtwissen, dann allerdings läßt sich unter diesen Voraussetzungen unsere psychologische Symbolik und Begriffswelt auch auf asiatisches Denken übertragen oder diesem angleichen. Vor allen Dingen ›stimmt‹ dann auch wieder das Verhältnis der Symbole untereinander, und es lassen sich Relationen in bezug auf unsere westlichen Erfahrungen von ähnlichen Symbolen herstellen.

Wir sprachen von dem Intellekt und der ›eilenden Zeit‹ des westlichen Menschen. Für den Asiaten, soweit er noch in der ungebrochenen Tradition seiner Kultur verankert ist, gibt es keine Zeit in unserem Sinne, er hat Zeit und ist in der Zeit. Für ihn ist Zeit nichts Teilbares, sondern Qualität und Bedingung für ein Leben in Selbstverwirklichung. Für ihn ereignet sich Zeit daher wesentlich und zeitfrei als Modus der Wandlungen zum Beispiel in den Lösungen des I-Ging, im Tao-

Begriff des Lao-Tse und so auch in den synchronistischen Funktionen des Yoga. Zeit ist vor allem Medium der seelischen Wandlung, und außer dieser unteilbaren Zeit finden wir in Indien noch die zyklische Zeitvorstellung als Ausdruck der Polarität und Unteilbarkeit der psychisch erfahrbaren Gegensätze von Urpotenz, Schöpfung, Wandlung und Ende. Auch wenn wir zwar die Vorstellungen von der zyklischen Zeit, der ewigen Wiederkehr von Schöpfung und Untergang, als eine Grundfunktion der mythischen Weltlehren kennen, so wurden sie doch gerade im indischen Yoga von Bedeutung als ein Gleichnis für die Wandlung der Libido und die Erhaltung ihrer Energie als einem psychisch objektiven Ereignis.

Echte Symbole, und das sind alle, die sich auf einen konkreten und urbildlichen seelischen Inhalt beziehen können, bleiben eben weit über ihre individuelle Ära und Geschichte innerhalb nur eines Menschenlebens erhalten, sie wirken über Generationen fort. Insofern spiegelt sich im indischen Denken die Zeit in der Psyche als ein unteilbares Sein aus Schöpfung und Wandlung. Und daher kennt der Asiate allgemein auch nicht den Untergang des Psychischen, sondern nur dessen Permanenz, die in einem doppelten Bezug zwischen kosmisch-irdischem Sein und universal absoluter, göttlicher Gegenwart erfahren wird. Darauf beruht auch die allgemein asiatische Vorstellung von einer überindividuellen Dauer des Seelischen oder des Bewußtseinsprinzips, das die körperliche Welt belebt, aber auch jenseits ihrer physischen Grenzen erhalten bleibt.

Wir verstehen in unserer Psychologie das Ich als einen Mittelpunkt von bezogenen bewußten Inhalten, wobei allerdings diese Bezogenheit der Bewußtseinsinhalte und damit der Standpunkt des Ich sehr variabel und beweglich erscheinen. Und wir wissen außerdem, daß auch eine Relation zwischen dem Ich und dem Unbewußten besteht. Wir erklären das Ich als das handelnde, bewußte Zentrum der Psyche, das sich uns durch die Wirkung seiner Bezogenheit zur Außenwelt und Innenwelt der Seele darstellt. Die abendländische

Philosophie hat sich ihrerseits ebenfalls ausgiebig mit dem Ich-Problem bis hin zu dem Versuch der Definition eines ›realen Ich‹ an sich beschäftigt. Jedoch bringen uns diese Bemühungen auch nicht viel weiter, was die psychische Effizienz angeht, wenn es um die Psychologie dieses so komplexen und doch nicht greifbaren Ich geht, das sich jeweils nur in seinen momentanen Daseinsäußerungen erkennen läßt.

In der asiatischen Welt besteht dagegen eine ganz andere Auffassung vom Ich, die im wesentlichen mehr als eine psychologische denn philosophische bezeichnet werden kann. Dort überwiegt eine deutliche Relativierung der Bedeutung einer sogenannten Ichpersönlichkeit, die teilweise bis zu einer bewußt aufgestellten Negierung geht, wie etwa im Buddhismus, der die reinste Lehre vom Nicht-Ich begründete. Wenn man gerade in Indien von einem Nicht-Ich spricht, dann deshalb, weil man das Ich im wesentlichen unter seinem Aspekt der wechselnden psychischen Bezogenheit erkannte, die von den Empfindungen der Sinneswahrnehmungen und von Gefühlen und Affekten abhängig ist. Das Ich als psychologische Erscheinung steht also erst weit an zweiter Stelle hinter einer Lehre vom Selbst. Denn für den Inder hat das Ich zu sehr Anteil an der Relativität der vergänglichen und wechselnden Objekte und Objektbeziehungen und an der Unbeständigkeit des Bewußtseins schlechthin, als daß er für dieses eine feststehende Qualität herausarbeiten würde. Das Ich gilt als der am meisten unbeständige Teil der Gesamtpsyche, die aber jenseits des Ich in etwas viel Bedeutenderem, dem Selbst, zentriert ist. Was die abendländische Psychologie an Mühe auf die scheinbar unentbehrliche Gestalt des Ich in der Bewußtseinsmitte konzentriert hatte, ist in der indischen Psychologie im Endzweck eine Darstellung des Selbstes als des letzten Prinzips des Psychischen. Dieses Selbst hat so zentrale Bedeutung, daß große Teile der vedischen Philosophie und der altindischen Psychologie nur um die Erarbeitung und Darstellung dieses Selbst kreisen, welches den Höhepunkt menschlicher Eigenerfahrung für den Inder verkörpert. Darum gibt es in Indien zwar eine Philosophie und Psychologie des Selbst, kaum aber eine eingehendere Lehre zur Darstellung einer ›konkreten‹ Ichpersönlichkeit.

Es muß nun gesagt werden, daß C. G. Jung mit dem Begriff des Selbst eine neue Dimension in die analytische Psychologie eingeführt hat, deren Wert psychologisch sowie auch metaphysisch für den Westen nicht hoch genug eingeschätzt werden kann. Mit der Erkenntnis von einem Selbst als dem ureigentlichsten Zentrum des Psychischen fand die Psychologie nicht nur einen teleologischen Bezugspunkt ihrer final orientierten Aufgabenstellung, sondern sie mußte durchaus bewußt auch ihre eigenen disziplinären Grenzen überschreiten, indem sie damit in die Zuständigkeit ontisch bedingter Fragen und Probleme der Geisteswissenschaften und Religionen vordrang. Damit aber gewinnt unsere analytische Psychologie die ihr durchaus zustehende Bedeutung und universale Aussage, weil das Selbst als eines der großen Realien des individuellen menschlichen Lebens betrachtet werden kann.

Jung versteht unter dem Selbst »eine dem bewußten Ich übergeordnete Größe« (*Beziehungen zwischen Ich und Unbewußtem*, S. 98). Das Selbst ist also wesentlich mehr als das Ich, und es kann nicht definiert, sondern als solches nur erlebt werden. Jung sieht das Selbst als den Mittelpunkt der ganzen bewußten und unbewußten Persönlichkeit. Und insofern ist es der Wesenskern der Totalität der individuierten Gesamtpsyche, die sich nur als ein Erlebnis an sich offenbart, wenn spontane Ganzheit und Transparenz von Bewußtem und Unbewußtem erlangt worden ist. Jung gibt auch eine Definition für das Selbst, die wir in einigen indischen Schriften der Upaniṣaden ganz ähnlich beschrieben wiederfinden würden. »Gelingt es aber, das Selbst zum neuen Gravitationszentrum des Individuums zu machen, so entsteht daraus eine Persönlichkeit, die nur noch in den unteren Stockwerken leidet, in den oberen aber dem leid- wie freudvollen Geschehen eigentümlich entrückt ist« (*Goldene Blüte*, S. 60).

In Indien versteht man das Selbst als ein absolutes Zentrum, das nicht beschrieben, sondern nur erfahren werden kann in einem überweltlichen Zustand, der mit ânanda, einer nicht auf die Sinnenwelt bezogenen Glückseligkeit des Bewußtseins, beschrieben wird. Das Selbst gilt als das Unvergängliche und Unveränderliche und als das einzig Wahre im Menschen, das alle psychischen Qualitäten beinhaltet und diese doch weit übersteigt. Es erfüllt außerdem noch seine teleologische Bestimmung, da es als absolut Psychisches in die Identität mit der Transzendenz des Göttlichen und Transpersonalen treten kann. Für die analytische Psychologie ist das Selbst eine Erscheinung im Höhepunkt der Individuation, letzthin sind Individuation und Selbstverwirklichung identische Entwicklungen. Damit nähern wir uns der Aussage in der vedischen Bṛihadâraṇyaka-Upaniṣad (2.4.5.): »Das Selbst, fürwahr, soll man sehen, soll man hören, soll man verstehen, soll man überdenken. Wer das Selbst gesehen, gehört, verstanden und erkannt hat, von dem wird diese große Welt gewußt.« Und an anderer Stelle ist »dieses große, ungeborene Selbst der aus Erkenntnis bestehende, leuchtende Geist, die Brücke, welche diese Welten auseinanderhält, daß sie nicht verfließen« (Deussen, *Die sechzig Upaniṣads des Veda).*

Solche und ähnliche dieser indischen Definitionen, ob es sich um die Darstellung des Selbst handelt oder um Beschreibungen von Zuständen und Vorgängen des Bewußtseins, sind von einer überzeugenden und symbolischen Wirkungskraft, die sehr deutlich die archetypisch bestimmte Grundstruktur des kollektiven Unbewußten transparent werden lassen. Doch sind die indischen, wie überhaupt die asiatischen psychologischen Techniken, von denen es viele und hochentwickelte Arten gibt, nie unter dem Begriff einer eigenen Wissenschaft der Psychologie in unserem Sinne erschienen, sondern waren ein natürlicher und integrierter Bestandteil der Philosophien, der metaphysischen Untersuchungen und vor allem der indischen Religionen. Diese Erkenntnislehren, metaphysischen Systeme und die eschatologisch orientierten Religionen waren immer für beide Aufgaben zuständig. In erster Linie in bezug auf das profane Leben waren sie eine Seelenkunde und Seelenführung, und dann auch Naturerkenntnis, Religion und reine Metaphysik der letzten Sinngebung. Zum Erwerb transzendenter Erfahrung bedurfte es eines seiner psychischen Kräfte selbst bewußten Menschen. Die Meisterung des persönlichen Seelenlebens war die unabdingbare Voraussetzung für die höhere Vollendung metaphysischer Wahrheiten und die eschatologischen Ziele der Religionen.

So wird uns auch das bemerkenswerte Wort von C. G. Jung verständlich, als er einmal sagte, er vermute hinter den östlichen Philosophen letzthin ›symbolische Psychologen‹ (*Goldene Blüte*, S. 46). Darin liegt eine unbedingt wahre Erkenntnis dessen, wo eigentlich der Ansatzpunkt östlicher Psychologie zu suchen ist, nämlich in der natürlichen und noch ungebrochenen Beherrschung des Symbols und des Mythos als den führend schöpferischen Formationen des Unbewußten. Wir finden hier noch viele der psychologischen Symbole in einer subjektiven Funktion lebendig, die wir im Abendland leider längst dermaßen objektiviert haben, daß wir aus ihnen keinen schöpferischen Gewinn mehr ziehen können. Wesentliche Symbole der abendländischen Kultur gehören uns irgendwie nicht mehr an, sie sind nicht mehr ein lebendiger und integrierender Bestandteil unserer Psyche, sondern nur Inhalte einer objektiv beschreibenden Literatur.

Im Gegensatz zur älteren Freudschen Definition des Unbewußten als einem Hort aller Verdrängungen finden wir bei Jung die Hervorhebung der Bedeutung des Unbewußten als einer Quelle verschiedenster und auch positiver psychischer Inhalte, vor allem der kollektiven Symbole und der instinktiven Reaktionsweisen. Bewußtseinsgeschichtlich ist das Unbewußte der Ursprung und so auch heute noch der Ausgangspunkt allen Bewußtseins und Bewußtwerdens. Somit muß eine große Bedeutung in einer komplementären Funktion des

Unbewußten liegen, die einen lebendigen Boden für die Konkretionen von Bewußtsein bildet. Die Fülle der bewußten Inhalte bedingt sich aus der Potenz eines noch wesentlich umfangreicheren Unbewußten unbekannter Dimension, mit dem wir in Wechselbeziehung treten und aus dem wir alle schöpferischen Momente und psychoenergetischen Motivationen zur Verwirklichung auf bewußter Ebene erhalten.

Es ist uns heute nichts mehr Fremdes, wenn wir aus der angewandten Psychologie der Träume wissen, daß es ein kollektiv gültiges Urbild für das Unbewußte gibt, nämlich das Wasser, das zum Beispiel in der buddhistischen Psychologie zum Gleichnis für das Grund- oder Speicherbewußtsein (âlayavijñâna) gesetzt wurde. Wir finden in Indien einen Reichtum an mythischen Darstellungen, die, psychologisch betrachtet, in enger Beziehung zur Bewußtwerdung des Menschen und zur Entfaltung neuer Stufen geistigen und numinosen Verstehens zu sehen sind. Und immer wieder spielt das Wasserelement eine bedeutsame Rolle als Symbol der Vermittlung neuer Schöpfungen aus dem Unbewußten. Es sind vor allem die in den Purâṇas überlieferten Schilderungen der zehn Avatâras (Inkarnationen) des Vishnu, wobei vor allem die früheren Avatâras als theriomorphe (tiergestaltige) Heroen und Götter in einem bedingt abhängigen Bezug zur Symbolik des Wassers erscheinen. Sie zeigen uns die Verlegung eines Teils der psychischen Arbeit in das Unbewußte, das als Wasser, bewohnt von gefährlichen Dämonen, dargestellt wird. Das Wasser ist Symbol für die prima materia, das Unbewußte, das im Zustand der Entfaltung von neuen Kulturstufen immer wieder als ein Symbol des Durchgangs zur Wandlung und geistigen Erneuerung erscheint.

Es ist schon allein für den Indologen und Religionswissenschaftler ein unschätzbarer Gewinn für ein erweitertes Verständnis der indischen Symbole, den wir heute schon aus der umfangreichen vergleichenden Arbeit von C. G. Jung ziehen können. Und es ist nicht nur der Umstand, daß die großen Symbole der östlichen Kulturen einmal zusammenfassend psychologisch in Betracht gezogen worden sind, sondern es ist auch die auffallende Adäquatheit der Begriffe aus der analytischen Psychologie, die uns einen Schlüssel zum Verständnis des östlichen Denkens zu vermitteln vermag. Vor allem erweisen sich bestimmte Begriffsbildungen aus der analytischen Praxis als äußerst geeignet, Vorgänge des Schöpferischen und der Symbolbildungen auch der außereuropäischen Kulturen in unserer Sprache hinreichend zu beschreiben. Sie ermöglichen es uns vielleicht erstmals seit dem Denken der spätantiken Gnosis und der mittelalterlichen Alchemie wieder, auch Polaritäten zu begreifen und integrierende Ganzheitsfunktionen aus diesen zumindest psychologisch-theoretisch zu definieren. Gerade daran hat es allerdings in Asien nie Mangel gehabt. Die geistesgeschichtliche Bedeutung und vor allem auch die Bereicherung für die Sprachphilosophie durch die Arbeiten von C. G. Jung können hierbei nicht übersehen werden.

Mit der Entdeckung und konkreten Darstellung des kollektiven Unbewußten haben wir einen weiteren Schlüsselbegriff von großer Reichweite. Das kollektive Unbewußte ist die gewaltige geistige Erbmasse der Bewußtseinsinhalte aus der historischen menschlichen Entwicklung, die sozusagen in jeder individuellen Struktur der menschlichen Psyche eine Art persönlicher Wiedergeburt oder Wiederinkrafttreten der Urerfahrungen erlebt. Es ist der Urgrund aller Wandlungen, würden wir im Sinne des I-Ging vielleicht sagen, oder um es nur anzudeuten, erinnert es uns sehr an das Speicher- oder Universalbewußtsein in den Lehren des indischen Mahâyâna-Buddhismus, aus dem sich alle karmischen Inhalte (Karma, Kausalgesetz des persönlich zu verantwortenden Handelns) dieses und der früheren Leben wieder als erneute Emanationen im Bewußtsein gestalten können. Kollektive Inhalte des Unbewußten gewinnen sozusagen beim Eintritt in das Bewußtsein wieder einen persönlichen und individuell bezogenen Wert. Diese einzelnen nur zum Vergleich gesetzten Momente aus dem asiatischen Raume sollen nur als Gedanken für Assoziationen beigetragen werden, die es ermöglichen, eine Brücke für das bessere Verstehen der Geisteswelten von West und Ost zu schlagen.

Einer der großen Bereiche zum Studium vergleichender Symbolik bietet sich natürlich auf der Basis der Archetypenlehre von C. G. Jung an, für die, wenn sie recht verstanden und angewendet wird, wir in Asien ein unerschöpfliches Material vorfinden. Dies um so mehr, als dort Mythos und Symbol noch zu einem wesentlichen Anteil lebendig und Inhalt des bewußten Geisteslebens sind. Die von Jung in den drei Werken ›Psychologie und Alchemie‹, ›Symbole der Wandlung‹ und ›Mysterium coniunctionis‹ erarbeiteten Grundlagen über die Manifestationen des Archetypus sind von unentbehrlichem Nutzen für eine Erschließung auch der asiatischen Symbolwelt. Es ist in dieser Hinsicht natürlich Jungs bewußt vorsichtige und bedachte Definition dessen zu beachten, was unter einem Archetypus zu verstehen ist. Denn nur aus der sorgfältigen Beachtung dieser Grundlagen lassen sich die entsprechenden Symbolreihen nachweisen und aufbauen. Diese Urbilder oder Archetypen müssen als gerichtete Funktionen eines kollektiven Unbewußten verstanden werden, so wie sie Jung auch als ›Strukturdominanten‹ und energetisch präformierende Kerne bezeichnet hatte, die erst im Bewußtsein als charakteristische Bilder und unterscheidbare Symbole erscheinen. Die Archetypen erscheinen in ihrer Wirkung wie Kraftzentren des Unbewußten, die das Geschehen und Auftauchen von Bildern und Inhalten im Bewußtsein bestimmen, verändern oder beeinflussen können. Die Archetypen sind als solche selbst nicht darstellbar, denn sie erscheinen immer nur in bestimmten sekundären Bildungen und symbolischen Formen, die im Bewußtsein außerdem noch unter ambivalenten Vorzeichen erscheinen. Sie sind auch vom Bewußtsein her nicht beeinflußbar und werden von Jung als ›ewige Präsenz‹ der Urbilder im kollektiven Unbewußten bezeichnet.

Eine der am meisten charakteristischen Erscheinungen für

archetypische Konstellationen und Symbolik ist in Indien sicher der kosmogonische Mythos und später vor allem das symbolträchtige System des Yoga und der Tantras. Im kosmogonischen Mythos lernen wir die archetypisch bestimmten Symbole zur Darstellung der Welt- und Menschwerdung kennen, die sich psychologisch gesehen als Leitbilder für die stetig wachsende Bewußtwerdung durch Unterscheidung und Denken darstellen. Wir finden daher in der kosmogonischen Symbolik Indiens eine große Übereinstimmung mit den aus der Psychologie bekannten Vorgängen des Bewußtseins, der ersten Ich-Bildung und der Wandlung bis hin zur Individuation und Selbstfindung, wie sie zum Beispiel bewußt durch das Mittel mythischer und kosmologisch unterlegter Bilder später im Tantra vorgestellt werden. Auch das altchinesische I-Ging erweist sich schon in seiner grundsätzlichen Thematik als ein Teilungssymbol par excellence, um die zwischen den Gegensätzen wirksamen Komplementärfunktionen und schöpferischen Augenblicke anzudeuten, die eine psychische Progression ermöglichen. Das I-Ging arbeitet mit den Hexagrammen, die auf der polaren Untrennbarkeit und Entsprechung des Verhältnisses von Yang und Yin beruhen. Danach gibt es keinen absoluten Zustand des reinen Yang (männlich) oder des Yin (weiblich), da bereits die Wandlung des Symbols, oder anders gesagt, seine Ambivalenz, inhärent und damit latent vorhanden angelegt ist. Und was wir in der Psychologie heute als Individuation bezeichnen, nannte man vielleicht analog dazu im alten China zur Zeit des Lao-Tse das Siu-schen, oder die Pflege der Individualität.

In Jungs Studien zur Alchemie, zum Mysterium coniunctionis und im ›Aion‹ finden wir einen ausgebreiteten Reichtum an vergleichender Symbolik zur psychischen Wandlung, die uns auf die Universalität der Bildersprache der Psyche hinweist. Dies trifft besonders für jene Symbole zu, die auf archetypischen Strukturen des Unbewußten beruhen. Daher finden wir die Sinnbilder der Geheimlehren, der Mysterien und der Alchemie aus der abendländischen Welt, die als Bilder der Wandlung und Vollendung des menschlichen Werkes erkennbar sind, in ganz ähnlichen Konstellationen auch in Asien vor, abgesehen davon, daß es auch eine indische und chinesische Alchemie gegeben hat. An diesen Parallelitäten oder teils auch Übereinstimmungen erkennen wir am deutlichsten die Grundstruktur des Archetypus als eine nach bestimmten Gesetzen arbeitende Funktionsweise des Unbewußten. Für unseren Kulturraum hat sich Jung vor allem mit den Symbolen von Sol und Luna, Mann und Frau, König und Königin und ähnlichen Gegensatzpaaren der psychologischen Symbolik befaßt. Es sind Wirklichkeiten und entspringen als solche den psychischen Urkonstellationen, die wir in der polaren Struktur indischer Geheimlehren des Yoga und in der Symbolik der Religionen in Fülle wiederfinden. Dabei zeigt sich vor allem in den verschiedenen Schriften der indischen Tantras und der Purâṇa-Literatur, in welchen ambivalent gegensätzlichen Bildern der Archetypus erscheinen kann, um über die vereinigenden Symbole die Gegensätze von Bewußtem und Unbewußtem zusammenzubringen. Solche Gegensatzbilder aus der numinosen Symbolik sind zum Beispiel Śiva und Bhairava, Devî und Kâlî, Mañjuśrî und Acala, um nur wenige Paare zu nennen.

Die taoistische Symbolik von Yang und Yin in dem zu unterlegenden Bedeutungswandel der folgenden Begriffspaare wie Logos und Eros, Sonne und Mond, Wesensnatur und Lebenskraft, Geist und Leben, Gold und Jade, Drache und Tiger oder roter Sonnenvogel und Wasser, solche Symbolik bildet allein in der chinesischen Kunst permanente Variationen aus einem an sich einmaligen Urbild komplementärer Ambivalenz. Auch in den verschiedenen indischen Systemen der Religionen und des Yoga könnten wir ganze Begriffsreihen aufstellen, die sich als Ableitungen auf nur wenige archetypische Grundstrukturen zurückführen lassen. Mit den ältesten Symbolen von Sonne und Mond finden wir unter deren Vorzeichen das Vaterbild in den archetypisch transpersonalen, göttlichen Aspekten, sowie die große Mutter als Göttin und schöpferische Grundlage der Welt zugleich. Es sind die Bilder etwa des Gottes Śiva-Mahâdeva und der großen Mutter Mâyâśakti, deren Leben und Wirken auf der irdischen Welt in vielen mythischen Berichten eine gleichnishafte Geschichte zur psychischen Wandlung der Menschen und ihrer sinngebenden und teleologischen Erfüllung darstellen. Dabei sieht das Idealbild des Śiva auf der bewußten Seite und der Sonnensymbolik, und die Göttin ist mit der Mondsymbolik und der psychischen Energetik verbunden.

Die symbolischen Emanationen dieses Urpaares sind vielfältig und durchziehen die ganze Symbolik der späteren tantrischen Kultur des südasiatischen Raumes. Die Göttin des Urpaares steht für den unbewußten und mütterlich-schöpferischen Weltgrund, der zugleich die Potenz der ganzen Schöpfung darstellt unter dem Namen der Mâyâ, die nicht nur die Formen der empirischen Welt erschafft, sondern die auch als die das Wissen vermittelnde Göttin bezeichnet wird, wenn sie in die Gnosis der Gegensatzvereinigung tritt. Die männliche Gestalt ist der Gott Śiva-Mahâdeva als Herrscher der bewußten Bereiche und Lichtbringer der Erkenntnis. Auch alle anderen Gottheiten, Symbole und kultischen Gegenstände sind unter diesem Polaritätsaspekt eine abgeleitete Emanationsfolge aus der gleichen Struktur und auf den verschiedenen Ebenen des Bewußtseins. Diese Symbole können also jeweils einen höchsten Aspekt oder aber in ihren vielen Bezügen auch nur einen kleinen, abgeleiteten Teilaspekt der gleichen Wirklichkeit vorstellen. Nach Jung ist »das Symbol einerseits ein primitiver Ausdruck des Unbewußten, andererseits ist es Idee, die der höchsten Ahnung des Bewußtseins entspricht« (*Goldene Blüte*, S. 26). In der Reihe der Sonnensymbolik als dem Zeichen von Erleuchtung und aktivem Bewußtsein finden wir in Indien den Weltenherrscher Cakravartin, den Löwen (Siṃha) und den himmlisch-mythischen Vogel Garuda, aber auch Vishnu, Krishna, Agni (Feuer) oder auch das Lingam-Symbol. Denken wir auch daran, daß nicht zufällig die indischen Gottheiten die Sonnenembleme und männliche Zeichen in der rechten Hand tragen und daß sich die weiblichen Symbole häufig in der linken Hand befinden.

Auf der anderen Seite haben wir unter dem Zeichen des Mondes die schöpferischen Kräfte des Unbewußten, und jede Gestalt des Śiva trägt eine Mondsichel in der Haarkrone. In der weiblich-lunarischen Reihenfolge finden wir zum Beispiel die Mâyâśakti, die Schlange (Nâginî), die Göttin Râdhâ, Parvatî oder Tripurasundarî und als Kultsymbol die Yoni. Eine besondere Vielfalt zeigt der indische Mutterarchetypus, in dem jede Form des Schöpferischen und des großen Gegensatzes, der Zerstörung, Auflösung und Regeneration vereint ist. Wir nannten Mâyâ, welche die trugvolle Formenwelt hervorbringt und die Dinge gestaltet, Śakti als die das Wissen vermittelnde oder auch verhüllende Kraft. Als solche hat sie ihre Bedeutung im energetischen Aspekt als dem Leben aus dem Unbewußten in Gestalt der Kuṇḍalinî. Sie ist aber auch auf der verbalen Ebene das große ›vierfüßige‹ Mantra Gâyatrî an die Göttin Sâvitrî, welche als Gattin des Brahma die Erleuchtung vermittelt. Und im negativen Wandlungsbild des Mutterarchetypus erkennen wir die Zerstörende als Durgâ oder Kâlî, welche die Wesen vernichtet, um die spirituelle Neuschöpfung vorzubereiten. Hinter allen diesen Definitionen steht für die indischen Systeme der Selbstverwirklichung durch Yoga das eine polare Gegensatzpaar Bewußtsein (Śiva) und Leben (Śakti), das jedoch eine untrennbare Einheit bildet und daher als das wichtigste Polaritätssymbol bezeichnet werden kann.

Unter den großen Symbolen der psychischen Wandlung und der stetigen Ergänzung oder Ganzwerdung, die bei C. G. Jung im Mittelpunkt seiner Arbeit standen, müssen wir die Symbole des mysterium coniunctionis und der Mandalas hervorheben. Sie wurden von Jung als archetypische Symbole für das Selbst und die Selbstwerdung bezeichnet. Sie bestehen nicht nur aus bestimmten komplementären Anordnungen von

Symbolen, sondern sie enthalten jeweils Konstellationen der vereinenden Ganzheit, Totalität und kosmischer Universalität, die zu einem bestimmten Diagramm zusammengefaßt werden. Wenn sie durch die Anordnung der Vierzahl in Harmonie gebracht werden, so ist es die Quaternität der Mandalas. Vereinigende Symbole als Inhaltsträger der Gegensatzvereinigung finden wir auch in der Alchemie und schließlich wieder in der analytischen Arbeit. So erweisen sich im Vergleich zu den Erkenntnissen der analytischen Psychologie die großen Symbole westlicher und östlicher Kulturen als natürliche urbildlich bestimmte Anordnungen aus den archetypischen Konstellationen des Unbewußten, deren Gesetzmäßigkeit auf den Schöpfungsvorgang des menschlichen Geistes überhaupt hinweist.

Was jedoch bei uns den seelischen Vorgang der Ganzwerdung und Selbstverwirklichung in der unbewußten Darstellung von quaternären Strukturen erkennen läßt, das wurde im indischen Raum seit langer Zeit schon kodifiziert und bewußt praktisch verwendet, um den Menschen während seiner geistigen Übungen auf bestimmte Vorgänge hinzuweisen, die letzthin nur in den vereinigenden Symbolen der Mandalas darstellbar sind. Die Zahl ›vier‹ ist im Mandala als dessen Konstruktionsgrundlage von Jung als eine spontane Produktion des Objektiv-Psychischen bezeichnet worden. Die Quaternio ist zugleich auch die Grundstruktur für jede kosmisch bezogene Darstellung und eine bestimmte Ganzheit der Schöpfung. Das polare Angeordnetsein der Gegensätze und die Grundformen des Kosmos bilden zusammen ein Mandala, das in der buddhistischen Überlieferung mit psychologischen, religiösen und philosophischen Inhalten in entsprechender Anordnung angereichert wird. Kreisdarstellungen anderer Art können nicht mit den echten Mandalas gleichgesetzt werden. Wir müssen zur Klarstellung des Mandalabegriffs und der von diesem zu unterscheidenden quaternären Struktur anderer im Kreise angeordneter Inhalte darauf hinweisen, daß im indischen Mandala weder Richtung,

Inhalt noch Einzelsymbole gegeneinander austauschbar sind. Ihre Ordnung besteht durch eine festliegende urbildlich geformte Kosmologie. Viele der westlichen Darstellungen unterliegen nicht dieser Ordnung und Systematik einer innerlichen Bezogenheit, so daß wir sie nicht als Mandalas, sondern als Darstellungen der Quaternio bezeichnen sollten. Die in Asien und dort vor allem in Tibet bekannten Mandalas sind auf archetypischer Grundlage errichtete festgelegte Symbole, die sich auf ganz bestimmte Stufen des Bewußtseins und der Selbstverwirklichung beziehen. Es sind also Muster für definierte Bewußtseinszustände und klar beschriebene Ziele auf dem Wege der Selbstverwirklichung.

So haben wir zum Beispiel in dem von Jung beschriebenen Vajramandala (*Gestaltungen des Unbewußten*, S. 190) eine Darstellung des diamantklaren Zustandes des Bewußtseins, das durch Meditation seine unzerstörbare ›Diamantnatur‹ transparent werden läßt. Die asiatischen Mandalas sind grundsätzlich kosmologisch und psychologisch orientierte Bilder auf der vorbereitenden oder vereinigenden Stufe. Im Zentrum und auf den Teilstücken der kosmologischen Zuordnung entfalten sich Bilder des Numinosen als göttliche Emanationen, deren Symbole oder ›heilige‹ Gegenwart oder die symbolisch vermittelten Inhalte einer geistigen Ordnung des Bewußtseins, wie sie im Buddhismus vermittelt wird. So werden die Mandalas zu den Erscheinungsorten des ›Heiligen‹ und zu Grundmustern für konkretisiertes und geordnetes Bewußtsein.

Richtungweisend ist immer die Aussage des Zentrums eines Mandala, der Mittelpunkt als quinta essentia, den wir auch als das arcanum der ganzen Lehre, als prima materia, den Ursprung und zugleich als das Ziel der ganzen Mandalatechnik bezeichnen können. Das Zentrum enthält oft (wie im alchemistischen arcanum) die Schlüsselfigur einer tantrischen Geheimlehre, und es besteht schon wie in den Ursprüngen des indischen theogonischen Mythos aus einer untrennbar doppelgeschlechtlichen Einheit. Darum ist die Mitte der Mandalas Urgrund und Quelle der ersten schöpferischen Aktivität, sie ist Uranfang und Urzeugung für die Imaginationen, sie enthält die Potenz und das Werden zugleich und hat in den tantrischen Lehren immer männliche und weibliche Eigenschaften zugleich. Der Mittelpunkt ist die primär zu setzende Funktion des Numinosen, des Geistigen und der Durchgangspunkt für die Transzendierung des Bewußtseins. Er ist im eigentlichen Sinn das ens centrale, die Selbstnatur des reinen Geistes, die essentia einer geheimen Lehre oder zugleich die axis mundi und Mitte des geistigen Kosmos. Schließlich bezweckt die Mitte die höchste Zentrierung oder Zentroversion des Bewußtseins auf das Selbst. Die Mandalas sind ganzheitliche Wegleitungen zur Integration des Bewußtseins. Sie enthalten daher einfache männliche oder weibliche Gestalten (die Gegenbilder sind jeweils imaginativ zu ergänzen), dann finden wir Bilder der unio mystica von Gottheit und Göttin, solche in der ambivalenten Symbolik der friedvollen oder der zornvollen Emanationen. Das sind die Formen des mysterium fascinans und tremendum. Höhere Stufen verdichten die Symbolik auf Mantras, Farben oder reine Symbole, die auf den Weg zur höchsten und bildlosen Integration des Bewußtseins hinweisen.

C. G. Jung hat als wichtige psychotherapeutische Methode die aktive Imagination zur umfassenden Darstellung der Bewußtseinsinhalte und ihrer Beziehungen eingeführt. Das ist die bewußte Übung, vorhandene Bilder und Inhalte des Unbewußten mit Sinninhalten verwandter Art zu bereichern und zu vertiefen. Es ist eine imaginative Umkreisung und Erfüllung von Bewußtseinsinhalten, um deren vollständige Bedeutung und Sinngebung zu erfahren. Diese Methode finden wir aber gerade im indo-asiatischen Raum als eine hochentwickelte und sozusagen schon standardisierte Technik wieder. Sie wird im Yoga und in den tantrischen Geheimlehren des Buddhismus zu einer systematischen Übungsgrundlage erhoben, um das Bewußtsein durch seine Stufen von der magisch-mythischen Welt bis hin zur integralen und transparenten reinen Selbstdarstellung und Erkenntnis zu führen.

Wir haben aus dem Reichtum von Möglichkeiten, die Symbole der asiatischen Welt in einen Bezug zur analytischen Psychologie von C. G. Jung zu setzen, nur einige Motive zur Anregung und weiteren Beschäftigung mit diesem Thema aufgezeigt. Hier sind noch große Ansätze offen, die uns auch die Aufgabenstellung und Methodik unserer Psychologie besser verstehen lassen würden. Große Unterschiede liegen gewiß in der von Jung mit Recht so bezeichneten allgemein extravertierten Haltung des westlichen Menschen, während der östliche Mensch sich im wesentlichen auf der Seite der Introversion und Weltabwendung bewegte. Diese großen Unterschiede liegen natürlich auch in der Verschiedenartigkeit der religiösen Traditionen begründet, welche die Eschatologie zwischen ureigenster Selbstbefreiung und extrem weltfremder Transzendierung oder blinder Gläubigkeit begründeten. Der westliche Mensch steht über den rationalen Intellekt seiner Psyche als ganzer zu objektiv gegenüber und verarmt daher leichter an den Möglichkeiten zu subjektivem Erleben seiner echten Individualität. Der östliche Mensch wahrt mehr das Subjektsein des Psychischen und die Identität mit sich selbst und verliert darum leichter den Anschluß an die objektiv gegebene Welt. »Der Osten«, sagt Jung, »basiert auf psychischer Realität, das heißt auf der Psyche als hauptsächlicher und einziger Existenzbedingung. Es scheint, als wäre die östliche Erkenntnis eher eine psychologische Erscheinung als das Resultat philosophischen Denkens« (*Psychologischer Kommentar*, S. 20 in: Evans-Wentz, *Das tibetische Buch der großen Befreiung*).

Literatur:

Deussen, P. *Sechzig Upanishads des Veda*, Leipzig 1905
Jung, C. G. *Beziehungen zwischen dem Ich und dem Unbewußten*, Zürich 1939
Jung, C. G. *Gestaltungen des Unbewußten*, Zürich 1950
Jung, C. G. *Myterium Coniunctionis*, Zürich 1968

Jung, C. G. *Psychologische Typen*, Zürich 1950
Jung, C. G. *Psychologische Kommentare* in:
Evans-Wentz, *Das Tibetische Buch der großen Befreiung*, München-Planegg 1955
R. Wilhelm, *Das Geheimnis der goldenen Blüte*, Zürich 1965
Lauf, D. I. *Das Bild als Symbol im Tantrismus*, München 1973
Wilhelm, R. *I-Ging, Das Buch der Wandlungen*, Düsseldorf 1924

IV.
ARCHETYPISCHE STRUKTUREN DER SYMBOLE DES LANGEN LEBENS IN ASIEN

Ein Anwendungsgebiet für psychologische Hermeneutik und Erforschung mythischer Urbilder ist der Bereich der bildenden und gestaltenden künstlerischen Aussage aller Kulturen. Er umfaßt in letzter Konsequenz jegliches Menschenwerk der Kulturen, sei es nun Epik, Poesie, Literatur oder bildende Kunst und hier vor allem die Malerei. Bilder der Malerei haben den Vorzug, auf einer Fläche gleich mehrere urbildliche Strukturen und Symbole zu repräsentieren, wobei die so entscheidende Horizontale an beliebiger Stelle angesetzt werden kann. Außerdem kommen Bild und Zeichen der Abstraktion des Symbols am meisten entgegen. Hier könnte uns nun eine rückläufige Phänomenologie der Erscheinungsformen des bildgestaltenden Bewußtseins dazu dienlich sein, psychologische Hypothesen und Erkenntnisse der Mythologie der Gegenwart an der bereits manifestierten Entwicklungsgeschichte des menschlichen Bewußtseins zu prüfen. Dies trifft in ganz besonderem Maße für die Theorie der Archetypen zu, deren Valenz psychologisch und so auch im biologischen Geschehen um so deutlicher wird, je weiter wir sie in den Zeugnissen der Vergangenheit wiedererkennen können.

Die geradezu gesetzmäßig wirkenden Phänomene urbildlich bedingter Strukturen, die auch in räumlich oder zeitlich voneinander entfernten Kulturen zu vergleichbaren Manifestationen mythologischer Symbole führen, bilden sozusagen einen Formenkanon menschlicher Ausdrucksweisen, hinter dem sich eine unbedingte Fähigkeit zur Darstellung von Wirklichkeiten verbirgt. Daher sprechen wir von einem je nach Kultur bedingten, aber in bezug auf das Gesamte auch unbedingt evidenten Wahrheitsanspruch des Mythos.

Wenn daher die analytische Psychologie seit ihrem Begründer C. G. Jung von der Erkenntnis eines evidenten Vorhandenseins von Archetypen ausgeht, deren Valenz für uns doch im kasuistischen Material bereits erwiesen scheint, so muß in Anwendung dieser Theorie auch die Geschichte des menschlichen Bewußtseins auf das Vorhandensein archetypischer Strukturen hinweisen können. In dieser Richtung haben daher zum Beispiel für die Symbole der Alchemie und der gesamten Kunst M. L. von Franz, R. Schärf, A. Jaffé und C. Brunner in Einzelstudien für die Literatur und E. Neumann vor allem für die bildene Kunst bedeutende Beispiele und Beiträge erbracht, welche auf die archetypischen Grundlagen menschlichen Denkens und Handelns an sich hinweisen. Es kann auf diesem Gebiete nicht genügend heuristische Arbeit geleistet werden, und was wir in den Analysen an praktischer Erfahrung aus den Symbolen der Träume und des jeweiligen persönlichen Mythos in unendlich wandelbarem Reichtum erfahren können, hat sein manifestes Gegenbild in einer kollektiv vorhandenen und verbindlichen Symbolik der Kultur überhaupt, die sich als ein weitreichendes Arbeitsfeld für Vergleiche und Bestätigungen anbietet. Natürlich sind die individuellen Ausprägungen des Archetypus von einer unübertrefflichen Vielfalt, die nicht ohne weiteres in eine verbindliche Form gebracht werden können. Die manifesten Formen der Symbole, Farben und Gestalten in den vom Kulturkanon überlieferten Bildern der Völker geben uns jedoch einen Einblick in eine Art urbildlich vorgebildeten Bau, welcher der Dynamik der Seele zugrunde liegt. Wir erkennen dann etwas wie ein präformierendes Wirken des Bewußtseins, dessen Antworten auf die großen Ereignisse des Lebens sich in ganz bestimmten Formen und Strukturen äußern, die nicht sinnlose und nicht endende Verschiedenheit und Vielfalt zeigen, sondern wandelbare Ähnlichkeit, Verwandtschaft oder Übereinstimmung.

Für eine breit angelegte Arbeit über mythologische Symbole bedarf es jedoch einer vergleichenden Phänomenologie aus dynamischen analytischen Erfahrungsbeispielen und von statistischen Erkenntnissen von Gegebenheiten der Kultur- und Symbolgeschichte. Damit gehen wir allerdings von mindestens zwei verschiedenen Ansatzpunkten aus, dem der Mythenforschung und dem der Psychologie, deren Erfahrungen zu einer sinnvollen Einheit zu bringen sind. Hier eröffnet gerade die bildende Kunst für den wirklich sehenden Menschen ein Gebiet, das sich, psychologisch betrachtet, erst hinter den Formen der Ästhetik und der rein äußeren Gestaltung und Thematik offenbart. Und wenn Bildwerke wie etwa solche der ikonographisch streng geordneten und inhaltlich vorgeschriebenen Bilder des christlichen Mittelalters oder jene der ebenso nach scheinbar nur äußerlichen Formen festgelegten asiatischen Kunst auch kaum einen erkennbaren freiheitlichen Raum für persönliche Gestaltungen und eigene psychische Erfahrungsgrundlagen zuzulassen scheinen, so sind trotzdem auch hier solche Symbole immer wieder zu finden.

Für die asiatische Kunst, und wir werden hier besonders einige tibetische Bilder betrachten, ist zu sagen, daß es die Gesetze der Ikonographie nicht unterlassen haben, auch unbewußte archetypische Strukturen und Leitbilder zu systematisieren. Was also einst ein individuelles zufälliges Symbol gewesen sein mag, wurde bewußt und mit System zum Mittel der Bildgestaltung erhoben, um eine Aktivierung der Imagination für geistige und religiöse Inhalte zu ermöglichen. Das bekannteste Beispiel sei in den Mandalas als einem vereinigenden Symbol der großen Gegensatzintegration im tantrischen Buddhismus hier nur am Rande vermerkt.

Von der reichen asiatischen Symbolik, die unbedingt, wie alle Symbolik, einen psychologischen Hintergrund hat, die von kollektiver Bedeutung ist – also archetypischen Grundstrukturen folgt –, wollen wir nur ein kleines Teilgebiet betrachten. Es ist die Symbolik des langen Lebens, die allerdings nicht isoliert betrachtet werden kann, sondern in ihrem natürlichen Zusammenhang mit Symbolen der Wandlung und des Unbewußten ganz allgemein zu sehen ist. Dieser nur beschränkte Kreis weniger Symbole läßt Manifestationen ältester Mythologie erkennen, die wir hier an den Symbolen von Wasser, Baum, Fels und Stein oder dem weisen Alten erfahren können. Sie haben einen kollektiv verbindlichen Wert auch für außerasiatische Überlieferungen auf der Ebene der mythisch-kosmologischen und der rein urbildlichen Sinngebung, die sich mit Bildern aller anderen Kulturen und so auch aus unserer heutigen Praxis der Psychologie unmittelbar vergleichen lassen. Und diese Vergleichbarkeit beruht auf dem Archetypus als einem unbewußten psychoenergetischen Faktor, der überall und unabhängig voneinander zu manifesten Symbolen führt, die trotz aller Variationen eine übereinstimmende Aussage vermitteln.

Wir sollten uns allerdings vor einer genaueren Betrachtung der eigentlichen Symbole des langen Lebens nach den symbolbildenden Komponenten fragen, die das Wesen dieser Symbole des langen oder unendlichen Lebens ausmachen. Und welche Erfahrungen des Bewußtseins, der Wünsche und Hoffnungen führten möglicherweise zur Bildung dieser Symbolik? Zuerst einmal liegen den Symbolen des langen Lebens die Prinzipien einer Vorstellung von ewiger Dauer und Permanenz eines ganz bestimmten Typus von Sein oder Lebensform zugrunde, die man dem Psychischen ganz allgemein schon in den frühen magischen Kulturen beigemessen hatte. Die Vorstellung von einer ewigen Dauer der Seele oder des Geistes, kurz von einer Art Unvergänglichkeit des beseelenden Prinzips, bildet den großen Gegensatz zu der an den Objekten und dem Jahreskreislauf erkannten Vergänglichkeit der empirischen Welt und ihrer Zeitlichkeit. Das Prinzip der menschlichen Hoffnung dimensionierte das ihm gegebene Zeitmaß über sein physisches Dasein hinaus, und es erweist sich damit als ein in die Zukunft endloses Prinzip der Notwendigkeit, da letzthin die Hoffnung die Sinngebung der persönlichen Existenz garantiert.

Unendliches Leben oder permanent existierendes Lebensprinzip steht als Vorstellung außerhalb der Zeitdimensionierung und überwindet die Maße des Raumes. Es ist also eine Idee von der Raum- und Zeitfreiheit des Psychischen, das sich nicht an diese Normen gebunden fühlt. So wird das Prinzip Hoffnung in welcher Form auch immer zu einem einzig dimensionslosen und daher die Dimensionen überschreitenden Zustand, der mit dem ureigensten Sein verbunden wird. Bildlich gesprochen, entsteht hier der einzige Punkt menschlicher Freiheit, an dem der Mensch sich nicht nur sicher fühlen kann, sondern wo er sich auch getrost als nur irdisches Wesen entäußern kann, ohne sich jedoch zu verlieren.

Schon die vedischen Schriften des alten Indien berichten von einer Freiheit der träumenden Seele, die im Körper weilend, doch alle Ebenen, Räume und Zeiten spontan und ungehindert durchschreitet, die sich ›den ewigen Stoff ihrer Bilder‹ selbst gestaltet, ohne auf die physische Gestalt und Bedingung des Seins Rücksicht zu nehmen. Aber auch die nur dem Menschen eigene Hoffnung, das Dasein nicht zu verlieren, und endlich (in mythologischer Ebene) das ewige Sein der Götter zu gewinnen, war eine Grundlage zur Bildung der Symbole des langen Lebens. Und es erhebt sich ebenfalls die mehr spezielle Frage, was nun von Dauer sein soll, das eigene Leben als das physische Dasein (ähnlich der altägyptischen Idee), der immer wiederkehrende Wandel der Jahreszeiten bis hin zur zyklischen Zeit und Wandlung der Äonen als Chance zur Wiederkehr des eigenen Seins, oder die Wandlungen der Seele durch alle möglichen Seinszustände und Erlebnisformen der Schöpfung zwischen den Polen von Vergänglichkeit und Wiedergeburt auf physischer oder geistiger Ebene. Hierhin gehört auch die geistige Erneuerung und die Wiedergeburt in einem neuen Geiste schon in dieser Welt, die zum Beispiel bei den Religionen und Mysterien als ein Stufenweg vom profanen zum heiligen Sein charakterisiert wird. Und solche Zielvorstellungen der verschiedensten Färbung sind in großer Fülle in den Mythen und Sagen und so auch in den Religionen bis hin zu den utopischen Spekulationen der Metaphysik auf irgendeiner Ebene zum wichtigsten Inhalt erhoben worden. So alt auch das Herkommen und die archetypisch geprägte Sinnfrage bereits sein mag, sie hat nicht das geringste an Gestalt und Intensität eingebüßt. Archetypen sind nicht nur Urbilder, Formen eines althergebrachten Kanons urmenschlichen Begreifens und Erfassens der Welt, sondern sie sind auch in der Zukunft formende Prinzipien des Unbewußten. In der analytischen Psychologie haben sie ihre Bedeutung nicht nur in der Möglichkeit eines Rückgriffs auf das Gegebene, sondern vor allem im Bereich des Sinnes, also des noch sich Offenbarenden und des Teleologischen. Wären die Archetypen nicht mehr lebende und präformierende Kräfte, aus denen heute wie je zuvor die ganze Symbolwelt sich erst entfalten kann, dann hätten sie für die dynamisch lebendige Betrachtung und Analyse des Psychischen keinen bestimmenden Wert. Wir dürfen also keinesfalls außer acht lassen, daß die Archetypen lebende Faktoren sind, die wegen ihrer Herkunft zwar archaisch sind, die aber wegen ihrer Gültigkeit auch gegenwärtig sind und im wesentlichen sogar die Zukunft vorwegnehmen. Über die Intuition und den Instinkt haben die Archetypen durchaus auch die Fähigkeit der Vorausahnung des Kommenden.

Wir treffen also in der Betrachtung der Symbole auf ganz verschiedene Darstellungsformen der mythischen Ewigkeiten, der geahnten Zukunft auf irgendeine Weise unendlichen Lebens. Zwei Aspekte sind hier wieder von besonderer Bedeutung, die Permanenz des Lebens in Körper, Seelenwesen oder Geistgestalt (oder Bewußtseinsentität) und der Fortbestand der Zeit oder Dauer als ein fließendes oder zyklisch bewegtes Element aus der unmeßbaren Ewigkeit. In diesen Dimensionen gründet sich die Hoffnung auf die Unvergänglichkeit des Seins und die Teilhabe am Idealzustand des Unzerstörbaren. Zeit als undimensionierte Zeitlosigkeit und Leben als Dauer des Erlebens in diesseitigen und jenseitigen Maßstäben als Wunschvorstellungen bilden die wichtigsten Formen für eine Symbolik, die in Jahrtausenden der Kulturgeschichte einen großen Reichtum an mythologischen Bildern aller Wandlungsformen hinterlassen hat. Hinzu kommen natürlich noch Bestandteile, welche aus dem Bereich des Schöpferischen, der biologischen Fruchtbarkeit und der Naturbetrachtung sowie der Selbsterfahrung stammen, die nun zusammen mit all dem allzu Persönlichen eine ausgeprägte Symbolik entfaltet haben.

Leben verstehen wir als ein primäres Symbol für Sein oder Dasein und Teilnahme in einer wahrnehmbaren Umgebung, wobei für viele Menschen Leben nur als biologischer Vorgang eine bestimmte und einmalige Dauer hat. Leben als Symbol in Sein und Wandlung des Bewußtseins ist für uns die gesamthafte lebendige Erfahrung der Welt einschließlich der Welt der Gefühle und des Denkens. Auch Affekte, Emotionen und die Intuitionen bis hin zum höchst subtilen Vorgang der Bewußtwerdung und der Fähigkeit zu einer Raum und Zeit überschreitenden Transzendenz sind Formen von Leben. In der Hoffnung begründet sich die einmalige Fähigkeit, die Bedingungen von Raum und Zeit durch das Phänomen der Transzendenz zu überschreiten, Transzendenz ist hier mehr als Integration alles Gewesenen und Seienden, es ist die Bewegung in etwas, das ebenso hier wie auch immer in einer Zukunft des Kommens und des Jenseitigen sich ereignen kann. Dabei denken wir nicht an räumliches Jenseitiges, sondern an die unendliche Möglichkeit einer Überschreitung alles bisher Begrenzbaren.

Aus dem Leben als einem Primärsymbol seiner selbst für einen biologischen evolutionären Vorgang im Dasein oder in einem In-der-Welt-Sein und dem sekundären, aber unerläßlichen Symbol der Zeit als Ablauf des Seins, das wir aus der Teilbarkeit der Ewigkeit nur als Abschnitt eines begrenzten Daseins gewinnen, werden viele Symbole des langen Lebens gebildet. Und sie verbinden sich gerne mit Symbolen der Vollkommenheit, der göttlichen Kindheit, der Fruchtbarkeit, der zyklisch wiederkehrenden Schöpfung und der Regeneration des gestalteten Seins, des Vegetativen, der Gegensatzvereinigung, und auch des Grenzenlosen und Unbekannten als dem Numinosen eines den Menschen immer überhöhenden Seins.

Zeit ist für uns das, was wir als einen vorstellbaren und nach eigenen Dimensionen meßbaren subjektiv bezogenen Begriff aus dem unendlichen Kontinuum der Ewigkeit herausgetrennt haben. Denn an sich ist schon die Zeit nichts Begrenzbares und Teilbares, sondern sie dimensioniert sich erst durch unser In-Beziehung-Setzen zu einem Maß, das wir an die Dinge und Vorgänge des Seins anlegen. So gesehen, ist für uns der Begriff Zeit eine in vorstellbarem Begriff entstandene Emanation aus der Ewigkeit, die durch nichts in irgendeiner Richtung beschrieben werden kann, sie ist persönliche Gestaltwerdung eines Unpersönlichen. Durch Setzung von Grenzen und bestimmten Einheiten erschließt sich uns rational erst das Phänomen der Zeit als Ablauf, der sich in der Wandlung und Veränderung im Raum überhaupt erst erkennbar zeigt. So wird für uns die Zeit nur am eigenen Lebens- und Erkenntnisvorgang sichtbar sowie durch die erkannte Ordnung des kosmischen Ablaufs. Zeit ist die Bedingung für jegliche Darstellung und Erkenntnis äußerer und innerer Gegebenheiten und deren räumlicher Distanz. Raum und Zeit sind zwei sich gegeneinander bedingende Normen, ohne die eine Evolution und Scheidung von Dingen gar nicht erst stattfinden kann. Sie sind vor aller Schöpfung a priori vorhanden und somit eine Vorbedingung der empirischen Welt.

Die echten Symbole des langen Lebens, seien es jene für das physische oder jene für das geistige Leben, zeigen das Bestreben, Raum und Zeit und deren Wirkungen wieder außer Kraft zu setzen, einen dimensionslosen Zustand zu erlangen, welcher der Ewigkeit entspricht. Dies ist auch der Grund für die vielen Mythen von der Wiederkehr und Wiedergeburt der Heroen, Menschen, Götter und der kosmischen Gezeiten, deren Telos trotz vorausgesagtem Untergang in der Wiedererstehung besteht. Zum Teil werden nur verschiedene Stufen erreicht, die Metaphysik hat hier ähnlich wie bestimmte Arten der indischen Yoga-Philosophie mit der Definition von Wortbegriffen immer wieder die optimalen Grenzen des Sagbaren erreicht. Und wenn der Geist des mythischen Menschen die Symbole des langen Lebens bildet, vereint er sie mit natürlichen Bildern der Dauer, mit Ganzheitssymbolen der idealen Vollendung, mit Symbolen der höchsten Qualität und mit den Formen für das Geschlossene, Abgeschlossene und Runde, wobei Untergang und Geburt zu einem kontinuierlichen Bild zusammenwachsen. Und hinter diesen finden wir den Archetypus des Sinnes, um das in unbegrenzter Zukunft liegende Telos der Symbole zu erfüllen. Solche Symbole der Dauer und der Wiederkehr sind zum Beispiel der Kreis, der Stein, das Kristall (Edelstein), die Kugel, das Gold, aber auch die Werte der das unendliche Leben vermittelnden Symbole wie Wasser (Quelle), bestimmte Heil- und Lebenspflanzen und Essenzen der Medizin, der Lebensbaum, das Kind und der alte Weise gehören dazu. Die schon vorgebildete Kraft der Archetypen mit sinndeutenden und sinngebundenen Inhalten erscheint in den Symbolen derart gesetzmäßig, daß wir durchaus in der Lage sind, eine Phänomenologie der Archetypen aufzustellen, die für die Wissenschaft von den grundsätzlich gleichen, aber in der Erscheinung wandelbaren Ausdrucksformen des menschlichen Bewußtseins von großer Bedeutung sein kann.

Bei den tibetischen Malereien sind es im besonderen zwei Themenkreise, die mit der Symbolik des langen Lebens verbunden sind. Der erste bezieht sich auf den Ritus der Initiationen in das Wissen von den Gottheiten des langen Lebens, die es unter verschiedenen Aspekten gibt. Die äußere Bildgestaltung zeigt dann zum Beispiel den Buddha des unendlichen Lebens (Amitâyus) und vielleicht einige Darstellungen, wie etwa das goldene Gefäß des Lebenswassers, das himmlische und grenzenlos strahlende Licht und die Paradieswelten, die sich alle auf den Initiationsritus und die damit verbundenen Weihen beziehen.

Der zweite Themenkreis setzt sich aus einer vielleicht noch älteren Überlieferung zusammen und bringt unter ganz verschiedenen Aspekten immer wieder das Thema ›langes Leben‹, das durch eine Folge von charakteristischen Symbolen dargestellt werden kann. Hier aber tritt nicht nur das Wasser als lebengebende und lebenerhaltende Essenz in Erscheinung, sondern auch andere Symbole wie der Fels, die Schneeberge, Bäume, bestimmte Pflanzen, Fruchtbarkeitssymbole, Berggottheiten und vor allem auch der alte Weise erscheinen im Hintergrund des Bildes oder werden sogar in den Mittelpunkt der Aussage gestellt. Dabei kann zum Beispiel die archetypische Gestalt des weisen Alten als Greis, als Mönch, Medizinlama oder als anthropomorpher Fels erscheinen. Je nach Zusammenstellung und Gruppierung der Symbole haben wir auf diese Weise verschiedene Darstellungen zur sinngebenden Symbolik von langem Leben, Verjüngung, Harmonie, Ruhe (Beständigkeit) und kosmisch-natürlicher Verbundenheit, wobei nicht zu übersehen ist, daß auch gewisse chinesisch-taoistische sowie altindische Einflüsse in Tibet zur Wirkung gelangten.

Betrachten wir allein die in Indien und Tibet so sehr verbreitete Symbolik des Wassers, so finden wir manche Parallelen zur Alchemie und zu den gnostischen Vorstellungen der abendländischen Welt. Ganz allgemin gesagt, stimmt die Symbolik des Wassers in Asien mit der uns bekannten Deutung abendländischer Symbole überein. Besonders die kosmogonischen Mythen Indiens haben dies anschaulich werden lassen. Die überall gleichartige Erscheinungsweise, die Natur und die Erfahrung des Wasserelements darzustellen, weist auf eine archetypische Urstruktur für die Übersetzung der Empirie in die Symbolbildungen hin.

Wasser als lebenspendendes Element finden wir meist in einem goldenen Gefäß, der Kalaśa, und es wird zur Reinigung und Wandlung und Erneuerung des Geistes bei den Weihen verwendet. Durch den Buddha des langen Lebens (Amitâyus) wird Wasser im Sinne der aqua vitae verwendet,

Bild 1
Kalaśa, Vase des Lebenswassers

Bild 1

Die Kalaśa oder das Gefäß mit dem Wasser des langen Lebens ist in den indischen Religionen, besonders dem Mahâyâna-Buddhismus, ein weit verbreitetes Kultgerät mit symbolhaftem Charakter. Es enthält das während der Rituale konsekrierte Wasser und findet bei Initiationen mit der Weihe durch Wasser (abhiseka) Verwendung. In den Ritualen des tibetischen Totenbuches enthält das Wasser in dieser Kalaśa die Essenz und mystische Gegenwart aller Buddhas und Gottheiten, die in den Visionen des Bar-do (Nachtodzustandes) erscheinen. Das Gefäß des Lebenswassers steht in enger Verbindung mit den Initiationen des Buddha Amitâyus, der als Buddha des grenzenlosen Lebens die Kalaśa als Attribut in den Händen hält (Bild 2). Bei der Weihe wird das Wasser aus dem Gefäß mit Hilfe des Rohrstileinsatzes versprengt. Dieser Einsatz trägt hier als Bekrönung den Baum des Lebens. Die vier Zierbänder aus Kupferbronze sind kreuzförmig, d. h. in der kosmologischen Mandala-Ordnung an der Vase angebracht. Auf dem Gefäßbauch sehen wir den Kopf eines Makaradrachens, der als Wasserdrache eine mythologische Gestalt ist und als Wächter des Lebenswassers gilt. Im Buddhismus, ganz ähnlich wie im Taoismus und manchen anderen, aus mythischem Erbe schöpfenden Kulturen, ist das Gefäß des Lebenswassers von ebensolcher Bedeutung wie etwa die aqua permanens oder aqua vitae in der Alchemie. Es ist Symbol der Reinigung, der geistigen Erneuerung und Wiedergeburt und die Essenz unvergänglichen Lebens. Hieran schließt sich auch die psychologische Symbolik an, in der die Erscheinungsformen des Bewußtseins oft durch Wasser, Fluß, See oder Meer verglichen werden. Wir sagen auch, das Bewußtsein ist ein unversiegbarer Quell geistiger Ideen und des spirituellen Lebens.

Bild 2
Buddha Amitâyus

Bild 2

In Tibet, Zentralasien, China und Japan hatte sich mit der Ausbreitung des Buddhismus auch die Lehre vom Buddha des unendlichen Lebens, Amitâyus, überliefert, dessen Statue hier aus einem alten Tempel von Bhutan stammt. Amitâyus mit der großen Buddhakrone ist eine symbolische Gestalt, und man sagt von ihm, daß er in einem Paradies des unendlichen Lebens (Sukhâvatî) in der westlichen Himmelsgegend weilt. Die große Tempelstatue zeigt ihn mit der Kalaśa in den Händen, dem Weihegefäß für die Langleben-Initiation (tib. Tshe-dbang) durch den Buddha Amitâyus, die von den Mönchen in einem bestimmten Ritual vermittelt wird. Der Buddha des unendlichen Lebens steht in enger Beziehung zum Buddha des unermeßlichen Lichtglanzes (Amitâbha), beide gehören dem westlichen Bereich (dem Land der Toten) an und symbolisieren damit, daß Licht und Leben das eschatologische Ziel des Jenseits sind.

Bild 3
Der weise Alte

Bild 3

In einem der Felsenklöster von Taktsang in Bhutan befindet sich das Gemälde mit dem weisen Alten und den verschiedenen Symbolen des langen Lebens, die zu einer Felsenlandschaft komponiert sind. Der weise Alte ist hier als Siddha (Yogi) dargestellt, ganz in weiße Gewänder gekleidet, mit langem Bart und hoch aufgebundenem Haar, in dem sich ein kleines Buch mit den Weisheitslehren befindet. In der rechten Hand hält er einen goldenen Rosenkranz, und in der linken Hand befindet sich eine goldene Kalaśa mit dem Wasser des unendlichen Lebens und einer Lotusblume. Der weise Alte sitzt auf einem Bärenfell vor einer Felshöhle. Felsen sind in Tibet ein Symbol für Dauer und Beständigkeit, sie treten hier mit Wasser als dem Symbol des langen Lebens und der Verjüngung in Beziehung. Auf der linken Seite ist der blaugraue Fels zur Gestalt einer Kanne geformt, aus der Wasser in eine Schale fließt, die auf einem Dreifuß steht. Wasser und Felsen bilden zusammen mit dem weisen alten Yogi ein Symbol des ewig jungen Geistes, der sich aus dem geheimen Wissen nährt, das in Form des Buches im Haar getragen wird. Die zurückgezogene Lebensweise der Yogis in den Felsenhöhlen führt zu Innenschau und Rückwendung auf die Kräfte des Bewußtseins. In der Symbolik von Felsen, Felshöhlen und Wasser vereinen sich die Elemente von Zurückgezogenheit (Höhle), Zeugung (Wasser) und geistiger Wiedergeburt, welche dem Alter die Kraft der felsengleichen Unerschütterlichkeit gibt. Geist und Leben sind in den Symbolen des Buches und des goldenen Gefäßes der Kalaśa beschlossen.

Bild 4
Tibetischer Siddha

Bild 4

Das tibetische Gemälde zeigt einen weisen alten Siddha aus der Schule der tibetischen Medizingelehrten mit neun Schülern. Der Guru trägt das weiße Gewand und hat ein goldenes Gefäß in der linken Hand. Die weite Landschaft mit den Schneebergen und den herabfließenden Strömen sowie den verschiedenen Bäumen und Lotosblumen zeigt wieder die Verbindung zur Symbolik des langen Lebens und der Fruchtbarkeit des Geistes.

Bild 5
Der weise Alte und die Wolkenfee

Bild 5

Wasser, Fels und Lotusblume gelten in Tibet als die wichtigsten Symbole des langen Lebens, die in dieser tibetischen Zeichnung zu einer symbolischen Funktionseinheit zusammengeschlossen worden sind. Fast zu Stein verwandelt, sitzt der weise Alte auf einem Felsen und vor ihm steht eine feenhafte Frau. Sie hält mit der rechten Hand seinen Bart und in der linken Hand eine Lotusblume. Der eine Teil ihres Schals verwandelt sich in fließendes Wasser, das der weise Alte in der Hand hält, während der andere Teil sich auf der rechten Seite in Wolken auflöst. So bildet sich aus der in sich geschlossenen Einheit von dem weisen Alten und der Feenjungfrau ein Kreislauf des Lebens durch Wandlung und Verwandlung mit den Symbolen von Blume, Wolke, Wasser und Fels, der durch das menschliche Paar in ihrer natürlichen Polarität belebt wird.

Bild 6
Lamaistisches Kosmogramm

Bild 6

Kosmische Weltdarstellungen und Pläne für ein ideales Weltbild haben sich in den lamaistischen Malereien von Tibet erhalten, die auf der altindischen Lehre vom Weltenbau beruhen. Auf einem solchen Wandgemälde befindet sich der Aufriß der kosmischen Welt nach der buddhistischen Überlieferung, bei dem Kreise und Quadrate die Ordnung der vier kosmischen Weltteile bilden. Im Zentrum ist die Urform des kosmischen Weltenberges als Mitte der Welt zu erkennen. Die Gestaltung solcher Weltmodelle als imago mundi folgt nach den Prinzipien der Mandalas, die als Weltbilder für ganz bestimmte geistige Inhalte bekannt sind.

Bild 7
Der Weltberg Sumeru

Bild 7

Ein lamaistisches Wandfresko aus dem Westhimalaja zeigt den kosmischen Weltenberg Sumeru als Mitte der Welt und axis mundi, der sich aus dem großen Weltenozean mit den sieben zentralen und ringförmigen Bergketten erhebt. Er steht wie eine Burg über den vier Stufen und hat kosmisch orientierte Farbgebung. Über ihm erheben sich, immer breiter werdend, die verschiedenen Himmel als Stufen der Transzendenz und himmlischer Sphären. Als ganz kleine Gebilde nur sind in dem weiten Weltenozean die vier verschiedenen Weltteile wie Inseln erkennbar. Dieser noch auf mythischen Strukturen begründete Kosmos vereint das Weltbild der runden Scheibe mit den Vorstellungen der zentralen Achse und dem Himmelsberg, der die Verbindung zwischen Göttern und irdischer Welt herstellt. Zweidimensionales und aufkommendes dreidimensionales Weltbild mit der beginnenden räumlichen Distanz verbinden sich zu einem interessanten Idealbild der kosmischen Schöpfung.

Bild 8
Die Geburt des kosmischen Menschen

Bild 8

Ein bedeutender Künstler unserer Zeit stellt uns das Thema von der Geburt des kosmischen Menschen in ganz zeitlosen Strukturen vor, die aber das unveränderlich andauernde Wirken ältester Symbole erkennen lassen, die bereits dem ältesten kosmogonischen Mythos zugrunde liegen. ›Die Geburt des kosmischen Menschen‹ hat ihren Ursprung in einem Ei, aus dem das Antlitz hervortritt. In der Sprache mythologischer Symbole ist es das kosmogonische Urei als Anfang aller Dinge. Wie aus intuitivem Zufall erscheint auf einer fast quadratischen Fläche der Affe mit einer Fahne als Symbol für die kosmische Zeit, auf der das Rad und der Vogel eine Einheit von Zeitablauf und Seelenflug bilden. Im Hintergrund durchbricht ein Baum die Ebene des Lebens zwischen Oberwelt und Unterwelt. Das perspektivische Bild enthält Urformen der Symbolik und doch eine schon raum-zeit-freie Gleichzeitigkeit der Ereignisse, in der sich Dimension und Zeit in ihrer Begrenzung zur Transparenz hin auflösen. Von der Aussage her kündet sich hier ein neues Weltbild des integralen Geistes an, wie es Jean Gebser versucht hat zu definieren.

Bild 9
Die Quirlung des Milchozeans

Bild 9

In den ›alten Erzählungen‹ (Purânas) der indischen Mythologie finden wir die mythischen Grundlagen über die Schöpfung der Welten und die Sinndeutung der Entstehung der Götter und ihres sich in Zyklen wiederholenden Kampfes gegen die Dämonen des Unwissens. Das Bild zeigt die Quirlung des Milchozeans, um Amrita, den Unsterblichkeitstrank und weitere Kostbarkeiten aus dem Ozean zu heben. Aber es erweist sich schon hier am Anfang einer göttlichen Weltordnung, daß ohne Einbezug der Urpolarität von Gut und Böse keine Entwicklung stattfinden kann. So kamen im ersten Weltalter Götter und Dämonen überein, das Milchmeer gemeinsam zu quirlen. Links im Bild sind die Götter und rechts die Dämonen, die gemeinsam die um den Weltberg Mandara gewickelte Weltenschlange Shesha (kosmische Energie) zum Drehen bringen und an den Enden abwechselnd ziehen. Vishnu selbst erscheint als Schildkröte in seiner zweiten Inkarnation (Avatâra), um den Weltberg zu stützen am Grunde des Meeres. Auf einer Lotusblüte als dem Symbol der schöpferischen Entfaltung erscheint das göttliche Paar Vishnu und Lakshmi. Das Bemühen von Göttern und Dämonen war erfolgreich, jedoch begann bald danach der Kampf zwischen beiden um den Trank der Unsterblichkeit.
Die ganze folgende purânische Schöpfungs- und Erneuerungsmythologie zur Erhaltung der kosmischen Weltordnung durchzieht das Thema des mythischen Kampfes zwischen den Inkarnationen des Vishnu, welche als Erlöser zur Welt herabsteigen, um die Emanationen des Bösen zu besiegen. So zeigt sich der kosmische Kampf im Mythos als ein Wirken der Polarität, aus der jeweils höhere Formen der indischen Religion zur Evolution gelangen. Grundstruktur bleibt der indische Mythos mit seiner reichen Symbolik, während die Personifikationen des Hochgottes immer weiter fortschreitend in den Raum der Geschichtlichkeit hineinwachsen.

Bild 10
Der Wagenlenker Krishna und Arjuna

Bild 10

Als geistiges und religiöses Hauptstück des indischen Epos Mahâbhârata gilt die Bhagavadgîtâ, das heiligste Buch der Inder. Es ist zu einem Symbol für spirituelles Leben aus Yoga und Philosophie geworden und die bedeutendste Schrift des Hinduismus. Das Bild zeigt den Gott Krishna als Wagenlenker von blauer Farbe und Arjuna, der für die Pândavas gegen die Kauravas in einen Krieg gegen verwandte Familien ziehen soll. Krishna als eine Inkarnation des Vishnu belehrt den Arjuna über den Sinn des Kampfes und führt das Zwiegespräch zugleich in die größten Tiefen der Vedânta-Philosophie. Der Mensch Arjuna und der Gott Krishna werden in der Bhagavadgîtâ zum Symbol der lebendigen Beziehung zwischen irdischer Lebensführung und göttlichem Willen, die durch Krishna als dem Wagenlenker des menschlichen Schicksals gekennzeichnet wird.

Bild 11
Das Śrîyantra

Bild 11

Das mystische Diagramm des indischen Śrîyantra ist eines der wichtigsten Symbole des Yoga, in dem die Einheit der polaren Gegensätze, Ursprung, Schöpfung und Integration zusammengefaßt worden sind. In kosmologischer Ordnung ist das äußere Quadrat ausgerichtet und enthält im Lotuskreis die sich gegeneinander durchdringenden Dreiecke der weiblichen und männlichen Manifestationen der kosmischen und göttlichen Energie. Diese Polarität erscheint im Zentrum als roter Punkt in seiner Ununterschiedenheit und Untrennbarkeit von Śiva und Śakti als Ursprung aller Schöpfung. Aus diesem roten Punkt (bindu) wird in einer meditativen Schaubildentfaltung durch Yoga und aktive Imagination das Bild der Gottheiten sichtbar, um ihre göttlichen Aspekte und die damit verbundenen Weisheitslehren dem Bewußtsein einzugliedern. Am Ende dieser Meditation werden alle Bilder wieder in den Urgrund des roten Punktes aufgelöst und darauf vereint. Schöpfung, Entfaltung, Analyse, Schau, Synthese und Integration des Bewußtseins sind die Stufen des Weges, auf dem das Śriyantra zum symbolischen Leitbild mit teleologischer Bestimmung wird.

Bild 12
Tibetisches Mandala

Bild 12

Vollendete Symbole der Polarität und der integrierenden Gegensatzvereinigung sind die lamaistischen Mandalas des Mahâyâna-Buddhismus. Aus den Grundelementen von Kreis und Quadrat mit dem zentralen Lotus der Entfaltung für die Visionen göttlicher Buddhagestalten wird eine Struktur gebildet, die für alle buddhistischen Mandalas zum Leitbild wurde. In den vier dreieckigen Sektoren des inneren Quadrates, das mit seinen Toren in die vier kosmischen Richtungen weist, stehen sich jeweils gegensätzliche Elemente gegenüber, die nur durch den Kreis verbunden und geeint werden. Aufgabe und Zielsetzung der Meditationen über Mandalas ergibt sich aus der Mitte, in der hier auf dem Bild der blaue Buddha Aksobhya zu sehen ist. Mit den durch verschiedene Grundfarben angedeuteten Elementen stehen mehrere Stufen der Erkenntnis in Verbindung, die sich auf psychologische, religiöse und philosophische Inhalte beziehen kann. In der Überwindung der Gegensätze auf dem heiligen kosmischen Weltplan des Mandala liegt die Sinngebung der Aufgabe, Integrationsvollzüge im Bewußtsein zu erlangen. Zu diesem Zweck ist die zentrale Gestalt Ausgangspunkt der Methode (Ursprung) und Ziel für eine höhere Weisheitserkenntnis durch die Vergegenwärtigung tieferen Wissens.

die zur Geburt in einem neuen geistigen Leben führen soll; es ist der Aufstieg vom profanen Dasein in eine auf das Heilige bezogene Spiritualität. Als amrita oder Nektar ist es die aqua permanens der Götter, die zugleich auf die wasserklare und reine Wesensnatur oder Selbstnatur (svabhava) des befreiten Bewußtseins entsprechend der buddhistischen Lehre hinweisen soll. Um den profanen Geist des Menschen während der Initiationen in eine höhere Bewußtseinsebene des spirituellen Daseins zu erheben, erfüllt das Wasser als aqua doctrinae seinen symbolischen Charakter als Bild der Geistessenz. Daher wird im Mahâyâna-Buddhismus das Wasser auch mit der Diamantessenz der reinen Lehre und der Erkenntnisnatur der Erleuchtung verglichen. Am bedeutendsten aber ist die Symbolik des Wassers als ein Begriff zur Bezeichnung von Bewußtseinsformen, wie sie aus dem Yoga und seinen philosophischen Schulen entnommen worden ist. Hier erscheint das Wasser als Ursubstanz und wird mit dem Universal- oder Grundbewußtsein (âlayavijñâna) gleichgesetzt. Es wird auch Speicherbewußtsein oder ›Bewußtsein aller Ursachen‹ (tibetisch Kun-gzhi rnam-shes) genannt, und es hat eine Funktion innerhalb der indischen Bewußtseinslehren, die der unseres Begriffs des kollektiven Unbewußten aus der analytischen Psychologie recht nahe kommt. In dieser Beziehung auf das menschliche Bewußtsein hat das Wasser als göttliches Wasser eine besondere Bedeutung während der tibetischen Totenrituale, wo es im Weihegefäß als Ursprung und Quelle aller visionären Gottheiten bezeichnet wird, die als Formen des eigenen Bewußtseins zu verstehen sind. Wasser, Bewußtsein und dessen visionäre Erscheinungen als göttliche Bilder fallen hier in dem einen Symbol des konsekrierten Wassers zusammen, das aus dem Wassergefäß als dem Symbol des ganzen geistigen Kosmos entnommen wird.

In Beziehung zu anderen Symbolen der Permanenz und Unvergänglichkeit sowie zu solchen der Kreativität und Fruchtbarkeit erscheint Wasser betont unter dem Aspekt des langen Lebens, besonders dann, wenn es mit dem Archetypus des Geistes und des Sinnes, dem weisen Alten, in Verbindung gebracht wird. Hier bilden vor allem das Wasser als das fließende und ständig sich erneuernde Element und der Fels als Symbol der unveränderlichen Dauer einen größten Gegensatz in der Polarität von belebter und unbelebter Natur. Sinngebend zwischen beiden Extremen ist dann die lebendige Gestalt des weisen Alten, der Geist und Leben sowie die große Dauer in einer Gestalt vereinigt. Diese Gegensatzsymbolik wird noch deutlicher, wenn wir das klare lebendige Wasser als Symbol der Geistessenz und den Fels als Inbegriff der Materie sehen, die immer zusammen mit dem Bilde des weisen Alten gezeigt werden. Auch uns im Westen ist diese Symbolik nicht fremd, heißt es doch bei Hölderlin im Hyperion:

»Des Herzens Woge schäumte nicht so schön empor, und würde Geist, wenn nicht der alte stumme Fels, das Schicksal ihr entgegenstünde.«

Aber gerade das Symbol des Felsens als Zeichen der Solidität und Beständigkeit und damit der Permanenz des Daseins – bei Goethe war es in gleicher Bedeutungsfülle der Granit – wird in der tibetischen Kunst immer wieder nur scheinbar dekorativ modifiziert, indem er zum Träger verschiedener Bedeutungen erhoben wird. So kann der Fels mit Höhlungen zum Muttersymbol werden, in bezug auf den tantrischen Yoga phallische Form annehmen und das zeugende Element vertreten, und so zusammen mit Lotusblumen oder Päonien zum Symbol des Mütterlichen, des zeugenden und blühenden Lebens werden. Einiges davon wird in den beigefügten Bildern besser zu illustrieren sein. Als archetypisch bedingte Konstruktion finden wir aus dem Kreis der chinesischen Mythologie auch die Langlebens-Symbolik von Felsen, Wassern, Wolken und Drachen, die auch in Tibet verwendet wurde.

Zur durchweg symbolischen Landschaft mit den Elementen des langen Lebens gehören der Fels mit Höhlungen, aus denen Wasserströme und Quellen entspringen, der Baum, die

Päonienblüten, Wolken mit der Coniunctio von Sonne und Mond am Himmel und der weise Alte, der eine goldene Kanne in der Hand hält, aus der das Wasser des unendlichen Lebens in eine Schale fließt. Der weise Alte kann auch ein Yogi oder ein Medizinlama sein, ein Mensch, der als Yogi oder Siddha wegen seiner magischen und übernatürlichen psychischen Fähigkeiten als besonders qualifiziert gilt, ein geheimes Wissen um die Sinngebung ewigen Lebens oder die Essenz der den Tod überwindenden Weisheit zu vermitteln. In dieser Eigenschaft erscheint in den Bildern mit der Thematik des langen Lebens der alte Weise als Symbol oder Archetyp des Geistes und letzthin des Sinnes, der durch ein meditativ ausgerichtetes Leben und die Bemühung um Erkenntnis angezeigt wird. Sinngebung des Lebens ist auf den Menschen angewendet ein optimales Symbol aus der teleologischen Notwendigkeit des Geistes, über die einzig der Mensch als letzten Inhalt seines Daseins verfügen kann.

Kennzeichnend sind aber auch die zuweilen dargestellten Helfer des weisen Alten, kleine Kinder oder zwergenähnliche Gestalten, die das Elixier des Lebens oder Gold und die Früchte der verjüngenden Medizin der Unsterblichkeit darbieten. Sollen das Wasser und der Felsenberg als ein Individuationssymbol im Sinne des Geistigen begriffen werden, so kennen wir zum Beispiel die Darstellung des Traumes des großen tibetischen Yogi und Dichter Milarepa, in dem die vier Ströme des Lebenswassers von den weißen Schneebergen in die vier kosmischen Richtungen herabfließen, und so ein Maṇḍala der geistigen Lehrüberlieferung bilden. Es sind die aqua doctrinae und als solche dann die Wasser als Lebenspender der inneren Seele, die sich ihrer eigenen Dimensionen bewußt geworden ist.

Der Baum ist uns natürlich in seiner weitreichenden mythologisch-kosmologischen und psychologischen Symbolik gut bekannt, er fehlt auch nie auf den Langlebensdarstellungen der tibetischen Kunst und erscheint auch auf den schwarzgründigen Malereien als eine eminent wichtige Wandlungssymbolik für die geistige Erneuerung. Er erscheint als Bild des Unbewußten und der menschlichen Persönlichkeit und ist speziell in den tantrischen schwarzen Wandlungsbildern ein Symbol für das Selbst als dem Ausgangs- und Zielpunkt der Individuation, auch wenn der Buddhismus unter Selbst vornehmlich die reine inhaltslose und befreite Selbstnatur des Bewußtseins versteht. Daher finden wir den Baum wieder in Gemeinschaft von Symbolen des unendlichen Lebens, der geistigen Verwandlung, der Fruchtbarkeit des Bewußtseins und der Regeneration. So kann es sein, daß wir auf den äußerlich negativ und destruktiv erscheinenden Bildern der dämonischen und negativen Aspekte der numinosen Gottheiten des tantrischen Buddhismus einen blühenden Baum auf Felsen direkt über fließendem Wasser finden, der auf die Entelechie der Selbstwerdung hinweist, die durch den meditativen Prozeß gefördert werden soll. Die Integration der positiven, friedvollen und der negativ zornvollen Mächte des Bewußtseins ist eine Voraussetzung der Ganzwerdung und der Wiedergeburt des Geistes in den Lehren des tibetischen Totenbuches.

Primär aber hat der Baum in Indien und so auch in Tibet den Erkenntnisaspekt als Baum der Erleuchtung und der höheren Erkenntnis. Darum streiten auch die mit Schwertern bewaffneten Asuras (Titanen) gegen die Götter um den Baum der göttlichen Weisheit als den arbor sapientiae, der sich als riesiger kosmischer Weltenbaum aus dem Zentrum des Weltenmaṇḍalas mit seiner Krone bis in das Reich der Götter erhebt. Das flammende Schwert als die Waffe der Asuras und der Baum sind beide Symbole der unterscheidenden Erkenntnis. Auf den schwarzgründigen tantrischen Malereien der tibetischen Geheimlehren über die Schutzgottheiten finden wir auch eine andere archetypisch bedingte Funktion des Baumes, indem er hier in der obligat systematisch vorgestellten Friedhofssymbolik als ein Libidosymbol erscheint. Als Begleiter des Baumes finden wir dort sehr häufig die Schlange, die sich am Stamm emporwindet. Sie erweist sich schon in der altindischen Yogasymbolik als die aus der Unbewußtheit und Passivität zur Höhe des Geistes und des vollkommenen Bewußtseins aufsteigende dynamische Kraft der psychischen Energie.

Und ebenso finden wir in der Friedhofssymbolik der Maṇḍalas auf der achtfach geteilten Ebene der Bewußtseinsformen in der Krone des Totenbaumes einen Baumgeist, der ein Zwitterwesen aus einem Tier und einem Menschen ist. Dieses halb-theriomorphe Symbol als neues Leben aus dem Baume weist auf einen erreichten höheren Bewußtseinszustand hin, der sich aus der Synthese von symbolischem Tod und neuem spirituellem Leben ergibt. Gerade die tibetische Friedhofssymbolik der tantrischen Malereien und der Maṇḍalas, wobei Schwarz hier eine Farbe der Wandlung durch vorherige Selbstaufgabe und Auflösung ist, zeigt meistens verschiedene Symbole des Geistes und des langen Lebens, die in einem tantrischen, das heißt ambivalenten Kontrast zur Symbolik des Todes stehen. Der eine physische Tod steht hier gar nicht zur Frage, Tod bedeutet hier Wandlung, und die Opfer des Geistes sind Zeichen der seelischen Erneuerung und Wiedergeburt auf höherer Ebene von Bewußtsein, die durch einen Abstieg in und durch die Tiefen des Unbewußten erreicht wird. Es ist der Ort der Transformation des Wissens, das in den Tiefen der bewußt gesteuerten Introversion neue psychische Energien entbindet. Hier werden die Inhalte des Bewußtseins mit neuen Symbolen und Bildern erfüllt, die in aktiver Imagination besonders über Maṇḍalas zu neuem Sinn erweitert wurden.

Diese durch bewußte Introversion und Reflexion auf das eigene Bewußtsein geförderte Aktivierung der Libido ist Aufgabe des Yoga und findet ja im Lebensprinzip der tibetischen Einsiedleryogis ihr deutlich auch archetypisch bezogenes Bild eigener Sinngebung des Lebens. So finden wir viele bildliche Darstellungen von den weißen Yogis, wie etwa die des Yogi Milarepa, die sich in Felshöhlen des Himalajas zur Meditation zurückzogen, schon dies ist ein Lebenssymbol als

Weg zum Ursprung. Dabei werden nun außer dem Bild durchaus historischer Gestalten letztlich zwei archetypische Strukturen überdeckt oder mitintegriert. Es sind der weise Alte, häufig in weißem Gewande, und der Fels als langes Leben, der in Höhlenform zugleich auch ein Symbol des regressus ad uterum durch Inversion zur seelischen Wandlung und Wiedergeburt darstellt. Der weiße Yogi, solcher mit dem weißen Baumwollgewande, der ebenfalls in weißen Gewändern erscheinende Medizinlama mit der Heilfrucht in der Hand, der alte Magier oder der weise Alte mit langem Bart und weißen Gewändern und den bekannten Anzeichen des unendlichen Lebens und der geheimen Magie der Lebensverlängerung, sie alle können als archetypisch recht identische Bilder auftreten, sobald die schon besprochenen Symbole des langen Lebens noch hinzukommen.

In kosmologischer Hinsicht ist es noch interessant, daß der Yogi Milarepa wie auch der weise Alte Gestalten des Nordens sind, das Gefäß des Lebenswassers und der mit ihm verbundene Buddha Amitâyus gehören jedoch in den Bereich des Westens, des Sonnenuntergangs und des Todes, wo sich jedoch auch das westliche Paradies Sukhâvatî des unermeßlichen Lichtes und des unendlichen Lebens befindet. Teleologisch aber führt der Weg des Erleuchteten nach Osten, in den Bereich des blauen Buddha und damit an den Ort der Wiedergeburt mit dem neuen Kreislauf des Lichtes. Wir sehen an diesen nur ganz wenigen konkret herausgegriffenen Beispielen, welche weitreichende Funktion der Archetypus in die sich über ihm aufbauende Symbolbildung hat. Sie ist im historisch vergleichenden Sinne für die Mythologie und die Symbolforschung ebenso interessant, wie sie für die Zukunftsfunktion archetypisch noch lebendiger Strukturen wichtig ist. Aus der bisher manifestierten Gesetzmäßigkeit der Symbole und ihrer Wandlungen lassen sich doch gewisse Schlüsse ziehen und Hypothesen auch für die Zukunft der geistigen Entwicklung aufstellen.

Es wäre allerdings ein äußerst riskanter Irrtum in Begleitung mit allen nur psychologisch denkbaren Folgen, wenn wir von dem Trugschluß ausgehen würden, die Funktion der Archetypen nur regredierend und historisch zu betrachten. Es geht hier nicht um Wege in die Vergangenheit der Urformen, das ist nicht der Auftrag unseres immer im Jetzt stattfindenden Daseins, sondern um eine unsere Zukunft bestimmende Lebensform aus dem Ursprung. Lebendige Urbilder haben in den Archetypen nicht archaische Inhalte des Vergangenen, sondern lebende Potentiale, die, solange sie nicht erschöpft sind, unser Dasein richtungweisend bestimmen können. Das ist es, warum wir darum wissen sollen, ohne in den Ursprüngen verhaftet zu sein. Es ist wie mit dem Prinzip des Schöpferischen, Ursprung ist die Voraussetzung des Werdenden.

V.
VON DEN MYTHISCHEN URBILDERN DES KOSMOS ZUM KOSMISCHEN WELTBILD

Alexander von Humboldt schrieb in seinen einleitenden Betrachtungen zum ›Kosmos‹, seiner genialen vierbändigen ›Physischen Weltbeschreibung‹, eine zeitlos gültige Definition über den Sinn der Erforschung der Natur und der Weltbetrachtung, die wir hier an den Anfang als einen Leitsatz stellen wollen.

»Wie seit Jahrtausenden das Menschengeschlecht dahin gearbeitet hat, in dem ewig wiederkehrenden Wechsel der Weltgestaltungen das Beharrliche des Gesetzes aufzufinden und so allmählich durch die Macht der Intelligenz den Erdkreis zu erobern, lehrt die Geschichte den, welcher den uralten Stamm unseres Wissens durch die tiefen Schichten der Vorzeit bis zu seinen Wurzeln zu verfolgen weiß. Die Vorzeit befragen, heißt dem geheimnisvollen Gang der Ideen nachspüren, auf welchem dasselbe Bild, das früh dem inneren Sinne als ein harmonisch geordnetes Ganzes, Kosmos, vorschwebte, sich zuletzt wie das Ergebnis langer, mühevoll gesammelter Erfahrungen darstellt« (*Kosmos,* Band I, S. 4).

Humboldt spricht hier von dem wiederkehrenden Wechsel der Weltgestaltungen und behandelt die Frage nach der bisherigen Geschichte des Geistes als einem Abbild der Entwicklung der Weltbilder und Kosmosvorstellungen. Einleitend geht er auf den Zusammenhang Mensch und Welt ein, um aus dem Bild der Naturerforschung die Stellung des Menschen im Kosmos und seine Sinngebung zu erläutern. Des weiteren spricht Humboldt vom inneren Bilde und der äußeren Weltwirklichkeit, die wir als eine empirisch erarbeitete Welt unserem eigenen Vorstellungsbild zueignen. Hier spricht Erkenntnis und große Intuition zu uns, in der Ideen,

Urbilder und Vorstellungen als das Primäre im Geiste sich abbilden. Es erscheint so, als folgten wir in der Welt der Erfahrungen immer schon gewissen Bestätigungen und Erfahrungen, die schon in uns angelegt sind als Zielvorstellungen, als urbildliche Ideen und Ahnungen. Was nicht schon im Geiste zuvor latent vorhanden oder irgendwie geprägt ist, wie sollten wir sein manifestes Gegenbild nicht auch in der stofflichen Welt und dem Kosmos der Naturgesetze wiederfinden? Ist nicht vom Standpunkt des Forschers die Welt ein harmonisches und geformtes Abbild seiner Ideen und ebenso der Mensch ein harmonisches Teil dieser Weltenharmonie? Humboldts Vorbericht erweist sich auch heute noch als eine der beachtenswertesten naturphilosophischen Betrachtungen dieser Art.

So entfaltet sich im schöpferischen Menschen ein ständig wachsender und sich aus Einzelerkenntnissen immer mehr ergänzender Kosmos. Es bildet sich eine lebendige Relation zwischen der Außenwelt als dem zu erkennenden Gegenstand und der Innenwelt mit ihrem wachsenden Erkenntnispotential, das nach außen projiziert wird. Was immer wir auch über die Sinne von der Außenwelt erfahren, es bewirkt ein persönlich strukturiertes Gegenbild im Innen; ein Eindruck als Symbol des Aufgenommenen beginnt im Bewußtsein zu wirken, wird durch unbewußte Inhalte verstärkt und ergänzt. Das ist das um die menschliche Kapazität des Geistes erweiterte Bild einer objektiv erfahrenen Welt. Dies Ganze ist unsere schöpferische Antwort auf den statischen Eindruck von außen, der nun durch eine weiterführende, neue Form und konstruktive Fragestellung erweitert und überhöht wird. Eine jede Antwort ist somit durch die Zugabe von Intuition und Denken historisch und inhaltlich gesehen ein Mehr als alle Inhalte vorhergehender Formen der Relationen.

Es darf uns unsere heutige moderne Zeit mit einer beinahe vollkommen erscheinenden Erforschung eben dieses Kosmos nicht darüber hinwegtäuschen, daß die längste Zeit der Geschichte des menschlichen Bewußtseins von einem mythischen

Weltbild, eben von einem ›idealen‹ Kosmos erfüllt war. Und es sind erst wenige Jahrhunderte einer Kenntnis der Gesetze des physikalischen Kosmos vergangen, jedoch wird eine nur kleine und bescheidene Phänomenologie der antiken und mythischen Kosmosvorstellungen uns zeigen, daß auch der nur ahnende und spekulative Geist der alten Welt in seinen Bildern auch einigen modernen Weltmodellen äußerlich zum Teil ähnliche Gestalten formte. Hierzu ist es natürlich erforderlich, mythische Kosmologie von rein mythologischer Warte der Anschauung aus zu betrachten. Denn die Bilder der mythischen Welt können nur aus sich selbst und durch ihre ihnen eigentümliche Bildersprache dargestellt werden. Dann erkennen wir durchaus, daß solche mythologischen Bilder ebenfalls eine Zentrierung und bezogene Kreisform haben, daß sie von Ursprüngen einer archaischen Welt ausgehen, von einem Anfang im Chaos noch ungeschaffener Elemente, der Urstoffe der Zeugung.

Wenn wir heute längst wissen, daß eine Reihe von physikalischen Gesetzen der Grund sind, daß die gesamte kosmische Ordnung der natürlichen Welt sich selbst aufrechterhält, so gab es ein solches Wissen noch vor wenigen Jahrhunderten nicht. Im wesentlichen galt der Kosmos als Ausdruck der göttlichen Ordnung und einer Weltenharmonie, die sich aus der Schöpfung und dem Selbstverständnis Gottes ergab. Um so bemerkenswerter aber ist es also, daß es dem mythischen Denken der Völker gelungen war, diese kosmische Ordnung im tiefsten Grunde des Bewußtseins doch so zu erfassen, daß ihre Mythen eine symbolische Ordnung errichteten, die eine geschlossene Vollkommenheit und innere Logik durch reinen Symbolismus aufweisen konnte. Der Reichtum von überlieferten und hochentwickelten mythischen Weltbildern und Kosmologien zeigt uns, daß solche Schöpfungen von einer unbedingten Sinngebung erfüllt waren und nach ihnen sich ganze Kulturen verläßlich richten konnten. Und manche der alten Kosmologien wirken als Symbole im Vergleich nur wie primitivere Darstellungen moderner Theorien oder Weltbilder. Wir wollen daher einen kurzen Blick in die antiken und mythischen Kosmosvorstellungen der Völker tun, bevor wir den Gang der Entwicklung mit Beschränkung auf das Abendland weiterverfolgen.

Zuerst aber wäre aufzuzeigen, welche Möglichkeiten einer Betrachtung des Kosmos es in den Grundzügen gegeben hat, das heißt, welche geistesgeschichtlichen Unterscheidungen wir treffen können. Dabei lassen sich drei Richtungen erkennen.

1. Die Welt oder der Kosmos erscheinen als eine mythisch begründete Ordnung, erlebt in der Schau und Erfahrung aus reiner Naturbetrachtung und der übermächtigen Naturereignisse. Diese werden im mythischen Denken in ein symbolisches Bild dieser Ordnung und des Ursprungs übersetzt, wobei alles Numinose an Erscheinungen in den mythischen Uranfang und damit weit vor alles rationale Wissen gestellt wird. Solche prärationalen, aber urbildlich oft sehr wohlgeordneten und symbolisch sehr wirksamen Vorstellungen finden wir in den symbolischen Repräsentationen der kosmogonischen Mythen, die sich auf einen starken Wahrheitsanspruch der einmaligen und feierlichen Verkündung der Kosmogonie berufen. Zu solchen kosmischen Urbildern und visionären Manifestationen gehören zweifelsohne auch noch die wunderbaren kosmologischen Bilder der Mystiker, wie etwa der Hildegard von Bingen, die uns im Codex von Lucca erhalten sind. Andere Formen sind die vierfach aufgeteilten Weltbilder quaternärer Struktur, die durch die vier Weltengegenden oder Windrichtungen vorgezeichnet werden, wir haben die altchinesische Weltenharmonie des Tao, das sich in der dreifachen Seinsbeziehung von Erde, Mensch und Himmel verwirklicht; andere sind die astrologischen Weltbezüge der babylonischen Religionen, der Schichtenkosmos etwa der iranischen und manichäischen Religionen mit ihrer Licht- und Dunkelwelt, und schließlich das ptolemäische Weltbild mit einem in Schalen angeordneten geozentrischen Kosmos, der nur eine geordnete Welt im Innen, aber keine Existenz im Außen kennt.

2. Mit dem Aufkommen des metaphysischen und des spekulativen Denkens besonders der Philosophie mit rationaler Betrachtungsweise und einem wachsenden analytischen Denken beginnt sich der Mensch zum Teil von den mythischen Bildern zu lösen, indem er den Kosmos nach dem Bilde der Vorstellung zu erfassen versucht, um ihn auf mythologischer Grundlage metaphysisch oder spekulativ zu erweitern. Die Welt als eine autark aus sich gebildete Vorstellungswelt finden wir aber auch im Buddhismus und bei Schopenhauer. Der Buddhismus hatte eine weit über die antiken mediterranen Vorstellungen hinausgehende und entwickelte Lehre von den kosmischen Welten, den Buddhawelten und von transzendenten ›Paradieswelten‹. Und bei Schopenhauer finden wir eine ganz durch die Führung menschlichen Willens und der Vorstellungen geprägte autonome Welt. Es beginnt dieses Denken in seinen Ursprüngen im Abendland bereits in der ionischen Philosophie und erreicht noch einmal einen Höhepunkt im christlichen Mittelalter.

3. Als die dritte Form erleben wir die Welt vorwiegend als einen praktisch erfahrenen und durchdrungenen Kosmos, als einen ausgemessenen und errechneten Kosmos der physikalischen und biologischen Ordnung, die uns durch die Naturwissenschaften erstellt wurde. Das ist die neuzeitliche Welt, die sich erst in den letzten drei Jahrhunderten als eine neue Gewißheit eingestellt hat. Und auch daraus werden wieder neue Weltbilder entworfen und neu integriert, jedoch weit mehr aufgrund gegebener Möglichkeiten und wissenschaftlicher Hypothesen als durch weitreichende Spekulationen. Wirklichkeit und Möglichkeit sind um ein wesentliches näher zusammengerückt.

Ein Blick auf die Entwicklung der kosmologischen Vorstellungen aus dem mythischen Weltalter läßt uns schon erkennen, daß die frühen Weltbilder schon auf eine systematische Ordnung in der Entwicklung des Bewußtseins hinweisen, welches begann, mit unterscheidendem Denken Raum und Maß anzulegen an der vom selbstgesetzten mythischen

Ursprung ausgehenden Entwicklung. Die Anfänge sind immer wieder das Chaos, ein Urmeer oder ähnliche Bilder einer amorphen ungeschaffenen Weltmasse in der noch nicht vom Licht erhellten Urnacht, aus der sich erstes Licht und vielleicht ein kosmogonisches Urei erheben. Der Weg zum ersten Verstehen des kosmischen Geschehens war der Mythos, eben der Mythos von einem kosmischen Urereignis ersten Ranges, mit dem einst in unbekannter, aber definierter Vorzeit die Welt begann. Mit der Setzung des mythischen Ursprungs war für den Menschen die notwendige Rückbeziehung auf den Ursprung hergestellt, denn auch der mythische Mensch braucht eine Geschichtlichkeit auf seiner Ebene des Weltverständnisses, wenn sich die Sinngebung des Mythos erfüllen soll. Wir müssen berücksichtigen, daß dieses mythische Urbild des Kosmos bis auf geringe Abweichungen ein universal gültiges Bild gewesen ist, das heißt, bei allen großen Kulturen des Altertums und noch bis heute bei gewissen Stammeskulturen finden wir ein Repertoire von sich ähnlichen oder zumindest untereinander verwandten Strukturen, die den Kosmos in einer ganz bestimmten Weise aufbauen. Die symbolischen Erscheinungsformen der mythischen Welten und der großen Kosmogonien sind also vergleichbar. So zeugt schon die Tatsache von einer inneren psychischen Ordnung oder von Gesetzen der Kristallisation bestimmter Bewußtseinsbilder, die dem Menschen eingegeben sind. Es scheinen urbildliche Strukturen vorzuliegen, in deren Bahnen immer wieder und auch unabhängig voneinander die symbolischen Anordnungen und Bilder der Kosmologie geschaffen werden. Aufgrund dessen dürfen wir annehmen, was den psychologischen Standpunkt anbetrifft, daß besonders die mythische Welt durch eine archetypische Grundstruktur des Bewußtseins geprägt oder irgendwie beeinflußt worden ist. Sie verursacht die unserer Denk- und Vorstellungsstruktur konforme Symbolik, getragen durch Ideen und Urbilder, die den Gang des Bewußtseins aus seinem Ursprung erster Bewußtwerdungen kennzeichnen.

Der Urkosmos der Mythen beginnt häufig und hierin wieder übereinstimmend in seinen ältesten Formen mit einer ersten Zweiteilung aus einem Schöpfungschaos, es sind Paare wie Himmel und Erde, das Licht und die Finsternis (wie bei der dualistischen Weltlehre in der altiranischen Religion) und ähnliche erste Zweiteilungen. In der indischen Mythologie finden wir das Urei des Brahman als eine erste Selbstsetzung des Kosmos in einem noch nicht ›durchmessenen‹ Raum jenseits aller begrenzenden Erfahrung. Es teilt sich in eine goldene und silberne Hälfte, Sonne und Mond, Wasserwelt und Lichtwelt, oder wie viele der Ursprünge mit unbedingt kosmischem Bezug beginnen. In der altägyptischen Kosmologie sehen wir eine Teilung des Chaos in Geb (die Erde) und Nut (die Himmelskönigin), und getrennt werden sie von Shu, einem ersten sich seiner Handlung vielleicht bewußten Urwesen, das noch die Gestalt des Anthropos bewahrt.

Die nächste Stufe ist die Dreiteilung der Welt in Himmel, Luftraum und Erde, oder aber Himmel, Erde und Unterwelt, und als viertes mag ein Totenreich oder eine Höllenwelt hinzukommen. Es ist bemerkenswert, daß die alten mythischen Vorstellungen vom Kosmos im wesentlichen nur eine oder höchstens zwei Dimensionen kennen, vor allem eine vertikale, die Schichtung und Einteilung übereinander angeordneter und nicht räumlicher Ebenen. Zu dieser Vorstellung gehört auch die Erschaffung des Urmenschen, einer vorbewußten Daseinsform von einem anthropoiden Wesen zwischen Göttern und Menschen, das selbst dann erst zur weiteren Ordnung des Kosmos schreitet. Da ist der Urriese P'an-ku im chinesischen Schöpfungsmythos, Âdipuruṣa in Indien, ein Protogonos oder Phanes im antiken griechischen Mythos, oder wir kennen Ymir aus der germanischen Mythologie und Gayomard im iranischen Schöpfungsmythos. Aus diesen entspringen dann die Urelemente, die kosmischen Richtungen und die Urformen des gestalteten und belebten Kosmos, die sich erst in weiteren Folgemythen zur vollkommenen Gestaltwerdung entfalten.

Dann setzt die Schöpfung des Menschen ein, das Wirken der ersten Rassen wird in anthropogonischen Abstammungsmythen geschildert, und wir erfahren von den ersten großen lebenerhaltenden und notwendigen Taten der Menschheit, die zu einer eigenen mythischen Zeitsetzung führten. So ist jeder Mythos in sich eine Entwicklungsgeschichte der Welt und der Menschheit, so wie sie es im Symbol verstand, und auf mythische Weise wurde dem ersten Weltverständnis der alten Völker ein Sinn und Inhalt gesetzt. Mit der Einsetzung einer ganz bestimmten Zeit, der des Ursprungs jener ersten Tage der Menschheit, beginnt der Mythos offiziell und mit ihm die Gültigkeit der Schöpfung und des mythischen Weltbildes. Es ist hier nicht der Ort, alle noch so interessanten Stufen der Entwicklung zu umreißen, welche zur Erweiterung ganzheitlicher kosmischer Weltbilder beitrugen. Es gibt verschiedene große Gruppen von Mythen, die jene Entwicklung konsequent zeigen würden. Eine von diesen wäre ja der theogonische Mythos, die Welterklärung aus einer Urschöpfung durch die Götter, den Urgott oder durch einen von ihm gesandten Demiurgen. Die Ansatzpunkte sind unterschiedlich, vergleichbar sind aber immer die Funktionen der mythischen Gesetze, der Teilung aus dem alleinen und noch ungeschiedenen Urbilde, aus dem sich in kontinuierlicher Emanation die Manifestationen der Welt entwickeln, alle abgeleitet und ruhend in dem einen Ursprung.

Theogonie geschieht auf der mythisch-religiösen Ebene der Begründung eines kosmischen Werdens mit numinoser Initialkraft und einer eschatologisch ausgerichteten Sinngebung als Erfüllung göttlicher Mächte. Ein machtvoll Numinoses in Gestalt des Weltschöpfers oder einer Gruppe von Göttern steht am Anfang der Theogonie, und erst durch diese wird auch der Beginn einer irdischen Welt gesetzt. Allerdings zeigt uns die Geschichte der Mythologie, daß die Theogonie mit einem entwickelten eschatologischen Weltbild bereits zu den fortgeschritteneren und höher entwickelten Vorstellungen gehört.

Kosmogonien entstanden auf der mythischen Ebene der direkten Naturerfahrung und der Schau, sie sind symbolische Abbilder des zyklischen Ablaufs der Tage, Monate und Jahreszeiten sowie der Veränderungen der planetarischen Sphäre. Durch sie entstanden die Urbilder von der zyklischen Wiederkehr der Zeiten, der Tag-und-Nacht-Zyklus ist das naheliegendste Beispiel, ihm folgen die Mondwechsel, die Jahreszeiten und schließlich die Äonen, wie etwa in der indischen Mythologie von der Zeitenfolge der Yugas und den in Folgen sich entfaltenden und wieder vergehenden Welten. Besonders die zyklische Zeitenwandlung als eine Vorstellung von der permanenten Evolution und Involution der Schöpfung bietet im Mythos bereits eine enorme Erweiterung der Vorstellungen von der eigentlichen oder möglichen Dauer des Kosmos. Vergleichbare Grundlagen finden wir in dem Mythos von Isis und Osiris, im Kampf des Marduk gegen den Dämonen Tiâmat in der babylonischen Kosmologie und bei dem ewigen Kampf der Mächte im unbedingt dualistischen Weltbild der iranischen Religionen und des Manichäismus.

Und weiterhin sind es die Mythen, die uns von den alten Kosmos-Vorstellungen berichten und nicht nur berichten, sondern die auch zum Anlaß großer kultureller Leistungen wurden. Denn jahrtausendelang dienten der kosmogonische Mythos und seine exemplarische Struktur einer einfachen, aber deutlichen und darstellbaren Grundlage für die Kunst der Völker. Der Mensch begann sich als Mitte der Welt zu erkennen, als der in ihr allein verantwortlich und bewußt Handelnde, als einer, der die Welt erkennt und gestaltet nach seiner Erfahrung und seinem Willen und nach dem altüberlieferten Urbilde in der Ordnung des ihm heiligen Mythos. Nach der im kosmogonischen Mythos gegebenen Ordnung wurde nicht nur die Welt verstanden, sondern in dieser Ordnung wurden auch die profanen und vor allem religiösen Gebäude ausgerichtet.

Das wichtigste Gebäude eines Stammes oder einer Gruppe

stand in der symbolischen Mitte des Kosmos und war zugleich identisch mit der Achse der Welt in einer Verbindung zwischen Himmel und Erde. Für den mythischen Menschen war das von ihm errichtete Zentrum seines Kultes die unbedingte und wahre Mitte seiner realen und geistigen Welt. Der mythische Mensch formte sich seine eigene bewohnte Welt und so seine Heiligtümer nach seiner mythischen Kosmologie, und das von ihm geschaffene Werk war ihm das Abbild des idealen Kosmos.

Ein flüchtiger Blick auf die Kulturgeschichte zeigt uns einen Reichtum von Weltbildern, das heißt Kosmosdarstellungen nach dem Selbstverständnis der jeweiligen Kultur schon in der ältesten Baukunst, die sich als mikrokosmisches Abbild oder symbolisch-geistiges Gegenbild der ganzen Weltordnung verstand. Da finden wir einmal die mythischen Zentren der Welt, den griechischen Olymp als Berg der Götter und die Mitte der Welt, also auch ein Ort der Herabkunft der Theogonie, eines religiös bestimmten Kosmos numinoser Mächte. Zu solchen heiligen Bergen, die als Vermittler den Menschen mit dem Himmel verbinden, gehören der Berg Gerizim (Iran), der Weltenberg Sumeru (Indien), der heilige Berg Kailasa in Tibet, und ein solches Symbol für den kosmischen Weltenberg ist der Zikkurat als der altbabylonische Turm. In diesen Symbolbereich gehören auch andere Weltenmitten wie die Weltenesche Yggdrasil oder die Irminsul der nordischen Mythologie, der Weltenbaum Skambha oder Aṣvattha im vedischen Indien. Und denken wir an andere große Zeugnisse der mythischen Kosmologie in der Kunst der Welt, so sind es die heilige Stadt Jerusalem, der Kailasanâtha-Tempel oder der Mahâbodhitempel in Indien, das große Kloster Angkor-Vat in Kambodscha und der Borobodur Stûpa auf Java. Die kosmische Mitte einer heroisch mythischen Welt befand sich aber auch in dem megalithischen Heiligtum von Stonehenge in England oder im Medinetum der Kelten, und wir finden sie auch im Omphalos, dem weißen Stein des Orakels von Delphi.

Tempelbau und die Errichtung des heiligen Schreines galten immer als mythische und symbolische Wiederholungen eines ursprünglichen Geschehens, als Ritual der ersten und heiligen Einsetzung des Mythos, als feierlicher Nachvollzug zur Begründung einer kosmischen Welt, die durch den Mythos vorgegeben war. Wir erleben in den Gründungen von Tempeln und Heiligtümern der Völker die rituelle Darstellung des Kosmos in der wiedererstandenen mikrokosmischen Form, Stammeszentren, Gebäude und sogar ganze Stadtgründungen sind sozusagen als Erfüllungen des Mythos in heiliger Handlung errichtet worden. Und in der heute noch üblichen Grundsteinlegung haben wir nichts anderes als die Urbilder dieses symbolischen überlieferten Nachvollzugs zu sehen. So entstanden Städte wie Nâlandâ (Indien), Rom, Paris, und auch noch die Herrscher als Zentralgewalt eines Landes verstanden sich durchaus mythisch als die Mitte ihres Landes, wie wir es in der Anlage von Städten wie Ludwigshafen und Mannheim und vielen anderen noch ablesen können. So verstehen sich viele Gebäude der Weltkulturen als imago mundi, als Bild der Welt, der realen irdischen in einer symbolischen Kosmographie, oder der transzendenten religiösen und symbolischen Ordnung, einer geistigen, göttlichen Hierarchie. Zu solchen religiös bestimmten Zentren gehören der Stûpa von Svayambunâth in Nepal, das Kloster Sam-yas in Tibet, die K'aba in Mekka, die Peterskirche in Rom und andere.

Auch der geistige Kosmos hat seine eigenen Gesetze der Gestaltwerdung, seine visionäre Kosmologie, wie wir sie als Paradieswelten des Buddha Amitâbha oder Amida in China und Japan kennen, oder auch als die kosmischen Visionen der Hildegard von Bingen und eines Jakob Böhme, und wie sie einst von Dante in der Divina Commedia oder schon bei Johannes geschildert werden. In der Einbeziehung der Vorstellungen von einer makrokosmischen Ordnung auf die Innenwelten des Geistes erfahren wir eine sublime Verwandlung der erkannten äußeren Ordnung, die zum Maß der innerseelischen Welten wird. Bekanntestes Beispiel dafür sind im Mittelalter die Alchemie und in Indien der Yoga, in dem die weitgehende Kosmisierung des Menschen als symbolische Gestalt einer Weltordnung die geheimen Lehren des Tantrismus entwickelte, welche als Vorbilder zur ganzheitlichen Erfahrung des Kosmos im Menschen und durch den Menschen dienen sollten.

Das Erfahrungsbild aus der wahrnehmbaren äußeren Welt bildet in der Psyche, vor allem bei dem auf der Ebene des mythischen Bewußtseins stehenden Menschen, eine Wahrnehmungsstruktur ab, welche die seelischen Kräfte in einer Art motiviert, daß dieser wahrgenommenen Welt ein inneres Symbol, im wirklichen Sinne des Wortes eigentlich ›esoterisches Bild‹, als Antwort des Geistes entgegengestellt wird. Jede Stufe des Bewußtseins arbeitet mit einem ihm eigenen Formenkodex von vorhandenen Bildern, Assoziationen und Gesetzmäßigkeiten, die der Entwicklung entsprechen. Wir können diesen Vorgang in der etymologischen Sprachforschung feststellen, die uns den Gang der Bewußtseinserweiterung und Vergrößerung der rationalen Kapazität sowie der Kombinationsmöglichkeiten bei einer ganzen Reihe von Begriffen lehren kann.

Es vollzieht also das in unserem Bewußtsein gewachsene ›innere Bild‹ gewisse subjektive Korrekturen an dem eingegebenen Schema des ›äußeren Bildes‹, um aus dem für das individuelle Bewußtsein teils inhomogenen Material der empirischen Erfahrungen ein ideales Bild zu gestalten. Je persönlicher dieses in seinen Charakteristica für das Individuum oder für eine ganz bestimmte Gruppe als verbindlich erscheint, um so idealer wird das geistig objektivierte Bild. So ist dieses Idealbild eine unbedingt menschliche Vorstellung als subjektives auf der Ebene des Bewußtseins auch ideales Bild der Welt. Es entspricht nach Möglichkeit nicht nur den objektiven Gegebenheiten, sondern auch den subjektiven Möglichkeiten und umfaßt beide. Als solches wird es im Hinblick auf die Evolution des Bewußtseins die Realität um den Anteil der persönlich idealen Vorstellung überschreiten. So erweisen sich Weltbilder als kosmologische Vorstellungen als ein großer Kompromiß zwischen der natürlichen und realen Welterfahrung und der menschlichen imago mundi. Ein Bild der Welt wird also nicht unbedingt und in allen Punkten der Wirklichkeit gerecht werden können, weil es diese überhöht und natürlich idealisiert. Und das Weltbild der Sinneserfahrungen ist nicht ein ausreichend vollendetes Symbol für den Geist. Die Differenz aus dieser geistigen Realität und der sich wandelnden Wirklichkeit sichert die permanente Weiterentwicklung auch unserer naturwissenschaftlichen ›Kosmologie‹.

Im Abendland beginnt eine neue Betrachtungsweise über die Natur des Kosmos schon in der griechischen Philosophie, die sich von der Welt des mythischen Denkens abgesetzt und zugleich die Naturwissenschaften mit begründet hatte. Somit beschreitet das abendländische Denken den Weg der rationalen Unterscheidung und des intellektuellen Betrachtens. Der Ausgangspunkt liegt nicht im Ganzheitlichen, sondern im Besonderen und folgt dem Bestreben, aus den gewonnenen Teilerkenntnissen ein Ganzes zu entwickeln. Hinzu kommt eine deutliche Extraversion durch die betonte Hinwendung auf die Beweismöglichkeiten einer äußeren Weltenharmonie unter Hintanstellung der inneren Möglichkeiten für eine Dimensionierung des Bewußtseins.

In der ionischen Schule unterrichtet Anaximenes seine Schüler über den Urstoff Luft, aus dessen abwechselnder Verdichtung und Verdünnung Wind, Wolke, Feuer und Wasser sowie der Stein entstehen. Die Erde wird als runde Scheibe vorgestellt, umkreist von den scheibenförmigen Planeten Sonne und Mond, die an einem Kristallgewölbe des Himmels mit seinen Sternen gehalten werden. Wir haben es hier noch durchaus mit einer zweidimensionalen Vorstellung zu tun. Die Pythagoreer um Philolaos erkennen den Kosmos als eine gebildete Harmonie aus den Zahlenverhältnissen, vor allem aus der Anordnung der Werte aus der ihnen heiligen Zahl

Zehn. Sie lehren einen kugelförmigen Kosmos mit dem Zentralfeuer als einer Urenergie. Darum bilden sich zehn Hohlkugeln mit Sternen, fünf Planetensphären, Sonne, Mond, Erde und einer Gegenerde (als Ergänzung zur Zehn). Die Sphärenharmonie entsteht aus harmonischen arithmetischen Zahlenverhältnissen.

Bei Platon schafft ein göttlicher Schöpfer aus den Ideen, den Urbildern, einen sichtbaren Kosmos als gestaltete Materie. Er kennt eine ideale Welt nach dem Willen des Schöpfers, sie hat Kugelgestalt und ist von einer Weltseele durchlebt. Die Zeit ist Abbild der Ewigkeit in der endlosen Wiederkehr. Planeten und Erde sind als Götter zu verstehen, und es gibt keine Einkörperung der Seele in den materiellen Leib oder am Ende deren endgültigen Aufstieg zu den Sternenwelten. Aristoteles betrachtet den Kosmos als eine geistige Hierarchie, die sich über dem Unorganischen und dem Unbeseelten aufbaut. Er ordnet die Pflanzenseele, die animalische Seele und den beseelten Menschen zu einer dreifachen Einheit von anima vegetativa, animalis und cogitiva (Denkseele), womit wir bereits ein entwickeltes Menschenbild haben, das auf die Psychologie seine Auswirkungen hatte. Der ewige Beweger der Welt ist der absolute Geist. Gott wirkt von außen auf den kosmischen Raum ein, er ist in Ewigkeit zeitlos und hat nicht am Raum der innerkosmischen Welt teil. Aristoteles bringt als quinta essentia den Äther als einen unwandelbaren Stoff der sublunarischen Welt in das Kosmosbild hinein.

Die Stoiker um Chrysippos lehren einen begrenzten und kugelförmigen Kosmos, der von unendlich leerem Raum umgeben ist. Nunmehr ist der Kosmos bereits durch ein alles durchdringendes Pneuma verbunden und durchlebt, eine hauchartige Weltseele. Zyklische Weltalter und Neuschöpfungen im Wandel einer dauernden Diakosmesis wechseln sich ab, wo sich die Stoffe entfalten bis hin zu einer nächsten Einfaltung in die bergende göttliche Ursubstanz. Das ist das Weltbild eines alternierenden Zustandes von Evolution und

Involution, das an die altindischen Vorbilder erinnert. Mit Philon von Alexandria beginnt eine mehr teleologisch ausgerichtete und später dann theologisch ganz fixierte Durchdringung und eschatologische Zielsetzung der Kosmosvorstellungen. Philon lehrt das Seiende oder Gott, und dessen Ebenbild ist der Logos als menschliche Erkenntnisweise. Es gibt eine seelenlose und amorphe Materie, die durch den Schöpfer zum beseelten Kosmos der Vollkommenheit geordnet wird. Dann folgen weitere Emanationslehren als Entfaltungen aus dem göttlichen Logos, die sich in dem aus Strahlung entstandenen Kosmos ausbreiten (gnostische Einflüsse). Die kosmologischen Vorstellungen der Gnostiker sind dann die kompliziertesten Gebilde aus einem Synkretismus von hellenistischen, manichäischen, jüdischen und christlichen Weltschöpfungsbildern.

Der bedeutende Neuplatoniker Plotin erkennt zuerst das Eine, dann folgen der Logos, der Nous, die Seele, und erst diese bringt die Materie hervor. Materie aber ist für Plotin ohne Gestalt und nichtseiend im Sinne einer echten Realität des Beständigen. Damit steht er der buddhistischen Doktrin erstaunlich nahe. Seiendes gibt es als das Wirkliche bei Plotin nur im Reich des Geistes, daher ist Geist das Gute und alle Materie das Böse. Eine allumfassende Weltseele bildet die Einheit der Einzelseelen, und durch die Weltseele erlangt der Kosmos Schönheit und Harmonie. Plotin spricht vom Kreisen der Seele um ihren Mittelpunkt bei der Selbstfindung und von ihrer späteren Rückkehr in den himmlischen Kosmos. So errichtete Plotin in seinen Schriften einen geistigen Kosmos, ohne die bekannten griechischen Lehren der Naturwissenschaften zu berücksichtigen; alle Wirkungen in der Welt waren für ihn Ursachen aus der geistigen oder seelischen Natur als Einwirkungen auf die Materie.

Der manichäische Kosmos des großen Religionsstifters Mani und später der durch den christlichen Gnostiker Valentinus gewandelte theologisch begründete Kosmos erscheinen uns zunächst als eine rein dualistische Weltvorstellung, die einen grundlegend gegebenen Gegensatz aus einer göttlichen Emanationsfolge im Kampf gegen das Böse teils vergeblich aufzulösen versucht. Erst später entwickelt sich der manichäische wie dann auch der christliche Kosmos zu einer teleologischen Ordnung der Schöpfung bis zu einer echten Erfüllung durch die Eschatologie der Religionslehre. Im Mittelalter bei Augustinus schließlich wird der Kosmos zu einer freien und einmaligen Schöpfung erhoben, die durch den einen Gott erhalten wird in der dauernden Schöpfung der Wesen und der Dinge. Augustinus transzendiert und vergeistigt seine Vorstellungen in einer idealen Form des Gottesstaates, in dem die civitas dei über die von ihr getrennte civitas terreni herrscht.

Damit beginnt im Abendland aber auch für eine längere Zeit ein gewisser Stillstand durch den rein christlich und dogmatisch bestimmten Kosmosgedanken, dessen Erforschung allein in der Gottsuche und Gottverwirklichung durch die Innenwelt des Geistes vollendet werden sollte. Die Frage nach dem objektiven kosmischen Weltbild wurde sekundär und stand weit hinter dem Auftrag zurück, die Welt nur als eine Wirkungsebene Gottes anzusehen. Daraus entstand später, zum Teil bewußt gegen eine allzu dogmatische Festlegung gerichtet, der visionäre und mystische, absolut persönlich erfahrene Kosmos und die Erfüllung des Weltlebens als Sinn der Schöpfung in den Bildern der Hildegard von Bingen, der Mechthild von Magdeburg und des Jakob Böhme. Für das christliche Mittelalter war das Leben auf Erden nur von relativem Werte gegenüber einer geistigen Ausrichtung und einem ausschließlichen Streben nach dem Jenseits. Der Sinn des Daseins erfüllte sich durch die transzendente Haltung in Richtung auf das Jenseits. Daher finden wir eine theonome Weltordnung im dogmatischen Bild der Kosmologie als Schöpfung, Erlösung und Vollendung, wie zum Beispiel in der Scholastik. Theologie und religiös orientierte Philosophie bildeten eine in sich geschlossene Einheit der geistigen Welt des Mittelalters.

Die wunderbaren Bilder von den Visionen der Hildegard von Bingen zeigen den Mikrokosmos im Menschen als eine harmonische Entsprechung des Makrokosmos. Die medizinischen Schriften der Mystikerin beschreiben den inneren Menschen physiologisch und psychologisch als einen kosmischen Menschen, der auf den maṇḍala-ähnlichen Bildern in den Mittelpunkt einer elementaren Welt göttlicher Ordnung gestellt wird. Anfang und Ende und Sinngebung der Welt sind im Logos begründet, und die allwaltende Liebe Gottes ist das Gesetz des Kosmos. Hildegard vermittelt für ihre Zeit ein umfassendes Weltbild, in dem außer theologischen Aspekten auch solche der Astronomie, Medizin, Physik und Psychologie verarbeitet wurden. Der Mensch und sein Wirken auf Erden stehen im Mittelpunkt der Kosmosvisionen und der Relationen zu den Kräften der Natur. Im Kosmos wird der Mensch zum lebendigen Zeugnis göttlichen Wirkens erhoben. In der Mitte des kosmischen Weltenrades befindet sich die Erde als Land des Heils und der Heilserwartung, auf dem sich das auf Gott gerichtete Menschenleben erfüllt. Dann folgen über der Erde die kosmischen Sphären bis an den äußersten Feuerrand der Welt. Innerhalb ist der Kreislauf der Menschen und aller Naturkräfte und Wesen, sie leben in Harmonie aus dem Werke Gottes, der operatio dei. Da der Mensch das Gesetz des Kosmos erfüllt als Auswirkung der göttlichen Ordnung, können wir bei Hildegards konstruktivem Weltbild auch von einem betont anthropologisch zentrierten Kosmosbild sprechen, das bestrebt ist, eine theonome Ordnung des Daseins zu erfüllen.

Mit dem 15. bis 16. Jahrhundert tritt eine große Wandlung ein, gekennzeichnet durch die Renaissance und das Wiederaufleben klassisch-griechischer und römischer Ideale in Italien, in der neue Horizonte des Geistes und damit größere Dimensionen des Kosmos eröffnet werden. Nicolaus von Cues (1401–64) erkennt die Erde erstmals als einen sich bewegenden Teil des Universums durch astronomische Beobachtung. Damit erweitert sich der Weltraum, erstmals objektiv betrachtet, in unermeßliche Weiten bisher nicht bekannter Größe. Kopernikus schließlich schuf bald nach ihm die Astronomie als erste Naturwissenschaft aufgrund mathematischer Rechenmethoden. Neu formuliert wurde von ihm die heliozentrische Lehre von der Bewegung der Gestirne und der Erde um die Sonne. Damit beginnt der Untergang einer mythischen Welt. Bald setzt auch Kepler noch diese Prinzipien mit bedeutenden Erweiterungen fort, und die neu gefundenen Gesetze des Kosmos erweisen sich als anwendbar auch auf die Gesetze der irdischen Welt. Damit beginnt für die Menschheit eine neue Betrachtungsweise des Kosmos, nämlich die naturwissenschaftliche, wie sie schon einmal von den Griechen initiiert worden war. Die Erde erscheint nicht mehr als die ausschließliche und ›wahre Mitte‹ der Welt, sondern erhält nur noch eine relative und bescheidene Rolle im Gefüge kosmischer Sphären. Die bisher unverrückbare Überbetonung der Erde als der einzig wichtigen und zentralen Welt- und Daseinsgrundlage bricht in sich zusammen.

Es war somit für die Entwicklung des Bewußtseins eine hochbedeutsame Wandlung eingetreten, die für die einseitige Entwicklung des rationalen Denkens nicht ohne Folgen war, als ein jahrtausendealtes und bisher bewährtes Weltbild des Kosmos sich aufzulösen begann. Die mythische und ideale Kosmologie wurde entwertet und durch eine verstandesgemäße und rationale Welt der Mathematik ersetzt. Der geteilte Kosmos der Antike und des Mittelalters, in dem Erde und Himmelswelten als das für Menschenwesen Niedere und das göttlich Höhere getrennt waren, die zwei Normen und Gesetzmäßigkeiten zu dienen hatten, dieser Kosmos wächst zu einer umfassenderen Einheit zusammen. Die Regeln des Kosmos wurden als jene der Erde wiedererkannt, und die bisher scheinbar noch lokalisierbare Gestalt des Schöpfergottes mußte in unerreichbare Dimensionen entrückt werden. Der Himmel als Raum und die Planeten gehörten nunmehr zum meßbaren und berechenbaren Weltbild, auch die fernsten Sonnen objektivierten sich als naturwissenschaftliche

Erkenntnisse, und so mußte für Gott eine neue Ebene der Transzendenz gefunden werden. Eine neue Beziehung zum Problem des Göttlichen zu finden erschien mit der stetig wachsenden Masse wissenschaftlicher Erkenntnisse zugleich und führte zur Spaltung der Wege. Giordano Bruno entwirft mit den kopernikanischen Erkenntnissen der vielen Sonnenwelten auf der Grundlage des demokritisch-epikureischen Weltbildes eine neue Auffassung von der Welt und den Funktionen der Natur, die zur Grundlage unseres heutigen Denkens wurde. Mit Jakob Böhme erleben wir das Aufglühen eines letzten alten Weltbildes eines großen Mystikers unter Einbezug der mittelalterlichen theogonischen Hierarchie und der überlieferten Kosmogonie. Dieses synkretistische Weltbild war geschaffen aus der gnostischen Denkweise von religiösen idealistischen Vorstellungen, Alchemie, Astrologie, Kabbalah und Naturwissenschaften. Er versuchte das ganze Wissen seiner Zeit in der Eigenerfahrung seiner Seele zu einem ganzheitlichen Kosmos der inneren und äußeren Elemente zu verbinden.

Das 18. und 19. Jahrhundert bringen uns eine Anzahl großer Gelehrter, die uns nicht nur den naturwissenschaftlichen und physikalischen Kosmos erweitern halfen, sondern die den Vorgang der geistigen Vertiefung und einer großen metaphysischen Transzendierung zugleich einleiteten. Wir nennen nur Kant, Herder, Hegel, Fichte und Goethe sowie die Brüder Humboldt. Je größer und divergierender sich die Zweige der Wissenschaften entfalteten, die das Geheimnis der Welt in mikrobiologischen Vorgängen und makrokosmischen Erscheinungen zu finden suchten, um so mehr drängte sich der Weg zur integralen Schau auf, die heute mehr denn je unsere Aufgabe geworden ist.

Solche Gedanken manifestieren sich bereits in der Haltung Goethes und so auch im Bildungsideal des Wilhelm von Humboldt. Die Naturwissenschaften schritten zur wirklich systematischen Erforschung und damit zur Bemeisterung des Universums, beginnend mit den Räumen der eigenen Erde, wie bei Alexander von Humboldt mit seiner einzigartigen physischen Weltbeschreibung, die er ›Kosmos‹ nannte. Wenn wir hier einmal den Begriff Kosmos aufnehmen, den schon längst auch die Mythologie als Welterfahrung kannte, so war er dem Menschen immer jener Raum, der ihm unter einer entsprechenden symbolisch gestalteten Ordnung schon bekannt war. Er entsprach also jeweils, auch mythologisch erfaßt, der Reichweite der tatsächlichen und der spekulativen Kenntnisse und Intuitionen des menschlichen Geistes. Über diese seine Grenzen hinausblickend, beginnt der Mensch zu transzendieren oder spricht wissenschaftlich von dem unbekannten und hypothetisch noch möglichen kosmischen Raum.

Humboldts ›Kosmos‹ wurde zum Vorbild mancher enzyklopädischer Werke des 19. Jahrhunderts. Heute haben uns Technik, Mathematik und Physik weit über jene planetarischen Grenzen hinausgebracht, die einst als mythische Urbilder des Kosmos galten und die sich selbst ein Genie wie Kopernikus nicht mehr ausmalen konnte. Dazu setzte Einstein noch den kosmischen Wertmaßstab dieses Jahrhunderts, indem sich die Physik einen archimedischen Punkt im möglichen Absoluten sucht, um die ungeheuren Dimensionen und Kräfte des immer noch expandierenden Kosmos zu umgreifen. Schon durch Kant und Hegel wurde die philosophische und metaphysische Dimension eines ›geistigen Kosmos‹ bahnbrechend erweitert. Die Frage der Naturwissenschaften nach der Erkenntnis der Weltzusammenhänge stellte sich immer zugleich auch als eine ontische, ethische, religiöse oder psychologische Problemstellung. Mit der wissenschaftlichen Entdeckung des Atoms in den kleinsten Weltenharmonien auf der einen Seite und dann auch des Unbewußten durch Hartmann, Freud und Jung auf der anderen wurde das innerseelische Weltall eines psychischen Kosmos neu erschlossen, von dem uns schon die Mystiker ein symbolisches Zeugnis gaben. Allein die Auswirkungen der psychologischen Arbeiten von Freud und Jung sind noch nicht am Ende ihrer Möglichkeiten.

Sie erschlossen uns einen internen Kosmos psychischer Kräfte und Anordnungen des Bewußtseins einschließlich der bewußtseinshistorischen Dimension, welche die Verhaltensweisen und das Problem der Bildwerdung all unserer Vorstellungen überhaupt angehen.

Die Vollendung des Menschen als der bewegenden Mitte seines Kosmos aus dem Geiste stand im Mittelpunkt des humanistischen Bildungsideals des W. v. Humboldt, der den ganzen Menschen zu bilden trachtete, um der Universalität seiner Bestimmung im Kosmos gerecht zu werden. Nur Einzelwissen und rationale Einseitigkeit führt hinaus jenseits der Ordnung naturgesetzlicher Harmonie; der ganzheitlich gebildete und durchgeistigte Mensch überschaut die Schöpfung im Innen und Außen und ist so zur Beherrschung der Natur erwählt. Humboldts Bildungsideal bestand aus der Dreiheit von Universalität, Individualität und Totalität. Universal in der Ausrichtung des Denkens und Handelns, individuell durch die Formung des eigenen Wesens und total durch die Ganzheit der gebildeten Persönlichkeit. Eine auf die Vollendung sich bildende Persönlichkeit erfüllt die Zielsetzungen für eine höhere geistige Ordnung und bildet zur Ergänzung des Makrokosmos ein komplementäres Weltbild, aus deren Gesamtheit er die Welt und den Menschen zu wandeln vermag. Solche Bedingungen zu schaffen stand immer wieder im Mittelpunkt der Bemühungen der Philosophen des letzten Jahrhunderts, wie etwa Hegels in seiner Phänomenologie des Geistes oder bei Hermann Lotze mit seinem großen Werk, das er Mikrokosmos nannte, eine dreibändige Naturgeschichte der Menschheit.

In diesem Jahrhundert betrachtete der Naturphilosoph Edgar Daqué die Menschheitsgeschichte unter einem neuen Ansatzpunkt für das historisch-phylogenetische Selbstverständnis des Menschen aus dem Ursprung der kreatürlichen Welt. Max Scheler ergründet das Urphänomen Geist und Leben, erkennt den Menschen als sich selbst und der Welt überlegenes Wesen und findet die Einheit von Welt-, Selbst-

und Gottesbewußtsein als die ihm adäquate ›Stellung des Menschen im Kosmos‹. Der Biologe Adolf Portmann erweitert unser Verständnis von Welt und Mensch durch eine verbindende und verstehende Humanbiologie, die uns den Sinn des Eingebettetseins in die Lebensgesetze der Natur verstehen läßt. In diesem Sinne ruft er die Wissenschaften auf, das wahre Menschenbild in der Vielfalt der biologischen Forschung zu bewahren und zu stärken. In Portmanns Werk treffen sich die natürlichen Bedingungen von niederem Leben, Funktion, Trieb, Instinkt, Psyche und Geist zu einer neuen Integration des ganzen Menschen aus seiner gegebenen biologischen Daseinslage. Das Verständnis der kosmischen Welt ergibt sich aus der Sinngebung der menschlichen Existenz in seiner sozialen und gesamthaften Einbezogenheit in das Universum. Es blieb auch die christliche abendländische Religion ihren Beitrag unter ihrem Blickwinkel nicht schuldig, um eine neue kosmische Dimension des religiös bezogenen Geistes anzubieten. Sie brachte durch Teilhard de Chardin das in der göttlichen Absolutheit und Universalität eines Christusgedankens begründete kosmische Weltbild von Natur und Mensch in Gott zur Verwirklichung.

Schließlich erleben wir in einem zukunftweisenden Werk wie dem von Jean Gebser eine neue Anschauungsweise für einen integralen Kosmos, in dem die Dimensionen von Raum und Zeit einer neuen Ordnung in der Diaphanität des Geistigen erfaßt werden. Danach entfaltet sich die Allgegenwärtigkeit von Vergangenem und Heutigem in einer neu beschriebenen Art von Transzendenz der Gleichzeitigkeit von Psyche und Geist, die auf einer kontinuierlichen Ganzheit der Erfahrung beruht. Gebser begründet die ›Fundamente einer aperspektivischen Welt‹ und stellt die Konkretion des Geistigen in einen zeitfreien Raum, in dem der ganze Kosmos als Ursprung und Gegenwart zugleich offenbar wird. Damit wird die Transzendenz das Diaphane des Geistigen, und der Kosmos kann als Bild und Modell ganzheitlich in das Bewußtsein integriert werden. Hier wird ein Schritt zur Totalität der Welterfassung und der ständigen geistigen Integration in einem zukünftigen Menschentum vollzogen, das sich allgemein in der neuzeitlichen Evolution des Geistigen anzukünden scheint.

Eine solche Vorstellung kündigte sich bereits in der Einleitung zu A. v. Humboldts ›Kosmos‹ an, als er zusammenfassend dafür eintrat, »in der Mannigfaltigkeit die Einheit zu erkennen, von dem Individuellen alles zu umfassen ... Die Einzelheiten prüfend zu sondern und doch nicht ihrer Masse zu unterliegen, der erhabenen Bestimmung des Menschen eingedenk, den Geist der Natur zu ergreifen, welcher unter der Decke der Erscheinungen verhüllt liegt. Auf diesem Wege reicht unser Bestreben über die enge Grenze der Sonnenwelt hinaus, und es kann uns gelingen, die Natur begreifend, den rohen Stoff empirischer Anschauung gleichsam durch Ideen zu beherrschen« (*Kosmos*, Band 1, S. 6).

Dieser in nur groben Zügen gebrachte Einblick mag uns einen lebendigen Eindruck von der stetig sich wandelnden Vorstellungswelt des Menschen vermitteln. Das mythische Urbild des Kosmos war einst eine erste Idee, ein erstes Kreisen um die Frage nach der eigenen Mitte und der Beziehung zur ganzen Umwelt der Schöpfung. Die Bewegung des Ahnens, Intuierens und des gerichteten Forschens war immer eine nach außen und innen zugleich gewandte unterscheidende und reflektierende Geistestätigkeit des Menschen als Antworten auf die ewige Frage nach dem Woher und Wohin seiner selbst und der ganzen unermeßlichen Daseinswelt. Die Erfahrungen der Außenwelt erfüllten sich und konkretisierten sich zu einem geistigen Bild. Dieses bildete den nächsten Ausgangspunkt für die sich erweiternde Fülle der Erkenntnisse. So begann der menschliche Geist mit der Umkreisung der Mitte, und auch noch die größte kosmische uns jetzt bekannte Distanz liegt, bezogen auf das menschliche Maß, auf einem Kreise. Und wenn auch Raum und Zeit als dimensionierte Begriffe uns in kosmischen Weiten und atomaren Mikrostrukturen zu entgleiten scheinen, so bleibt unsere Verantwortung im ganzen auf diese Welt bezogen und bestehen, aber das Wißbare wird gesamtheitlich transparenter.

Je vollkommener sich die Entwicklung des Menschen gestaltete, je differenzierter seine Kultur sich ausbreitete, um so feiner, genauer und umfassender wurden seine Kenntnisse und Erfahrungen von der Welt, in der er lebte. Das Wissen von der Welt als einer unermeßlichen und kosmischen Harmonie, in der jede Funktion einen unbedingten und notwendigen Sinn zu erfüllen hat, wenn dieser Kosmos Bestand haben soll, muß eine starke formende und eben bildende Kraft auf den Menschen ausüben. Wir Menschen sind Beteiligte des gewaltigen Kosmos und verursachen durch unser Sein selbst dessen Weiten. Und wenn wir auch nur kleinste Teilchen von diesem Kosmos sind, wäre nichts gefährlicher, als sich außerhalb dieser Regeln stellen zu wollen. Als lebendes Wesen ist der Mensch in seinem Bezug zur Welt nicht mehr, aber auch nie weniger als der sich bedingende und sinnvolle Abstand von Atom zu Elektron oder von dieser Erde zur fernsten Galaxis. Es ist ein natürliches und sinnvolles Angeordnetsein und Aufeinander-angewiesen-Sein und doch die ständige Umkreisung der Mitte, die sich im Vorgang der menschlichen Individuation und Selbstverwirklichung wiederholt. Vollendung des Humanen wäre, die Unbedingtheit unserer Sinngebung als Teilhaber dieses Kosmos zu erkennen. Dann werden auch alle Wissenschaften, jenseits der nur teilenden Rationalität, Anteile zur Einheit des Ganzen liefern, eines Ganzen, das schon im griechischen Mythos das Urbild des Menschen war und das uns heute unverminderter Ursprung für die Zukunft bleiben muß.

VI.
POLARITÄT UND TELOS TANTRISCHER SYMBOLE

A.
Grundsätzliche Gedanken

Wenn wir zuerst über Symbole im allgemeinen sprechen, berühren wir auch die Grundprobleme aus den Fragen nach dem Wesen menschlichen Seins und deren sichtbaren Ausdrucksmöglichkeiten im lebendigen Dasein der Zeichen, Bilder und Worte; und immer wieder stehen wir in der Beurteilung der Symbolschöpfung und im Erfassen der Symbole vor neuen Anfängen, die sich aus der Progression und der bewußtseinsmäßigen Entwicklung menschlichen Lebens ergeben. Daran ändert das Alter der wirklich noch lebenden Symbole nichts, denn wir bleiben jetzt und heute wie ehemals immer wieder mit unseren selbstgeschaffenen Symbolen konfrontiert. Und da nun einmal der Mensch die außergewöhnliche Befähigung hat, sich symbolisch auszudrücken, das heißt, möglichst in abstrahierenden und deutenden Bildern von den Wirklichkeiten dieser Welt und ihren Erfahrungen zu sprechen, wird er diese auch immer wieder neu in Symbolen erleben. Auch das älteste Zeichen, wenn nur ursprünglich und neu empfunden, ist für das Individuum ein Primärereignis der Symbolerfahrung. So geschieht es zum Beispiel in der Überlieferung von Symbolen durch Initiationen und Mysterien. Wenn auch Symbole als spontane Zeichen des Geistes bezeichnet werden, so sind sie trotz ihrer einmaligen Prägung auch für jedes andere Individuum als neues Ereignis wiederholbar, als seien die tausend Aspekte und Seiten des nur einen Symbols noch nicht erschöpft.

Es soll uns daher hier nur darum gehen, alte Symbole aus

der asiatischen Welt in ihrer Bedeutung durch Beschreibungen aufzuschließen, um eine möglichst lebendige Deutung anzubieten. Und so mögen sie uns andere und neue Einsichten bringen, wie alle echten Symbole, nicht aber feststehende Ergebnisse, denn solche passen nicht zur Dynamik symbolischer Formen, denn das Telos der Symbole entfaltet sich aus ihrem hindeutenden und klärenden Wesen wie von selbst.

Wir können natürlich auch sagen, Symbole seien Kompromisse aus dem Widerstreit der Lösungen von rationalen Tätigkeiten einerseits und von unbewußten Vorgängen, Ahnungen und Intuitionen auf der anderen Seite. Kompromisse aber, die eben doch mehr bieten als die Ergebnisse der streitenden Parteien des rationalen, nach rechter Form des Ausdrucks suchenden Intellekts und der unbewußten Ahnungen. Symbole sind bildhaft gewordene Ereignisse einer übergeordneten Aussage zwischen mehreren beteiligten Komponenten, sei es nun im individuellen Sinne der bewußten und unbewußten Anteile der eigensten Persönlichkeit, oder im kollektiven Sinne der verschiedenen partizipierenden Individuen auf der Ebene der gemeinschaftlichen Kommunikation und Teilhabe am Symbol, wie etwa im Ritus der Religionen. So bieten uns die Symbole einerseits ein Höchstmaß an konzentrierter Abstraktion, zu der wir auf rationaldenkerischem Wege allein nicht gelangen könnten, andererseits geben sie uns ein Maximum an Aussage und Deutungskraft, so daß wir sie in ihrer Ganzheit kaum je nur rational darstellen können.

Symbole stellen sich uns in einem zweifachen Erscheinungsbild dar, sie sind einmal die sichtbare Repräsentanz objektiver Erfahrungsdarstellungen in Form eines idealen Zeichens für jene, und zweitens sind sie natürlich Originale einer subjektiven Erfahrung und Prägung als eine persönliche und einmalige geistige Leistung von bestimmten Individuen. Je länger ein Symbol im Leben eines Menschen subjektiv angewendet und genutzt wird, den Charakter eines Leitbildes erhält, um so wertträchtiger und objektiver wird für den

Beobachter dessen äußere Aussage in bezug auf das Individuum. Und ebenso haben wir die Symbole immer unter zwei Wertigkeiten zu betrachten. Die eine ist die kollektive Anwendung des objektiven Symbolwertes mit einer tragenden Valenz des urbildlich Universalen und Verbindlichen, und die andere ist die individuelle Anwendung des objektiven Symbols auf der Ebene des persönlichen Mythos und der subjektiven empirischen, daher kollektiv unverbindlichen Methode der Welterfassung.

Es ermöglicht uns also das Symbol zwei Wege des Erkennens, nämlich das innere, persönliche und damit subjektive Erkennen von einer Gegebenheit psychischer Natur und das äußere und objektive Erkennen im Zeichen des Symbols, das uns spontan als die beste ›Abbreviatur‹ (Kerényi) einer objektiven Erfahrung erscheint. Damit kommen wir ganz natürlich schon auf die Wesensnatur der polaren Struktur eines Symbols zu sprechen, die wir in der Psychologie als dessen Fähigkeit zur Ambivalenz des einen und selben Symbols bezeichnen würden. Die Ambivalenz und damit die Potenz zur Gegensätzlichkeit (dualistisch) oder zur Polarität liegt allerdings nicht im manifesten Symbol als solchem allein begründet, sondern ist eine Erscheinungsweise der Funktionen des Bewußtseins. Wir bezeichnen sie hier einmal schlecht und recht als eine bewußte und unbewußte oder auch als eine rationale und irrationale Funktionseinheit. Und doch bleiben dies alles nur Hilfsbegriffe für uns, nie aber echte Definitionen für das Phänomen des Symbolischen schlechthin, dessen multivalente Kraft sich gerade durch seine Unschärferelationen offenbart. In jedem Falle eröffnet sich uns aber unmittelbar dann die Polarität des Symbolischen, sobald wir uns ihm an konkreten Bildern deutend zu nähern versuchen. Und mit einigen solcher Polaritätssymbole in knapper Beschränkung auf indische Überlieferungen wollen wir uns im zweiten Teil gleich beschäftigen.

Ganz spezifische Symbole der Polarität sind vorzustellen; wenn wir jedoch von solchen Symbolen der Polarität sprechen, so gelangen wir in bezug auf die Struktur unserer intellektuellen Leistung bereits zu einer Quaternio des Geistigen, ein wahrhaftes Phänomen der Polaritätssymbolik, wie zu zeigen ist. Einerseits sind für uns doch die Symbole mindestens ›Zusammenwürfe‹ aus zwei, wenn nicht mehreren unvereinbaren Gegensätzen. Unvereinbar deswegen, weil sie bekanntlich auf der Ebene der Ratio keine ›logische‹ Korrespondenz erlangen können. Daß Symbole aber vereinigte Energien sind zwischen dem Rationalen und Arationalen, ist und bleibt für den denkenden Geist trotz aller versuchten ›Erklärungen‹ ein Phänomen oder Mysterium, wenn wir es so sagen dürfen. Eine Quaternio des Geistigen, und damit bereits wiederum ein Symbol der Polarität im doppelten Sinne der Gegensatzgestaltung, ergibt sich aus der symbolischen Funktion dann, wenn wir die Polaritätssymbole auf ihre innere Gegenpoligkeit hin untersuchen. Sie sind erstens Symbole, geschaffen aus einer ursprünglichen Dualität (oder Zweiwertigkeit) oder auch der Polyvalenz archetypischer Strukturen des Unbewußten, und nunmehr als solche durch bewußte Unterscheidung noch einmal zu verbindlichen Symbolen einer echten Polarität gebildet worden, die objektiv erfahren und dann in Symbolbeziehungen neu eingeschmolzen wurde. Diese aus spontaner Erkenntnis und Intuition geschaffenen Symbole haben ganz klare, objektiv darstellbare sowie subjektive Inhalte und Ereignisse als Grundlage ihrer uns heute bekannten Form. Nehmen wir zum Beispiel die Sonne als kosmische Wirklichkeit einerseits und als Symbol mit allen seinen sonnenhaften oder auf die Sonne bezogenen Emanationen andererseits, oder die Mutter als persönliches Erleben ihres Wesens und Ursprung der eigenen Existenz, oder aber als universales Symbol der großen Mutter mit der von ihr abhängigen weitläufigen Symbolreihe.

In den symbolischen Aspekten Sonne und Mond oder Vater und Mutter aber ergeben sich durch deren negative und positive Wertsetzungen bereits Doppelpolaritätsbezüge, die in einem Quadrat der Entsprechungen und Abhängigkeiten stehen. Dieses bildet jeweils die Ganzheit aller möglichen Aspekte der Erscheinung eines Symbols in der Polarität. Von der Strukturierung her können wir eine solche innere Relation von Polaritätssymbolen dann als Quaternio bezeichnen. Einige Beispiele sollen das Bezugssystem der Symbolik erhellen.

Mutter
positiv

Vater
positiv

Vater
negativ

Mutter
negativ

a.

Mond
Fruchtbarkeit
Bewußtwerdung

Sonne
Leben

Sonne
Feuerdämon
Tod

Mond
Unbewußt
lunatisch

b.

Gott

Göttliches
Kind/Heros

Selbstopfer

Yama
Totengott

c.

Süden
Sonne
Leben

Osten
Geburt
(Wiedergeburt)

Westen
Tod
Totenreich
Paradies

Norden
Bereich
jenseitigen
Lebens

d.

Wie der Gang der beigefügten Quaternio Darstellungen zeigt, in denen nur die wenigsten der vielen Möglichkeiten wegen der Übersichtlichkeit angedeutet sind, muß also eine erkennbare Realität vorliegen, um von einem Telos der Symbole zu sprechen. In der angedeuteten Wandlung der Zeichnungen c und d wird es sogleich evident, es sind die symbolischen Grundlagen der mythischen Welt. Um es einfach auszudrücken: Ein Symbol ist ja mehr und muß auch mehr als nur ein gewöhnliches Abbild oder Bild sein, es offenbart eine innere Bestimmung. Der Inhalt eines Symbols in seinem ganzen Aufriß als Quaternio ist von einem Individuum beim besten Willen nicht persönlich auszuloten oder ganz darzustellen. Denken wir nur an Symbol und Wirklichkeit eines Gottesbegriffs, sei es als Universalie oder nur als Hypothese. Ob wir zu diesem nun in religiöser Beziehung oder mit metaphysischen Begründungen stehen oder nicht, hier besteht letzthin a priori eine Unauslotbarkeit und ein in das metalinguistische Gebiet unserer Sprache reichendes Phänomen, nachdem schon unsere menschliche Sprache das Beste ist, was wir haben, nämlich eine symbolische Funktion.

Für den Dichter etwa ist es wohl bewußt: die Sprache ist objektiv ein Werkzeug des Intellektes und im schöpferischen Sinne mit einem Oberton lebendiger Intuition versehen, sie mag objektiv verbal nur deskriptiven Charakter haben. Was der Dichter aber meint und durch die Sprache zu sagen bemüht ist, das ist Symbol, Symbol einer Beschreibung, einer Erfahrung, einer Wirklichkeit, die für ihn nicht einfach nur ist, sondern wirkt.

Was da also zur Wirkung gelangt und Ziele transparent macht, geht über die eigentliche und rational erkennbare Aussage des Symbols hinaus, das ist Telos, Zielsetzung, Weiterführung und Vollendung jenseits der durch Denken erreichbaren Grenzen. Darum im Faust von Goethe das letzte Vermächtnis: »Das Unzulängliche, hier wird's Ereignis.« Telos der Symbole ist Ereignis in Zeitfreiheit, die nicht gebunden sein kann, da Symbole teleologisch begriffen Ereignisse im

Geiste präjudizieren, nicht feststehende Fakten, nicht statische Ergebnisse, sondern schlicht wandelbares Ereignis oder zur Vollendung drängendes Geschehen. Wilhelm von Humboldt deutet in einem Brief an Körner (1805) darauf hin, »was in rechter Stimmung empfunden wird, dünkt mich symbolisch. Das Unbekannte und nie zu Erkennende strebt in einem sichtbaren Ziel aus. Sich selbst so zu einem Symbole des Weltalls umzuschaffen, wäre die höchste Aufgabe der Menschheit« (in: *Briefe*, S. 271).

Nehmen wir noch einmal das griechische Wort Telos als den ›Ursprung‹ dessen, was wir heute noch zu Recht Telos nennen. Telos ist ›Vollendung‹, das ›Ende‹, also auch das ›Ziel‹; es ist ein ›Erfolg des Strebens‹ und damit ›Erfüllung‹, es zeigt den Ausgangspunkt und die ›Entscheidung‹ an, die einen ›Höhepunkt‹ oder Kulminationspunkt kennzeichnet. Wieviel ist mit dieser rein linguistischen Definition angedeutet, und wieviel Hermeneutik eröffnet sich aus dieser Wortanwendung! Telos ist in den griechischen Weihen von Eleusis auch das, was wir die Geheimnisse der ›Mysterien‹ nennen. Kommen wir dann wieder auf den Symbolbegriff als solchen zurück, so finden wir hier die Lösung, eben im Telos, das sich uns so oft als das Unauflösliche, als echtes ›Mysterium‹ offenbart, da wir das Ziel intuitiv erfassen und es immer nur durch Annäherungen erreichen. Und dies ist ein Charakteristikum des Symbols, es führt hin, eröffnet Horizonte, aber es ist nie eine limitierte Definition. Polaritätssymbole erhalten sich durch eine integrierte Spannung ihrer bedingten Gegensätzlichkeit, Telos ist deren Lösung, eine Lösung durch Hinführung und Hindeuten, die nur durch unser Handeln als ein Vorgang der Verwirklichung vollendet werden kann.

Die echten Symbole der Polarität enthalten also, besonders wenn sie aus dem mythischen, religiösen und philosophischen Denken entstanden sind, für das Bewußtsein eine teleologische Komponente zur Ergänzung durch den Willen, die sich aus der im Symbol immanent vorhandenen Polaritätsspannung und ihrer stetigen Entfaltung ergibt. Es kommt darauf an, an welche Bildinhalte und damit an welche Kräfte das Symbol gebunden ist, die ihrerseits aus dem Symbol heraus eine weiterführende geistige Auseinandersetzung mit dem Symbolinhalt bewirken. Es ergeben sich letzthin weitreichende teleologische Ziele aus der Aufgabenstellung polaritäts-bezogener Symbole, die aus der Anschauung und innerer Erfahrung von Natur- und Weltgesetzen entstanden sind oder aus der persönlichen Erfahrung ambivalent numinoser oder transzendenter Bewußtseinsinhalte.

Evident wird für uns diese Wirkung als Telos der Symbole am Beispiel des chinesischen Tai-chi oder Yin-Yang-Symbols, das über Jahrtausende hinweg zum Inbegriff eines Weges geworden ist, der als reale und ideale geistige Welteinstellung das eigentliche Telos transparent machen soll, welches mit so universalgültigen Begriffen wie dem des Tao doch nur symbolisch die metaphysische Transzendenz andeuten kann.

a.  b. 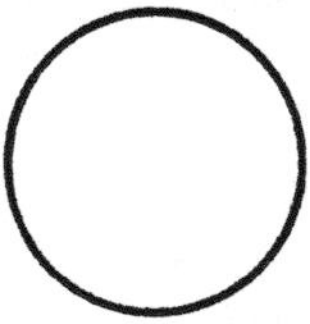 c. 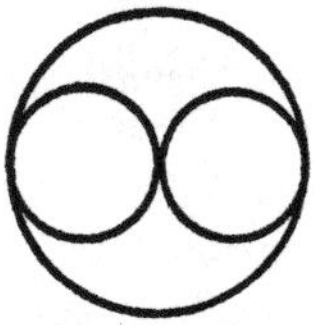

In den Zeichnungen haben wir das Yin-Yang-Symbol als Kreis mit dem weiblich-mütterlichen schwarzen Yin als negatives Kraftzentrum der Erde, und oben befindet sich das weiße Yang als männliche und lichte Kraft des Himmels. Beide bilden zusammen in der Grundform des Kreises die untrennbar bedingte Einheit von Unbewußt (dunkel) und Bewußt (licht) als Bewußtsein. Der leere Kreis (b) ist die Grundform des Ganzen, Umfassenden und Endlosen. Aber auch die innere Struktur erweist sich als gebildet aus der liegenden ∞ als dem Symbol der Unendlichkeit alles Bedingten im Werden und Vergehen ohne Ende, da keiner der beiden Zustände je im absolut Statischen verweilt. So ist das ganze Zeichen aus Strukturen polarer Unendlichkeiten in Wandlung gebildet.

Im altchinesischen taoistischen Yin-Yang-Symbol erleben wir eine einmalige Verbindung der Polaritätsstruktur von Weltgesetzen, die gleichzeitig auf den immanenten und transzendenten Absolutheitsanspruch dieses Symbols hinweisen. Von welcher Seite wir auch dieses Symbol immer betrachten und seine Bedeutung zu ergründen versuchen, immer wird das alle Aussagen übersteigende und umgreifende Telos transparent. Somit ist das Yin-Yang-Symbol geradezu ein Urmuster der echten Polaritätssymbole, das alle Welt umfaßt, und dessen Aussage doch noch weit mehr ist als eben diese ganze Welt. Teleologisch geshen, ist das ›Tao‹ als Begriff ein dem Yin-Yang-Symbol unbedingt ebenbürtiges Sprachsymbol, ein Führer zu Ursprung und Vollendung, zu Grund und Ende der irdischen und himmlischen Dinge, wie es durch kein anderes Wort erreicht werden könnte. Und doch löst sein Telos nie den polaren Gegensatz auf, es kann und will dieses auch nicht, so bleibt es ein Kreisen in der Wandlung im Gleichgewicht zwischen Hell und Dunkel. Wo immer sich der Zustand der Wandlung zwischen Tiefe und Höhe befindet, seine Gegenkraft wird bereits auf der anderen Seite manifest und fördert Umkehr. Die Aufgabe dieses Symbols liegt in seinem universalen Anspruch auf Führung zur Einheit, wobei weder ein gestalthafter noch ein idealer Abschluß das Wesen des Tao je in der Zeit begrenzt. Telos ist hier die als Sein und Nichtsein sich bedingende Gegenwart und Permanenz des Werdens.

B.
Symbole der Tantras

Das Telos der Polaritätssymbole als eine inhärente Tendenz zur weiterführenden symbolischen Funktion kann sich in zwei Richtungen oder Dimensionen entfalten, wie wir besonders es in der Philosophie und Praxis der indischen und tibetischen Tantras von Hinduismus und Buddhismus erfahren können. Die eine Dimension der Vollendung, auf die uns die Symbole hinweisen, ist das Selbst als innere Mitte der menschlichen Persönlichkeit, und die andere weist in die transpersonale Richtung hin auf das Transzendente und Göttliche. In beiden Dimensionen liegt also wieder scheinbar eine größtmögliche Opposition der Polarität, die letzthin jedoch zur Ganzheit und Integration aufruft.

Das Integrale wird somit zur bedingten Funktion zwischen Immanenz und Transzendenz, dem Ursprünglichen und Ureigensten und allem noch Werdenden, oder zwischen absolutem Sein und dem potentiell Möglichen. In der voluntaristischen Philosophie steht diese Polarität unter dem teleologischen Postulat von Sein und Sollen. So bildet also für uns die Symbolik der Polarität die Voraussetzung für integrales Denken.

Es gehört zur wesentlichen Grundlage der indischen Tantras, zuerst die erkennbaren Polaritäten in Bildern real aufzuzeigen, um sie dann mit Symbolen universal gültiger Erfahrungswerte der einzelnen Gegensätze anzureichern und zu charakterisieren, bevor der eigentliche Prozeß angewandter Gnosis als Telos in Kraft treten kann. Diese in tantrischen Polaritätssymbolen erkennbare gnostische Funktion ist das Telos mit allen seinen weiterführenden Zielsetzungen. Erst dann erschließt sich das ›Mysterium‹ oder auch die Einweihung durch einen Zusammenschluß der dynamisierten oder in sich durch Spannungsgegensätze getragenen und kreisenden Polarität, indem ihr Telos hinter Bild, Begriff und Form erfahrbar wird. Vorgestellte tantrische Symbole gelten meist als geheime Zeichen, da ihr äußerlich sichtbares Abbild nicht den eigentlichen Inhalt rational erkennen läßt.

Tantrische Symbole der Polarität fordern letzthin aktivierte Entscheidung und Erfüllung, die immer zu einer höheren und intensiveren Ebene von Bewußtsein führt. Indischer Tantrismus ist eine Lehre, in der Polarität und Telos a priori in einen untrennbaren und notwendigen Funktionszusammenhang gebracht sind. Darum hatten tantrische Symbole auch kulturhistorisch, philosophisch und religionsgeschichtlich so weitreichende Folgen in bezug auf die spirituell dynamische Umwandlung der indischen Geisteskultur.

Einen Weg zur Erkenntnis dieser Funktionszusammenhänge zwischen Polarität und Telos der tantrischen Symbole bietet die tantrische Praxis des höheren geistigen Yoga als Einübung in die Gnosis, die auf jenes Mysterium der wahren ureigentlichen Person als Selbst, des Schöpferischen, der Erhaltung und Aktivierung der psychischen Energie des Bewußtseins, der Transzendenz und des Göttlichen hinarbeitet. Die Ebenen spiritueller Verwirklichung, das Ziel einer Vollendung – eben Telos – können auf verschiedene Weise erlangt werden. Der Reichtum an altüberlieferten mythologischen Bildern, an religiösen Erfahrungen und real auf irdische Vorgänge bezogenen Erkenntnis des Yoga hat manifeste erprobte Polaritätssymbole überliefert, die als geistige Werkzeuge und Mittel kollektiver Erfahrungen in der spirituellen Praxis als Symbole systematisiert und bewußt verwendet werden. Telos in den tantrischen Symbolen der Polarität ist die zu erlangende fortdauernde Bewußtseinssteigerung durch schöpferisch zu aktivierende Gegensatzvereinigung, die durch mythologisch-kosmologische, religiös bezogene und philosophische, auf die große Transzendenz hinweisende Symbole immer wieder vorgezeichnet wird. Telos indischer Polaritätssymbole bedeutet hier auch die ständige bewußte Übung zur Anhebung des Profanen in den Bereich des Heiligen, und ebenso das Bemühen um eine spirituelle Herabkunft des Heiligen in die profane Welt. Das sind Wege, auf welche die Symbole hinweisen, Wege, die zwar vorgezeichnet, aber in actu nicht verbindlich vorgeschrieben werden können. Darum sind Symbole eine optimale bildhafte Hypothese eines Ideals, das praktisch erarbeitet und mit Erfahrung erfüllt werden muß.

Für die Polaritätssymbole der indischen Tantras ist es kennzeichnend, daß sie auf mehreren Ebenen des Bewußtseins zu einer coniunctio oppositorum führen und daß eben diese coniunctio den Weg zur unlimitierten Vollendung im Telos erst eröffnet. Unter den vielen Verbindungen der polaren Gegensätze sollten wir vielleicht nur zwei Arten in unserer vergleichenden Reihe gegenüberstellen und diese auf ihre teleologische Sinnstellung hin untersuchen. Wir nennen sie die äußere und die innere Einheit der Symbole und die sich darüber aufbauende teleologische Zielsetzung.

Die bekannteste Symbolik der hinduistischen Tantras ist gewiß die von Śiva und Śakti als dem göttlichen Paar, dessen äußere Gestalt wir aus vielen indischen Tempeldarstellungen der beiden Gottheiten kennen. Die geheime und innere Einheit dieses Doppelaspektes der letzthin einen großen Gottheit finden wir in dem konkretisierten Symbol des Śivalingam (männlich-phallischer Stein) und der Yoni (dem weiblich-organischen Symbol). Und noch mehr als in einer abstrahierten Form der inneren Polarität können wir das göttliche Paar in der Repräsentation von heiligen mantrischen Silben oder den Yantras (etwa dem sich durchdringenden Hexagramm) erkennen. Das göttliche Urpaar Śiva und Śakti ist die erste Emanation des Geistigen und der gestalteten formhaften Welt, einmal als Offenbarung des Seins in statischer Potenz des Gottes (Śiva), und zum anderen in dynamischer Schöpfung als die Göttin (Śakti). Śiva ist Urbild des großen Gottes als Fundus und Geist der ganzen Schöpfung, Śakti ist seine wirkende Kraft, die erzeugende Mutter, Urbild der mater creatrix als Hervorbringerin der gestalteten Welt und der Bewußtseinsinhalte. Dies aber ist das uns sichtbar vorgestellte Polaritätssymbol in anthropomorpher Gestalt. Letzthin aber stehen sie beide für den Vorgang Leben und Evolution und ebenso auch für die Unteilbarkeit jenseits der nur dualistisch darstellbaren Form. Ihre tantrische Vereinigung (zum Beispiel symbolisch praktiziert im linkshändigen tantrischen Ritus) zeigt uns unter dem Bild der unio mystica das teleologische Ziel, unteilbaren Ursprung in der Ganzheit vor jeder Schöpfung, sowie vollkommene Integration der äußeren und inneren persönlichen

Gegensätze als ein Ziel der Individuation und der leiblich-seelischen Vollendung in der Zukunft. Auch hier sind wieder beide Dimensionen, die geistig-psychische und die kosmisch-universale, zu vollenden.

Wir haben also in diesem tantrischen Symbol der hinduistischen Religion eine Polarität, deren Telos in zwei Richtungen und damit letzthin in die Zeitlosigkeit schreitet: Erkennen des Ursprungs und Vollendung des Transzendenten in der Gegenwart, das am Anfang eines jeden Ursprungs aus dem Geiste steht. Denn alle großen geistigen Leistungen der Menschheit geschehen ja aus zuvor erlangten, echten Ursprungssituationen, sie sind schöpferische Anfänge, die sich spontan in freier Selbstsetzung erheben. Sie kommen aus den Ursprüngen und führen zu höheren Einheiten, welche die Ursprungslage für weitere Evolutionen bilden.

Eine andere Polarität bildet sich aus der Darstellung des Numinosen in seinem scheinbar so gegensätzlichen Aspekt der gütigen und der schreckensvollen Form des Gottes oder der großen Göttin. Beide Aspekte bedingen aber einander und sind Erscheinungen der Polarität des göttlichen Wesens, die sich aus seiner Allmacht ergibt und daraus, daß unser limitiertes Bewußtsein immer nur einen von vielen Aspekten auf einmal verwirklichen kann. Je konkreter sich die unterscheidende Rationalität des bewußten Intellektes ausprägt, um so stärker und realistischer treten die sich einander ausschließenden Gegensätze hervor. Die äußere Einheit zeigt uns das sichtbare Bild des Numinosen als Gott Śiva, Rudra (Zerstörer) oder Mahâkâla, als Göttin Śakti oder Durgâ (zerstörend) oder Kâlî (verschlingend), die alle Wesen zur Wandlung und Neugeburt vernichtet.

Aus den Visionen des tibetischen Totenbuches kennen wir eine gleichartige Polarität der göttlichen Visionen friedvoller und schreckensvoller symbolischer Gottheiten, nun aber in einem inneren Aspekt, der uns auf die Gegensätze des Bewußten und Unbewußten hinweisen soll. Was wir in Indien als Gestalt der göttlichen Gegenwart zwischen den Aspekten des mysterium fascinans und des tremendum des Numinosen in anthropomorpher Form erkennen, hat sein polares Gegenbild als Aspekt des menschlichen Bewußtseins in uns selbst, wie es das tibetische Totenbuch erläutert, das auf buddhistischer Symbolik aufgebaut ist. Telos bedeutet hier dann die Auflösung aller manifesten und spekulativen Formen des Geistes, um reine Transzendenz im Bewußtsein jenseits aller gegensätzlichen Bilder und Vorstellungen zu erlangen.

Wir brauchen aber auch nur in die Begriffswelt der indischen Philosophie und jene der vedischen Religionen zu greifen sowie in die Symbolik des Buddhismus, um die Lehre von der Überwindung, das heißt, der Erfüllung durch Telos zu verstehen. Teleologie ist geradezu der Sinn aller indischen Symbolik bis hin zur Eschatologie der großen indischen Religionen. Begriffe der Sprache sind in Worte gekleidete Symbole von Vorgängen, die bildhaft oder sinngemäß durch ein adäquates Sprachsymbol dargestellt werden. In Indien sind es die Mantras, und in China konnte uns die hohe Identität zwischen dem Begriff Tao und dem Zeichen Yin-Yang dieses verdeutlichen.

In den Grundfragen der Menschheit steht auch hier in Indien sich die Polarität von Mensch und Gott, Erde und Himmel, Diesseits und Jenseits oder Saṃsâra und Nirvâṇa (Welt und Erlösung) funktional-dynamisch gegenüber. Im System des indischen Tantrismus als einer dynamischen und angewandten Daseinsphilosophie werden die Gegensätze zu Daseinsformen der sich bedingenden Polarität des Lebens. Das Thema Mensch und Gott beherrschte schon die Schöpfungen der mythischen Welt, der Tantrismus hebt es vom magischmythischen und auf das Außen bezogenen in den inneren Bereich der erklärten Potenz des Menschen zur möglichen großen Einheit mit dem Göttlichen. Im Telos des Symbols liegt der Weg zur Göttlichkeit des Menschen und zur Herabkunft des Göttlichen in den Menschen. Erde und Himmel bilden in den ältesten Mythen den ersten Gegensatz unter dem realen äußeren Bild der Teilung, und doch ist ihre Einheit erst das ganze All als ein Zustand der Schöpfung, der dem mythischen Weltbild schon in Urahnung bewußt war. Im gleichen Sinne kennt man Diesseits und Jenseits im magisch-mythischen Denken äußerlich im räumlichen Sinne als einen unüberbrückbaren Gegensatz; die innere Tiefe jedoch liegt uns heute jenseits des mythischen Denkens in einem fundamental geistig begründeten Prinzip.

Und schon früh wiesen indische Lehren darauf hin, daß es an sich eine Gegensätzlichkeit oder einen Dualismus von Diesseits und Jenseits nicht gibt, wenn wir das Telos voranstellen, die zu erfahrende Absolutheit und Permanenz des Geistigen und des in ihm wirkenden schöpferischen Lebensprinzips. Die Dinge sind nicht trennbar, advaita, nicht-zwei (nicht-dualistisch), das eine erscheint nicht ohne das andere, und nur beide zusammen sind die ganze Welt der Erfahrungen. Dies wird schon in den Purânas geschildert, die von der Quirlung des Milchozeans als Grundlage der Schöpfung berichten, bei der Götter und Dämonen gemeinsam tätig wurden. Diesseits und Jenseits sind nur a posteriori Emanationen des Geistes auf der Ebene des unterscheidenden Intellektes, der die Gegensätze zur Bedingung der Differenzierung benötigt. Und in der buddhistischen Philosophie besteht das Gegensatzproblem zunächst in dem polaren Begriffspaar von Saṃsâra – der phänomenalen Welt – und Nirvâṇa, der absoluten Freiheit und Erlösung. Sie scheinen beide zunächst und rational ein unvereinbarer Gegensatz zu sein, im tantrischen Vajrayâna-Buddhismus werden sie jedoch zu den zwei Bedingungen des einen Seins. Und da die phänomenale Welt aus vergänglicher und wandelbarer Natur besteht, wie auch alle Inhalte des Bewußtseins Vergänglichkeiten sind, und die absolute Freiheit und Erlösung von unbeschreiblicher und objektloser Natur ist, so steht als Telos der Erkenntnis hinter beiden die Leerheit (ŝûnyatâ) als ein Absolutes, in der sich keine Gegensätze mehr manifestieren können.

Unendlich reichhaltig ist die kosmologisch bezogene Polaritätssymbolik der indischen Überlieferung. Die Tantras kennen keine makrokosmischen Dimensionen ohne ihre notwendigen mikrokosmischen Entsprechungen, und kosmisches Wirken als solches ist wiederum dargestellt durch das Wirken der Gegensätze, sie sind die schöpferisch bewirkende Grundlage der kosmischen Welt und des Bewußtseins. Im äußeren Sinne bezeichnet es der Tantrismus mit Elementen und Formen der sichtbaren kosmischen Welt und ihrer theoretischen und praktischen Ordnung, im inneren Sinne aber gibt es nur sich ergänzende Entsprechungen und Identität. Die physische und die psychische Welt des Menschen werden ein Gleichnis zur stofflichen und kosmischen Welt des Universum. Telos in der tantrischen Kosmologie ist die universale Identität zwischen dem Individuum und der Schöpfung aus der lebenden Kraft der Gegensätze, welche sich in den Kreislauf des Geschehens einfügt.

Die größte Integration tantrischer Polaritätssymbole, die aus einer Vielzahl inhärenter polarer Beziehungen zu einer teleologischen Vision der großen Einheit zusammengeschmolzen wurden, finden wir in den indo-tibetischen Maṇḍalas des tantrischen Buddhismus (Tafel 12). Hier wurde eine Fülle von polaren Beziehungen erarbeitet, symbolisch geordnet und repräsentiert, auf verschiedenen Ebenen der Symbolik des Geistes geprägt und festgelegt und dann schließlich zu Ideogrammen der polaren Vollendung geformt, in denen Telos auf mehreren Ebenen zugleich erfüllt werden kann. Die buddhistischen Maṇḍalas sind geradezu systematisierte Ganzheitssymbole zur bewußten Arbeit an der Integration der Gegensätze. Es genügen hier nur zwei Beispiele für die Polaritätsunion der Maṇḍalas, die wir auch in der beigeordneten Bildtafel aufzeigen können. Die äußere Einheit des Maṇḍala bildet im Kreis und Quadrat der Zyklus der Elemente in verschiedenfarbigen Dreiecken, die sich polar gegenüberstehen und doch im Kreis vereinen. Sie bilden zugleich die manifeste Körperform der Erscheinungen und ihrer psychischen Erscheinungen und Qualitäten, und sie sind zugleich identisch mit den Grundlagen der kosmischen Welt.

Das äußere Maṇḍala ist aber gleichzeitig das innere psychokosmische Maṇḍala und wird dann zum vereinigenden Symbol der Strukturformen der menschlichen Persönlichkeit. Elementare stoffliche Komponenten haben also ihr polares Gegenbild in den grundlegenden psychischen Komponenten, die in ihrer gesamthaften Funktionseinheit mit geistigen Werten das innere Maṇḍala der menschlichen Persönlichkeit bilden. Das äußere und das innere Maṇḍala sowie darüber hinaus jenes der mystischen und transzendentalen Weisheiten sind nur zwei Formen des physischen und des geistigen Seins, deren sich bedingende Polarität im Telos durch die Integration zu einer Ganzheit des absoluten Maṇḍala gebracht werden müssen.

Maṇḍalas sind nicht nur harmonische Anschauungsbilder, ihr Auftrag liegt darin, mit der vielfachen Schichtung von verschiedenen Stufen der Polaritätssymbolik eine innere Wandlung der Persönlichkeit zu Selbsterkenntnis und Freiheit des Bewußtseins zu erreichen. Dazu dient das Zentrum des Maṇḍala, das den Kern der Sinngebung, eben als Telos und Mysterium und Lösung enthält. Das ganze Maṇḍala bestimmt mit seinen einzelnen kosmologischen, elementaren, physischen und psychischen Sektoren die Grundlage der zu integrierenden Polaritäten, das Zentrum bestimmt den Modus des Weges zur Einheit und Vollendung. Und die Gottheit des Zentrums im Maṇḍala ist zugleich die Methode und oder Aufgabe, auf welche Weise der Durchbruch zur Transzendenz zu erlangen ist. Dieser Durchbruch zur Transzendenz als Telos ist ein Mysterium, das persönliche Geheimnis, weshalb wir im Zentrum der Maṇḍalas so oft eine persönliche Initiationsgottheit in tantrischer Vereinigung von männlicher und weiblicher Gestalt finden, die den geheimen Aspekt in der unio mystica bildlich durch das Symbol der untrennbaren Einheit andeutet. Das Unteilbare und Ganze, das Unaussprechliche ist Wirkung aus konstruktiver und sinnbezogener Polarität, Dynamik des Geistigen und absoluter nicht-dualistischer Ursprung zugleich.

VII.
GEISTIGE WEGE IN OST UND WEST

Schon vor mehr als 150 Jahren gelangte in größerem Umfange östliches Denken durch Vermittlung gebildeter westlicher Kolonialherren oder Missionare in das Abendland, nachdem es gelungen war, erste Übersetzungen bedeutender religiöser und epischer Schriften aus Indien und China zu veröffentlichen. Bereits im Jahre 1825 hielt Wilhelm von Humboldt seine sehr beachteten Vorlesungen über den Inhalt der Bhagavadgîtâ, der heiligsten Schrift der indischen Überlieferung, die für jeden Inder die Essenz spiritueller Offenbarung und Lebensführung enthält. Humboldt schrieb 1823 an August Wilhelm Schlegel über die Bhagavadgîtâ die folgenden Zeilen: »Es ist mir, als würde mir etwas recht Wesentliches gefehlt haben, wenn ich ohne das hätte die Erde verlassen müssen« (Humboldt, *Briefe*, S. 359, Berlin 1917). Und in einem anderen Brief an seine Frau Caroline schildert uns Humboldt (1823) mit intuitiver Einsicht in wenigen Worten den Unterschied zwischen griechischer und indischer Geisteswelt.

»Ich lese fast bloß die Ethik des Aristoteles und die Bhagavadgîtâ, den Schlegel herausgegeben hat. Beide behandeln eigentlich dasselbe Thema, den Zweck aller Dinge, den Wert des Lebens, das höchste Gut, den Tod als Anfang eines neuen Daseins. Im Aristoteles ist die Erhabenheit eines großen und beinahe ungeheuren Geistes und der gebildetsten Nation des Erdbodens, in dem indischen Gedicht die vielleicht noch rührendere des höchsten Altertums und eines zu tiefsinniger Betrachtung gleichsam geschaffenen Volkes« (*Briefe*, Bd. VII, S. 201).

Verschiedene klassische Vertreter der westlichen Denkart,

wie etwa Hegel, Schopenhauer, Nietzsche und Albert Schweitzer, setzten sich mit dem Phänomen des östlichen Denkens auseinander. Es wäre jedoch, wie wir noch sehen werden, durchaus angebracht, mehr den Begriff ›östliche Weisheit‹ zu verwenden für jene Geisteswelt, wie sie uns zum Beispiel im chinesischen Taoismus, in den ethischen Lehren des Konfutse, den Religionen des Buddha und der reichen Überlieferung des Hinduismus entgegentritt. Unser westlicher Begriff ›Denken‹ ist vielleicht zu sehr einseitig mit der Vorstellung von Rationalität und Intellektualismus verbunden, als daß er sich besonders für die geistigen Ausdrucksformen des Ostens eignen würde.

Schon in der ausgehenden Barockzeit erfuhr das Abendland über das Handelswesen mit Ostasien eine erste Welle der Beeinflussung vor allem durch das kaiserliche China, die in einer geradezu typisch westlichen Art die Verarbeitung von fremdem Gedanken- und Formengut zeigte, nämlich die bei uns damals beliebte Stilform der Chinoiserie. Es wurde zu jener Zeit zu einer weitverbreiteten höfischen und bürgerlichen Mode, den chinesisch-taoistischen Grottenstil zu imitieren und chinesische Motive und Formen in der Gestaltung von Porzellan, von Möbeln und in der Anlage von Lustgärten zu verwenden. Manche Erzeugnisse des Porzellans muten wie perfekte chinesische Kopien an oder wurden sogar in China für den Export nach Westen hergestellt. Später trug auch die Geisteshaltung der Romantik viel zu dieser Entwicklung bei. Die bei uns geläufigen Worte wie ›Mode‹ oder das neueste Wort ›Trend‹ kennzeichnen ganz deutlich die meist oberflächliche Funktion der Nachahmung oder gar Kopie, der wir immer wieder gefolgt sind und die auch heute noch zum Teil bis zur Selbstaufgabe des eigenen Ursprungs in manchen Kreisen im Gange ist. Nachahmungen allein aber sind doch nur ein Zeichen von Mangel oder Fehlen an eigener Kraft des Ausdrucks und der kulturellen Substanz.

Das Beispiel aus der damals verbreiteten Chinoiserie macht uns wohl deutlich, daß wir so oft das Äußere, gewisse Gestalten und Formen recht gut erfaßt haben, und sie galten uns als fremdartig und ›exotisch‹ in ihrem Reiz, jedoch das Wesen des chinesischen Geistes hatte sich uns noch nicht entfaltet. Auch noch für gewisse Erscheinungen der heutigen Zeit scheint das symptomatisch zu sein. Das Äußere und die Umstände einer bisher unbekannten Geisteswelt werden uns bald und zu rasch bewußt, das Innere jedoch als das Wesentliche erschließt sich nur den wenigen. Die neueste und noch sehr wirksame Welle eines Versuches der Annäherung an östliches Denken und seine Lebensweise finden wir in den Überspitzungen des sogenannten indischen Guru-Kultes.

Anders kann man diese ›Mode‹ nicht bezeichnen, wenn man die wirklichen Verhältnisse in Asien in Betracht zieht, und rührselige Gläubigkeit und Vegetarismus sowie die Klänge asiatischer Musik als Begleitung sind keinesfalls Anzeichen für die Sicherung echten Wissens, welches der Osten durchaus zu bieten hätte. Wir wollen hier nicht gegen den Inhalt irgendeiner östlichen Lehre antreten, im Gegenteil, dazu gibt es keinen Grund. Jedoch die Art und Weise der Übermittlung und Annahme fremden Gedankengutes steht bei uns allzuoft im Gegensatz zum tieferen Ernste, dem Realismus und den notwendigen Konsequenzen indischer Lebensweisheit. Wieder scheinen wir in Gefahr zu sein, die Äußerlichkeiten für das Eigentliche zu halten, um daran den Inhalt der Lehren zu messen. Es sollen nicht die ohne Zweifel großen Vorteile aus der Begegnung zwischen der östlichen und der westlichen Welt geleugnet werden, sie sind manchem wohl bewußt, aber sie verlangen doch wesentlich mehr echte innere Auseinandersetzung, wenn wir zu einer wirklichen Integration westlichen und östlichen Geistes kommen wollen. Es geht auch nicht darum, daß wir östliches Gedankengut einfach und ohne Anpassung übernehmen sollten, sondern daß wir daraus lernen und daran wachsen können. Integrales Denken wird die Zukunft unserer geistigen Entwicklung bestimmen, so wie auch indische Philosophen wie Radhakrishnan, Chaudhuri oder Aurobindo mit dem integralen

Yoga begonnen haben, einen Schritt von sich aus zu tun, um neue Dimensionen des Geistes zu eröffnen.

Wir können feststellen: Seit Jahrtausenden unterscheiden sich bereits die Methodik, die Lebensanschauungen und die Zielsetzungen der Religionen und Philosophien des Ostens von jenen der abendländischen Welt, auch wenn deren Ziele kaum andere sind als die unseren. Der Zugang zur Daseinserkenntnis ist im Osten ein anderer als im Abendland gewesen. Die Methode des Denkens und der Metaphysik, der Erforschung der sinnlichen und objektiven äußeren Welt und der subjektiven und inneren psychischen Welt folgte in Asien anderen Voraussetzungen und Prinzipien der Welterkenntnis als in der westlichen Welt mit ihrer griechisch und christlich geprägten Denkweise und der Beziehung zur göttlichen Gestalt.

Und doch sind der Abendländer wie auch der Mensch des Ostens in erster Linie einmal menschlich natürliche Individuen, die alle den gleichen Problemen des Lebens unterworfen sind. Und sie suchen daher im wesentlichen auch nach den gleichen Zielen in der Erfüllung des Lebens, in der Sinngebung des Daseins und in der Erkenntnis des Göttlichen, das zur Erhebung der Seele und Vollendung des Geistes führen soll. Die Entelechie der menschlichen Evolution und die stetige Wandlung und Fortentwicklung des Bewußtseins ist als das umfassende Gemeinsame für alle Menschen zu erkennen.

Wenn wir von einer westlichen und einer östlichen Welt des Geistes sprechen, so müssen wir zu der Einsicht gelangen, daß sie durch ihre Verschiedenheiten des Denkens auch eine große und lebendige Polarität und damit die Möglichkeit anbieten, die uns immer wieder zur gegenseitigen Ergänzung drängt. In dieser Ergänzung erlangen wir die Fülle des bisher vorhandenen Wissens der ganzen menschlichen Erkenntnis in all ihren vielseitigen Aspekten. Wie kommt es aber dann zu der fast sprichwörtlichen Ausdrucksweise vom westlichen und vom östlichen Menschen? Es muß uns doch ein grundlegender Unterschied bekannt sein. Wir könnten auch fragen, warum der östliche Mensch auf so viele Situationen des Lebens ganz anders reagiert als wir, warum ihn manche Dinge überhaupt nicht zu berühren scheinen, die uns wiederum am meisten am Herzen liegen würden. Es ist zu einfach, wenn man solche uns unverständlichen Erscheinungen aus der asiatischen Lebensauffassung damit erledigt, indem man einfach von der ›anderen Mentalität‹ dieser Menschen spricht; darin klingt zu leicht ein abwertendes Urteil an. Mentalität als kulturabhängige Geistesverfassung ist noch lange nicht des Menschen Grundkonzeption als ursächliches Denken von Philosophie und Religion. Und erst die Kenntnis von den Wurzeln des Bewußtseins des östlichen Menschen gibt uns einen Aufschluß über Mentalität und angewandte Lebensweisheit.

Der große indische Denker und Yogalehrer Śri Aurobindo sieht zum Beispiel eine Ursache der einseitigen Entwicklung im Westen in der inneren Entfernung von echter Religion, das heißt, von lebendiger und persönlicher Bezogenheit zum Geistigen und zur transzendenten Göttlichkeit. Als im homerischen Griechenland die Götter der Mythen ihren Einfluß verloren und die bisher gültige Ebene des mythischen Denkens verlassen wurde, entstanden Philosophie, Logik, Ethik und Ästhetik, aber keine neue griechische Hochreligion. Die altgriechische Hochreligion bis auf Homer war eine mythologische Religion. Dieser Vorgang zur Entwicklung der griechischen naturwissenschaftlichen Philosophie ist für die Entwicklung des abendländischen Denkens von entscheidender Wichtigkeit gewesen. Die so zur Hochblüte der Philosophie gelangten Jahrhunderte (6. bis 2. Jahrhundert) des klassischen Griechentums konnten auch durch das später aufkommende Christentum als ausgeprägte Glaubensreligion der Offenbarung nicht mehr ungeschehen gemacht werden. Im Gegenteil, wie oft wurde christliches Denken und christlicher Glaube von der griechischen Philosophie beeinflußt, durchdrungen und auch intellektualisiert, zuletzt schließlich in der Renaissance und in dem aus dieser entwachsenen Humanismus. Das christliche Abendland erlebte die Auseinandersetzung zwischen wissenschaftlichem und philosophischem Denken und dem dogmatisch immer mehr erstarrenden Denken des Christentums kirchlicher Prägung, welches ausschließlich sich nach dem Jenseits und nach Gott orientierte und ›Welt und Weltlichkeit‹ außer acht ließ.

Eine allgemeine Feststellung sei zu Anfang erlaubt: Der Asiate in China und Indien sieht immer zuerst das Ganze, lebt aus dieser so empfundenen Totalität sein eigenes Wesen in der Einordnung zur ganzen Natur. Er ist gewohnt, die vorhandenen Gesetze der Natur anzuerkennen und als gegeben hinzunehmen, und versucht aus dieser Lage heraus von innen her gemäß den Daseinsregeln der natürlichen Welt zu leben. Im gleichen Sinne ist ihm sein persönliches Leben ein Teil des Ganzen; er vermeidet es, sich die Welt vorher durch Gedankenkonstruktionen im Geiste zurechtzulegen, um nicht an dem scheinbaren Mißverhältnis zwischen der Realität und seiner Vorstellung von der Welt zu leiden.

Der westliche Mensch macht sich ein Bild von einer durch ihn naturwissenschaftlich und physikalisch geordneten Welt und versucht, nach dieser seiner Weltordnung zu leben. Der östliche Mensch versucht das Leben zu begreifen und richtet danach den Rhythmus seines Verhaltens ein. Und während sich der östliche Mensch besonders darum bemühte, die äußere und vergängliche Welt der Materie zu relativieren, um sich ganz auf seine innere Natur zu konzentrieren, verfolgte der Abendländer den anderen Weg. Er fühlte sich seit griechischer Zeit dazu bestimmt, der äußeren gestalteten Welt seine Aufmerksamkeit zu widmen und ihr die Ordnung seines Geistes aufzuprägen. Er formte und gestaltete ein umfassendes Weltbild, indem er sich von dessen Strukturen und Gesetzen Maße und Begriffe machte.

Der Abendländer entdeckte im klassischen Griechenland mit Sokrates, Platon und Aristoteles den Geist als rationale

Funktion zur Bildung der menschlichen Vernunft, welche durch logisches Denken und Folgern berechtigt ist, Stoff und Leben und selbst das Sein oder Nichtsein der Götter zu untersuchen. Die einst mythische Kraft der Götter lebte nur noch in menschennaher Kunst und Ästhetik fort als Gestalten der Dichtkunst, als anthropomorph vollendete Bilder aus Bronze und Stein, in denen sich Götter von Menschen in nichts mehr unterschieden. Die Götter waren menschlich geworden, und das Wesen des Göttlichen fand seinen bildlichen Ausdruck im höchst menschlichen und vollkommenen Bilde etwa eines Apoll von Belvedere. Die Entdeckung des rationalen Geistes stellte sich in einen Gegensatz zum alten homerischen und im Mythos noch naturhaft verbundenen Denken. Erst durch die verstandesmäßige Objektivierung der Natur wurde es nunmehr möglich, unabhängig von magisch-mythischer Verbundenheit die Gesetzmäßigkeiten der kosmischen Welt zu ergründen. So stellte sich der Grieche, als er sich den Naturwissenschaften und der Astronomie zuwandte, objektiv außerhalb der Natur, die sich ihm bisher nur im Geheimnis des Mythos symbolisch gezeigt hatte. Nun fühlte er sich der Natur überlegen, war im Besitz des anerkannten Prinzips der Vernunft, mit dem er die Natur mehr objektiv als subjektiv verstand und ihre Gesetze ergründete. Das Irrationale aber, das nicht Beweisbare im Grenzberich der Logik, schien vorerst gründlich überwunden und nicht mehr erforderlich zu sein.

Der abendländische Mensch, zuerst zentriert und immer wieder geführt durch das klassische Denken, begann mit der Vernunft und dem rationalen Intellekt die ganze Welt der Naturgesetze zu durchdringen und nach dem Maße seiner Erkenntnis zu bestimmen, um sie seiner menschlichen Ordnung zu unterwerfen. Bereits der Mensch der Antike erfand die kritischen Wissenschaften, die objektiven Beschreibungen der Lebensvorgänge, und zumindest schon in diesem Abschnitt ist jene differenzierte Welt entstanden, deren von uns gesetzte Normen wir heute kaum noch überblicken können.

Anders der Asiate, er war nie der große Erfinder und Entdecker von Möglichkeiten der äußeren Welt, sie war ihm nur eine minderwertige und vergängliche Bedingung des stofflichen Seins. Er suchte dagegen mit Vorrang die Innenwelt, die Seele, das Bewußtsein oder sein eigenes Selbst zu finden und erklärbar zu machen, um dann nach diesem Bilde, nach den im Inneren gewonnenen Erkenntnissen ein äußeres Gegenbild zu schaffen. Er suchte sozusagen in der Welt nach einer auf die Natur seiner Seele anwendbaren Dimension, welche durch die Tiefe der Selbsterkenntnis bestimmt wurde. Die Seele war das primäre, die Natur das sekundäre und notwendige Element zur Selbstgestaltung des Lebens. Ramakrishna, ein großer indischer Weiser des 19. Jahrhunderts, bringt dazu folgendes Gleichnis:

»Je mehr du von einer Zwiebel abschälst, um so mehr Haut allein erscheint, du kannst keinerlei Kern erreichen; so verschwindet das Ego, analysierst du es, ins Nichts. Was am Ende übrigbleibt, ist die Seele Âtman, das reine Wissen. Gott erscheint, wenn das Ego stirbt« (*So spricht Ramakrishna,* S. 53). Asien fand große Wege zur innersten Natur der Seele, um von dort aus das Wesen der Welt zu bewerten. Das Abendland fand zuerst mit dem Eintritt in die Geschichte der Philosophie die Maße und Normen der äußeren Natur und gelangte, von diesen ausgehend, zur Darstellung der seelischen Welt. Der westliche Mensch betont als seine entscheidende Mitte das Ego, es ist seine im Ich bewußt gewordene und handelnde Mitte; der östliche Mensch findet sein Zentrum im Selbst, noch weit jenseits des Ego, für ihn ist das Ich so gut wie nicht vorhanden oder zumindest eine zweifelhaftwandelbare Einrichtung des Bewußtseins.

Betrachten wir die geistigen Wege des Ostens und des Westens an einigen bedeutsamen Aussagen, die zur jeweils kennzeichnenden Norm ihres Denkens wurden, dann lassen sich die Unterschiede erkennen und auch das Gemeinsame finden, was alle bewegt. Denn bei einem ganzheitlichen und integralen Verstehen finden wir auch Möglichkeiten, die bisher scheinbar oder tatsächlich vorhandenen Gegensätze zu überwinden. So lassen sich die verschiedenen Ausgangspunkte im Denken von Ost und West erkennen, ihre großen Ziele und die Einheit, die hinter aller äußeren Verschiedenartigkeit transparent wird.

Aus China haben wir wohl die ältesten erhaltenen Dokumente ostasiatischen Denkens, und wir finden es im I-Ging und am geschlossensten im Wesen des Taoismus, der Lehre von dem alles durchwirkenden Prinzip des Tao. Sie wurde von dem weisen Lao-Tse etwa im 7. Jahrhundert vor unserer Zeitrechnung in den berühmten 81 Versen verfaßt. Der Taoismus versuchte durch synthetisches Denken das Wesen der Natur zu ergründen und fand es als innersten Grund im Walten des großen Tao, eines die Welt durchwebenden Gesetzes, auf dem Leben und Dasein wie auch Tod und Nichtsein beruhen. Es gibt nichts, was nicht Tao enthielte, und es gibt nichts, womit Tao bezeichnet oder vollkommen beschrieben werden könnte. In der Erkenntnis des außen und innen wirkenden Tao lösen sich die Fragen nach den Gegensätzen von Natur oder Materie und Geist auf, denn alle sind nur Wirkungsformen des Einen, sie bilden in verschiedenen Zustandsformen eine unteilbare Ganzheit vor dem allumfassenden Hintergrund des Tao, sie sind Ausdruck des Wirkens des Tao und sind das Tao zugleich. In dem berühmten ersten Vers des Tao te king, dem Buch vom Tao, heißt es dazu:

Das Tao, das benannt werden kann,
ist nicht das absolute Tao.
Die Namen, die genannt werden können,
sind nicht die eigentlichen Namen.
Das Namenlose ist der Ursprung von Himmel und Erde,
Das Benannte ist die Mutter aller Dinge.
Oft enthält man sich der Leidenschaft,
um das innere Wesen zu erfassen.
Oft handelt man mit Leidenschaft,
um die äußere Gestalt zu erkennen.
Das allumfassend Eine und das Vielgestaltige

haben den gleichen Ursprung.
Ungleich in ihrer Erscheinung sind beide doch gleich.
Vom äußeren Geheimnis zum inneren Geheimnis führend,
das ist der Ursprung aller Geheimnisse.

Mit dem Begriff des Tao umfaßte das alte China das ganze Mysterium von Werden, Leben und Vergehen, von diesseitiger und jenseitiger Welt. Unter seiner alles durchdringenden und im Verborgenen wirkenden Ordnung wurden die Natur der Seele und das wandelbare Wesen der stofflichen Welt in untrennbarer Einheit sich gegenseitig bedingender Ergänzung verstanden. Das höchste Numinose der Religionen, der unendliche Himmel sowie das profanste Wirken aus den Gegebenheiten der irdischen Natur waren die Offenbarungen aus dem geheimnisvollen Gewebe des Tao, das in allem gleichermaßen wirkt. Es ist auch symbolisiert durch die Gegensatzeinheit von Yin und Yang, von männlich und weiblich, es ist also darüber hinaus mehr und beides, nämlich ein Drittes oder Integrales, die Gleichzeitigkeit und innere Bedingtheit der Polarität. Wir kennen im abendländischen Denken praktisch keinen Begriff, der auch nur annähernd jenes bedeutungsvolle Volumen und den absoluten Sinn ausdrücken könnte, wie er unter Tao in China zu verstehen ist. So ergeht es uns aber mit einer ganzen Reihe von asiatischen Begriffen als Wortsymbolen, die nicht oder nur mit weitläufigen unzutreffenden Umschreibungen in unsere westlichen Sprachen transponiert werden können. Und wenn wir erst Kommentare zu solchen Worten lesen müssen, um ihre Tragweite zu begreifen, geht uns die intuitive Wirklichkeit verloren. Es sind also Begriffe äußerst starker Symbolkraft, welche die Gleichzeitigkeit mehrerer Vorgänge ausdrücken und die für das östliche Denken so charakteristisch sind. Und mit dem Tao haben wir ein Wortsymbol vor uns, das Heiliges und Profanes, Rationales und Irrationales so selbstverständlich umfaßt, als bedürfe es für diese keiner anderen Worte des unterscheidenden Denkens.

So ist in China Tao der Begriff für eine permanente Gegensatzvereinigung als Naturgesetz der Harmonie sowie für geistige Haltung, und damit charakterisiert Tao am besten das synthetische, integrierende und ganzheitliche Denken Ostasiens, hinter dem alle anderen Begriffe von Zeit, Raum und Form sekundär sind, denn sie bilden ja nur Seinsformen des allgegenwärtigen Tao. Es ging dem Chinesen der alten Zeit also nicht so sehr um die ›zehntausend Dinge‹, wie er die Vielheit symbolisch benannte, denn sie alle sind ja nur Formen aus dem Zusammenhang des Ganzen. Tschuang-Tse, der größte taoistische Philosoph und Dichter nach Lao-Tse, sagte etwa im 4. Jahrhundert vor unserer Zeitrechnung mit bezeichnenden Worten, daß der Chinese »die Dinge im Lichte der Ewigkeit« betrachtet und von Einem ausgeht. »Dann sieht er: Das Eine ist zugleich das Andere. Wo die Gegensätze ihre Aufhebung in der höchsten Synthese finden, da, sagt man, sei die Achse des Tao« (*Lao-Tse* von Lin-Yutang, S. 42).

Im Gegensatz zum westlichen Denken erkennen wir hier eine Darstellung vom Wesen der Natur aus ihrer ungeteilten und totalen Gegenwärtigkeit heraus. In der Erkenntnis der Welt, so wie sie ist, sucht der östliche Mensch den Kern der Wahrheit zu finden, um sich dieser Wahrheit oder Realität anzupassen. Im großen Gegenzug hierzu nimmt der westliche Mensch die Natur nicht als das schicksalhaft Gegebene hin, sondern er betrachtet an erster Stelle sich selbst als die maßgebende Norm der Dinge. Welcher Ausgangspunkt ist nun der bessere? Welcher führte an welcher Stelle wirklich weiter, und wer erlangte zuletzt eine bessere Harmonie des Lebens? Aristoteles schuf das großartige und bis ins Detail durchdachte System der ›Nikomachischen Ethik‹ als einen philosophisch orientierten Imperativ zur sittlichen Wandlung des Menschen durch vernunftgemäßes Handeln. Der östliche Mensch paßte sich an, sein Gesetz ist Wirken, Werdenlassen und Selbstentfaltung durch Nicht-Handeln, indem er die Dinge auf sich zukommen läßt, ohne doch untätig zu sein.

Er verweilt mehr nach innen gewandt, um sich der inneren Stimme der Natur und seines Bewußtseins zu fügen. So ist die Einstellung des östlichen Menschen vorherrschend introvertiert, mehr bezogen auf die psychische Mitte des Selbstes im Bewußtsein. Er findet sich mit vielen Dingen ab, die für ihn als schlichte Gesetzmäßigkeiten der Natur gegeben sind, wo etwa der westliche Mensch nach seinem eigenen Weltverständnis von der Ungerechtigkeit der Natur sprechen würde, von einem Gut und Böse, das er durch seine subjektive Wertung glaubt feststellen zu können und ändern zu müssen. Der westliche Mensch greift dort in die Natur und ihre Harmonie ein, wo der östliche Mensch sie wirken lassen würde. Wir stehen viel mehr außerhalb der Natur, der Asiate steht in ihr und folgt ihrem Wink.

Der abendländische Mensch begann die Welt nach seinen Ideen zu formen, er schuf sich ein Bild der Welt – wir nennen es Weltbild –, auch ein Begriff, den man im Osten nicht kannte. Seit Platon sprechen wir von der Welt der reinen Ideen, die weit über der Weltwirklichkeit als Leitbilder nur zu ahnen sind. Nach ihrer urbildlichen Richtschnur wurden die Maße der Natur geordnet. So wird das geistige und sozusagen überbewußte Urbild als Idee zum Leitbild einer aktiv und durch rationale Vernunft geordneten Natur. Der westliche Mensch denkt aber auch ausschließlich und daher konsequent dualistisch und wehrt sich vernunftorientiert dagegen, daß ein Begriff zwei ganz verschiedene oder gar antinomische Dinge, rationales und irrationales Wesen zugleich umfassen könnte. Aber gerade unterscheidendes und ausschließendes Denken wurde jedoch die notwendige Arbeitsgrundlage für das wissenschaftliche Denken der Notwendigkeit des logischen Schlusses, welches der griechische Philosoph Aristoteles begründet hatte. Er schrieb: »Was wissenschaftliche Erkenntnis ist, ergibt sich, wenn es gilt, sich exakt auszudrükken und sich nicht durch bloße Ähnlichkeiten leiten zu lassen, aus folgendem. Wir nehmen alle an, daß das, was wir wissenschaftlich erkennen, die Möglichkeit eines Andersseins ausschließt. Von dem, was anders sein kann, wissen wir nicht, ob es existiert oder nicht, falls es sich unserer unmittelbaren Beobachtung entzogen hat. Der Gegenstand wissenschaftlicher Erkenntnis hat also den Charakter der Notwendigkeit« (*Nikomachische Ethik*, S. 125).

Der östliche Mensch vermeidet solche Ausschließlichkeit, er bleibt aber auch undifferenzierter und damit teilnahmefähiger am Erleben des Irrationalen. Was wir mit diskursivem Denken und Handeln zu erlangen versuchen, indem wir objektivieren und analysieren, das gewinnt der östliche Mensch mehr subjektiv durch innere Anteilnahme und Nicht-Handeln. Betrachten wir unter diesem Aspekt einmal die Kunst des Abendlandes, in deren Mitte der Mensch steht, groß und deutlich im Bilde repräsentiert und den Gesetzen einer die Gestalt formenden Ästhetik nachgebildet. Und sehen wir auf der anderen Seite die Kunst des alten China, etwa die überwiegende Landschaftsmalerei mit ihrem mystischen und transparenten Bezug zum Raum ohne begrenzende Perspektiven, in dem die Menschen und die von ihm geschaffenen Gebilde der Bauten und Tempel oft winzig klein dargestellt sind, unbedeutend sogar und ganz eingebettet in die unendliche Weite und wiederum auch überwältigende Dichte der Natur. Sie ist in allem ein Bild von der vielschichtigen Ordnung und Allgegenwart des Tao in sich selbst, und der Mensch bildet dabei nur einen verschwindend kleinen Teil von ihr. Charakteristisch ist zu diesem Bilde wohl der Satz von Tschuang-Tse: »Ich weiß nur, daß man die Welt leben und gedeihen lassen soll, aber ich weiß nichts davon, daß man die Welt erst noch in Ordnung bringen müßte.« So scheint es uns, daß der asiatische Mensch die Gegebenheiten der Welt voraussetzte, nicht um sie zu ändern, sondern um sich danach zu richten und darin das große Geheimnis des Lebens zu finden. Der Taoist lebte im Einklang mit der Natur.

Der westliche Mensch betrat den Weg der Aktivität, mit seinen Normen und Prinzipien machte er sich die ›Welt untertan‹, so wie er sich auch durch den biblischen Auftrag bestätigt glaubte, die Welt war ihm gegeben, um sie zu verändern. Für ihn stand das Streben nach Erkenntnis der objektiven Welt im Vordergrund. Welche Tragweite der geistesgeschichtlichen Evolution aus dem unterschiedlichen Ursprung liegt in den beiden Ansatzpunkten des Denkens zwischen West und Ost! Der westliche Mensch nutzte seine rational begründete Logik zu einseitig, um selbst das Irrationale in Kategorien zu differenzieren; der östliche Mensch läßt es wirken und versucht höchstens, das Irrationale transparent zu machen in einer Welt nachvollziehbarer Symbole.

Bis heute halten wir vor allem das abendländische Denken für logisch und daher objektiv, wertfrei, wissenschaftlich-deskriptiv, kritisch und immer richtig in seiner rationalen Aussage, da es auf den überlieferten Formen einer bewährten ›Vernunft‹ begründet ist. Und wo dieses auch an der Irrationalität scheiterte, mußte das Dogma, der ›Lehrsatz‹, als feste Glaubensvorschrift mit Wahrheitsanspruch durch die kirchlich-christliche Religion aufgestellt werden. Aber dogmatischer Wahrheitsanspruch ›beansprucht‹ ein Recht auf die Wahrheit eines Seins, das mit dem Sollen der Logik nicht zur Übereinstimmung kommen kann. Damit ist der Anfang für einen Dualismus zwischen Glauben und Erkenntnis als realem Wissen gesetzt. Nach unserem Denken müssen die Schlüsse und Ergebnisse immer ›stimmen‹, denn sie haben einen logischen und rational definierten Schluß. Der mentale Vorgang des Denkens auf rationaler Ebene ist uns höchste Tugend geworden.

Ganz anders ist Asien: Denken ist dort Wirksamkeit des Geistes im Zentrum des Herzens, und darum sprechen wir besser von östlicher Weisheit. Sie bezieht sich mehr auf die praktische Erfahrung und auf echte Intuition als die persönlichen Erfahrungen des Geistes. In Asien muß Philosophie immer einen echten und lebendigen Bezug zum praktischen Leben haben, sie muß immer Belehrung zur Wandlung des Individuums enthalten, sonst wird sie als Theoriegebilde einfach nicht akzeptiert. Darum bildet dort Philosophie eine untrennbare Einheit mit den Religionen und der Ethik. Im Abendlande dagegen wurde die Tugend lehrbar, das war die Meinung der Griechen, und auch heute noch wird Philosophie vor allem hochschulmäßig gelehrt, sachlich studiert, kaum aber wäre es denkbar, daß sie auch heute gelebt würde. Dafür ist die Terminologie der Philosophie von heute gar nicht mehr geeignet, sie ist im Theoretischen steckengeblieben. Und unsere Philosophie trennte sich außerdem streng ab von Religionen oder Theologie, die erstere spricht von Wissen, die letztere vom Glauben. Ein solches Schisma gab es bisher zum Beispiel in Indien nicht, Religion und Philosophie bedingen einander und haben doch die gleichen Ziele. Auch wenn es im indischen Raume hervorragende Logiker innerhalb der religiösen Systeme gegeben hat, so stand doch auch das ›Nicht-Denken‹, die freie Voraussetzungslosigkeit jenseits des Intellektes am Anfang aller Forderungen nach Wandlung des Bewußtseins. Im Gegenteil, der Intellekt galt sogar in weitem Maße als der störende Widersacher auf dem Wege zur reinen Selbsterkenntnis. Wir erkennen also eine gegensätzliche Methode des Denkens zwischen West und Ost und auch in den Definitionen der Universalien der großen Religionen.

Der abendländische Mensch bedient sich der bekannten und positiven Begriffe, um das Wesen des Göttlichen zu beschreiben, das stark mit persönlichen Elementen versehen ist (ausgenommen sind hier natürlich die christlichen Mystiker). Der östliche Mensch in den Religionen Chinas und Indiens verläßt sich neben diesem gerne auf negative und irrationale Begriffe, auf das Mysterium des Unnambaren, das Tao, das Nirvâna oder auf die große Leerheit, um das eigentliche Geheimnis in seiner Unbeschreiblichkeit anzudeuten. ›Das, was nicht benannt werden kann, macht das Wesen der Dinge aus‹, würde der Taoist sagen; oder mit anderen Worten: ›der leere Zwischenraum zwischen unseren Schritten bewirkt, daß wir uns fortbewegen können‹. Darum war es auch für den Philosophen Tschuang-Tse »das Höchste, zu erkennen, was himmlisch und was menschlich in uns ist. Zu wissen, was himmlisch in uns ist, ist ein Geschenk des Himmels. Zu wissen, was menschlich in uns ist, heißt fußend auf dem unserem Wissen Erkennbaren, das Wissen vom Unbekannten zu fördern« (Tschuang-Tse, *Dichtung und Weisheit*, S. 18).

Darum konnte der östliche Mensch nicht auf die Idee verfallen, etwa logisch begründete Gottesbeweise anzutreten. Solche allerdings wurden zu einer Notwendigkeit vor allem im christlichen Mittelalter, geboren aus der Anwendung der vorhandenen Gesetze der griechischen Logik auf die Erscheinungen der irrationalen Seiten des Glaubens in der christlichen Religion. Der abendländische Mensch verhielt sich in der Mehrheit extravertiert, er wandte seine Aufmerksamkeit den bekannten und bewußten Dingen der Welt zu, den logischen Begriffen und Fakten und dem aus dem jenseitigen Reich der Himmel hervorleuchtenden Gottesbilde. Was die irdische Seite anbetrifft, begründete sich darin auch als Folge der Materialismus, das einseitige Vertrauen in die Verläßlichkeit der Mittel. Die Bindung an die reale Welt der Dinge, die Überbewertung eines materiell überschätzten Wohlstandes erzeugen aber auch eine unlösbare Abhängigkeit von diesen, wir werden unfrei und immer von den Dingen schließlich beherrscht, die wir geschaffen und als die höchsten Güter unseres Fortschritts eingesetzt haben.

So vernachlässigte der westliche Mensch immer wieder die unerkennbare und doch so evidente Wirkung des Irrationalen, eminent wirksame Bereiche des Unbewußten und der höheren Intuition, die wir bei richtiger Erkenntnis doch als die das Leben spendenden Kräfte des Bewußtseins bezeichnen müßten. Wenn erst einmal durch die ausschließliche Zuwendung zur bewußten Außenwelt die verborgenen Kräfte und Tendenzen des Unbewußten überspielt werden, dann bilden sich dort bald die Gefilde der Eumeniden und Erinyen, der dämonischen Mächte des Unbewußten, die nicht vom Logos berührt und gebannt (integriert) wurden. Damit aber sind Gefahren verbunden, die den kritischen Geist um so leichter außer Kraft setzen können, ohne daß wir dessen gewahr werden. Der Mensch sinkt dann in seinem Denken auf ein kollektives und niedrigeres Niveau herab, auf dem die Gefahren als Massenwahn, leere Ideologien und Zerstörung zutage treten. Es war der abendländische Mensch, der sich selbst durch den Intellektualismus und seine mentale Einseitigkeit von den Wurzeln des Irrationalen, der Religion und des Schöpferischen entfernt hat. Als Kompensation hierzu erfand auch er die Psychologie als eine Wissenschaft von der Seele, wie man dem bedrängten Menschen therapeutisch wieder helfen könne.

In einem psychologisch feinsinnigen Gleichnis wies Tschuang-Tse auf die Gefahren hin, alles dem intellektuellen Wissensdrang zu opfern, das geheimnisvolle Unbewußte aber zu ignorieren oder es gar ausschalten zu wollen, jene Quelle der Urbilder und der schöpferischen Kräfte aus der irrationalen Welt, wie sie sich doch in den Träumen noch fast alltäglich manifestiert. Denn nur das Ganze, also das Bewußte und das Unbewußte bilden die Einheit des Tao. Tschuang-Tse berichtet: »Der Herrscher des Südmeeres war der Unachtsame, der Herrscher des Nordmeeres war der Unbesonnene, und der Herrscher der Mitte war der Unbewußte. Der Unbesonnene und der Unachtsame trafen sich häufig im Lande des Unbewußten, und der Unbewußte war zu ihnen stets sehr gütig. Der Unachtsame und der Unbesonnene berieten sich, wie sie die Güte des Unbewußten vergelten könnten und sprachen: »Alle Menschen haben sieben Öffnungen zum Sehen und Hören, zum Essen und zum Atmen. Er als einziger hat keine, wir wollen doch mal versuchen, sie ihm zu bohren.« Und sie bohrten ihm jeden Tag eine Öffnung. Am siebenten Tage aber war der Unbewußte tot.« (Tschuang-Tse, *Dichtung und Weisheit,* S. 16).

Für den Asiaten hat also schon immer die andere Seite des Bewußtseins und die Innenwelt der Seele einen bedeutenden Realitätswert, der durch Meditation und Selbsterfahrung erschlossen werden kann. So lehrte der östliche Mensch die Lebenserfahrung und praktische Weisheit aus der Anwendung der Welt auf sich selbst. Und was wir bei uns das Unbewußte bezeichnen, war für die verschiedenen Yogasysteme Indiens nicht etwas Passives und Unbestimmtes, sondern eine höchst aktivierbare psychische Realität, wie es der Kuṇḍalinî-Yoga beweist. Man sucht in der Tiefe des Bewußtseins nach der Antwort der Wahrheit aus der Erkenntnis des Lebens und aus dem Schatz der Selbsterkenntnis der Seele. Westliches, wissenschaftlich perfektioniertes Denken arbeitet nach den Regeln der Logik und der unbedingten Beweisbarkeit der Schlüsse. Der mit durchdringendem Intellekt versehene Geist sucht die Wahrheit zuerst im theoretischen Raume der Ideen, im reinsten Sinne also in der Metaphysik, um danach das Leben auszurichten. Dies hat zwar einen Reichtum an Philosophie der metaphysischen Richtung erbracht, viele spekulative Möglichkeiten einer theoretischen Wahrheit, kaum aber psychisch wirksame oder auf das praktische Leben anwendbare Wahrheit, die eben dieses einfache Leben gestalten hilft. Das ist die zum Teil eingetretene große Lebensferne der klassischen abendländischen Philosophie. Auf theoretisch geisteswissenschaftlichem Gebiete sind auch für die Zukunft außerordentliche Möglichkeiten geboten, unerheblich sind aber die praktischen Auswirkungen. Theoreme, Hypothesen und philosophische Kategorien bleiben dort, wo sie entstanden, im theoretischen Raum abstrakter Aussagen, und nur selten gelingt es, daß sich eine solche Idee im realen Leben emaniert. Die nächste Folge ist also die Notwendigkeit einer Ethik, die nun ihrerseits dazu dient, metaphysisch und theoretisch-philosophisch definierte Wahrheitsbegriffe auf das Leben anwendbar zu machen. Damit haben wir schon wieder zwei Systeme, um das Eine zu umfassen. Wir kennen seit Platon die Kategorien des Seins, und Aristoteles bildete wie schon Sokrates eine intellektualistische Ethik heran, um Tugenden lehren zu können. Viel später dann bei Leibniz und Hegel erlangt der Intellektualismus schließlich einen Höhepunkt mit metaphysischer Begründung (Hegels berühmte Phänomenologie des Geistes). Sind wir tatsächlich aber in der Verwirklichung der schlichten Wahrheiten des Lebens weitergekommen?

Herbert Kessler schrieb einmal: »In den Wissenschaften werden nur die Irrtümer und die aufgeblasenen Definitionen erfunden, das Wahre aber wird gefunden.« Und er stellt auch weiter die Frage, »ob der Gebildete heute mehr weiß als zur Goethezeit?« und kommt zu dem Schluß: »Ausgebreiteter ist sein Wissen wohl, aber desto stückhafter. Die gesunde Natur vergißt, die Gelehrsamkeit spezialisiert und thesauriert, was auf dasselbe hinausläuft. Die menschliche Dreifaltigkeit Erkenntnis, Gefühl und Wille läßt sich nicht ungestraft verleugnen. Mit dem Wissen des Menschen wächst das Dunkelfeld um ihn. Das Nichtwissen wird lastender« (H. Kessler, *Das schöne Wagnis,* S. 89). Damit gelangen wir wieder zurück zum mahnenden Beispiel des Tschuang-Tse von dem Unbewußten als dem Herrscher der Mitte.

Es erwies sich in bezug auf die ganzheitlich notwendige Erfahrung von Welt und Transzendenz geistesgeschichtlich als geradezu folgerichtig, daß der abendländische Mensch im 1. bis 3. Jahrhundert die Gnosis besonders favorisierte und daß er später über das Christentum gerade trotz aller Dogmatik die Mystik des Mittelalters zur Blüte brachte, denn dort wirkte gnostisches Denken lebendig und noch mehr vergeistigt weiter. Und dies geschah ganz parallel neben einem Vernunftdenken des Platon und Aristoteles, das weiterlebte und die Seele in eine rationale und irrationale Seele gleich mehrfach aufgliederte. Natürlich hat uns rationales Denken und intellektuelle Arbeit sehr weit vorangebracht, wenn wir die Fülle objektiver und wissenschaftlicher Methoden und Ergebnisse betrachten, aus denen sich eine hoch technisierte und zivilisierte Welt entwickelte. Aber seit dem 18. bis Anfang 19. Jahrhundert hat doch eine Einseitigkeit des kausalistischen Denkens eingesetzt, die einen auch heute noch krassen Dualismus heraufbeschworen hat, wie er lange nicht mehr in der Welt zu finden war. Die ideologische und politische Lage dieser Zeit ist ein zu deutliches Beispiel dafür, wohin die Ausschließlichkeit des Denkens führt. Geistige Gegenströmungen, die hier einen klaren Wandel andeuten würden, scheinen trotz des Auftretens von bedeutenden Denkern der integralen Philosophie noch nicht erkennbar zu sein. Hier bleibt uns Hoffnung nur auf eine Umkehr durch Erkenntnis der notwendigen Wege zum Selbst und zur Integration auf höherer Ebene des Bewußtseins.

Anders verhielt sich die geistige Situation in Asien. Lebenswirklichkeit und Transzendierung des Bewußtseins sowie die spirituellen Techniken zur Erfahrung des Göttlichen im Menschen (Aurobindo spricht von der Herabkunft des Göttlichen im Supramentalen) waren Ausdruck einer geschlossenen Haltung aus der Erkenntnis der All-Einheit von Mensch und Welt. Sie war eine Offenbarung des Tao im Reich der Mitte, oder, wie in Indien, eine Schöpfung der Allnatur Prakriti als die zeugende und hervorbringende Kraft aus Brahma, der Idee eines höchsten göttlichen Wesens an sich. Als zentralen Begriff jenseits der dualistischen Konzeptionen hatte Indien das alles, auf sich vereinende Selbst, der Puruṣa, die rein geistige Mitte des Menschen, die immer in Einheit mit dem Höchsten steht. Selbstverwirklichung ist daher zugleich die Verwirklichung Gottes im Menschen. Und wie schon die altindischen Mythen berichten, die Mythen der großen Kosmogonie, war das Selbst, die Mitte alles Werdens, auch der Anfang der Welt. Es war durch sich selbst und entfaltete sich durch Reflexion auf sich selbst, ein durchaus psychologischer Vorgang der Zentrierung des Bewußtseins. Erst dann entstanden nach der Folge des Mythos die Teilfunktionen wie der Intellekt und das Denken als die nur äußeren Möglichkeiten für die Korrespondenz mit dem Universum der gestalteten Welt von Bewußtsein und Form. Mit der Lehre vom Selbst begannen die Weisen in Indien schon vor unserer Zeitrechnung den großen Weg der Introspektion und auch der bewußten Abkehr von der Welt, der noch heute das Denken dieses Landes charakterisiert. Die Relativität der vergänglichen und letzten Endes unbefriedigend-leidvollen Welt wurde erkannt, die Beziehungen wurden zu ihr so weit als möglich aufgegeben und vernachlässigt, und die Weisen begannen das Suchen nach dem Sinn des Weltdaseins in sich selbst. Dies wurde zu einer Grundeinstellung indischen Denkens. Tausendfach ähneln sich die Aussagen, wie etwa jene aus der Aṣṭavakragîtâ: »Betrachte dein Selbst: reglos auf höchstem Gipfel steht es zur Wahrheit erwacht. Nichts zweites ist neben ihm. Von dir ist alles dies erfüllt, in dich ist es in Wahrheit eingesenkt. Reine Erleuchtung ist dein Wesen, versinke nicht in kleinliches Denken« (*Ashtavakra-Gita*, S. 6).

Wenn nun dieses Selbst als innerstes Wesen des Menschen gefunden worden ist, und wir dürfen es keinesfalls mit dem Begriff des Ich verwechseln, entfaltet der Mensch aus sich heraus ein Weltverständnis, das auf die zentrale und als wahr erkannte Funktion des Selbstes bezogen ist. Immer wieder kreisen die indischen Schriften, wie etwa die Brihad-Âraṇyaka-Upaniṣad um diese wichtige Frage: »Wenn nun die Sonne und der Mond untergegangen sind, das Feuer verloschen und auch die Rede (als Mittel der Kommunikation) verstummt ist, was dient dem Menschen dann als Licht? Das Selbst wird sein Licht.« Das ist der »innere Mensch, der unter den Lebensorganen nur aus Erkennen bestehende, der das Licht im Herzen ist«. Es wurde und wird noch in Indien die Selbstfindung als Selbstverwirklichung (und Individuation) mit der höchsten Form der Erkenntnis identifiziert. Erkenntnis ist hier also nicht Ansammlung von intellektuellem Wissen und mentalen Kenntnissen, sondern das Wissen um sich selbst und seine Sinngebung in diesem Leben. Alles andere Wissen ist sekundär, gehört sozusagen der Welt der Dinge an, und ist gegenüber der Wahrheit unbedeutend. Es ist verständlich, daß dieses Denken, unterstützt durch die Religionen Indiens und durch Yoga, auf der einen Seite zwar eine hohe Kultivierung seelischer Bereiche und des

Bewußtseins erzeugte, daß aber auf der anderen Seite die Weltabkehr eine Abwertung der zwischenmenschlichen, sozialen und weltlichen Probleme bewirkte, die heute in der Struktur des Landes noch deutlich zu erkennen ist. Ein starker Individualismus und eine unübersehbare Fülle von verschiedenen religiösen und philosophischen Lehren waren das Ergebnis in einem Lande, in dem letzthin jede Aussage der Yogis und Weisen als eine Form der Wahrheit betrachtet wurde. Man schreitet von der niederen Wahrheit zur höheren Wahrheit, der Weg führt von der Stufe der Unwissenheit bis hin zum höchsten Wissen durch Selbsterkenntnis. Niederes Wissen ist das Wissen von den Dingen der vergänglichen Welt, so auch die Wissenschaften, höheres und einzig unbedingtes Wissen ist die Selbsterkenntnis als Möglichkeit zur Eröffnung einer Transzendenz.

Von den verschiedenen hinduistischen Religionsformen wird schon in den vedischen Texten das Selbst mit Brahman, dem höchsten und unpersönlichen Gottesbegriff, gleichgesetzt. Aus der Einheit von Selbst in Harmonie mit dem Göttlichen bewertet er die Welt nach dem Maßstab ihrer vergänglichen Unwirklichkeit, da sie als große Täuschung ganz dem Wandel unterworfen ist. Das Menschenleben wird als die größte Chance auf der Welt bezeichnet, weil nur in dieser Daseinsform ein Weg zur Erkenntnis beschritten werden kann. In den Upaniṣaden, den wohl bedeutendsten Weisheitsschriften des indischen Veda, finden wir auch folgende Aussage: »Wer sein Selbst gefunden hat und es in diesem stofflichen Körper befindlich wahrgenommen, der ist alles schaffend; der ist der Schöpfer von allem, dem gehört die Welt, und er ist die Welt« *(Brihad-Âraṇyaka-Up.).* Dieser Weg zum Selbst ist ein deutliche Absage an die Welt, eine Introversion auf das Bewußtsein, welche ganz natürlich die Probleme der äußeren Welt vernachläsigen mußte. So konnte also weder Ostasien noch Indien zum Ursprung der rationalen Wissenschaften in unserem westlichen Sinne werden, denn der Logos diente nur dem Menschen und weniger der Welt. Auch wenn sich heute allgemein eine große Wandlung in den Wissenschaften zur Weltkultur hin entwickelt, auch im Osten, so ist der von uns skizzierte Ausgangspunkt doch bisher die bestimmende und immer noch unterschwellig wirksame Form asiatischen Denkens gewesen.

Schon Jahrhunderte vor uns erfanden zum Beispiel die Chinesen das Schießpulver und verwendeten es jedoch nur für Feuerwerk und nicht etwa zur Tötung von Menschen. Jahrhundertelang galten Gold und Silber in Tibet als Metalle, die zur höchsten Opfergabe für die heiligen Schreine und die Statuen der Buddhas verwendet wurden. Es war diesem tiefreligiösen Volk noch undenkbar, einfach nur Münzgeld daraus zu prägen. Man kann über diese Erscheinungen denken wie man mag, von unserem Standpunkt aus wären sie leicht zu kritisieren, aber es lag doch etwas Hohes in solcher Haltung. In den gleichen, für westliches Denken problematischen Bereich fällt die indische Idee von der Heiligkeit der Kühe (über die sich Gandhi treffend äußerte) und etwa unter dem buddhistischen König Aśoka (272–236 vor Chr.) die Errichtung von Tierheimen für leidende und kranke Tiere, denen alle Sorge zuteil wurde. Aus indischer Sicht aber war die Teilnahme am Leiden der belebten Kreatur eine echte Erfüllung der religiösen Überzeugung, die Übersteigerung in das Irreale ist dabei nicht auszuschließen. Jeder Weg gewisser einseitiger Haltung, ob gut oder schlecht, hat seine teils nützlichen und ebenso ›sinnlosen‹ Seiten, dies gehört zur Ambivalenz der Welterfahrung als Leiden.

Der Weg der Abkehr von der Welt zugunsten einer ausschließlichen Kultivierung der Seele, zugunsten eines Weges der Befreiung aus den Bindungen der vergänglichen Welt, hinführend zur möglichst vollkommenen Vereinigung mit dem Erlösungsziel der Religionen, wurde im Buddhismus und im Jainismus noch ausschließlicher betont. Freiheit und Erlösung bedeuten die vollkommene Überwindung der Welt und vor allem der Gebundenheit an diese. Es ist intelligibel, daß aus dieser Haltung eine für unser Verständnis ganz andere geistige Welt in Asien entstand, die gemessen an unserem Daseinsverständnis uns immer wieder unverständlich zu sein scheint. Und dieses Denken entwickelte einen kulturellen Boden von großer Tragfähigkeit, der nicht so rasch durch weltweite Kommunikation erschüttert werden kann.

Während der Abendländer auf fast allen Ebenen ›progressiv‹ fortgeschritten ist (ein geradezu typischer Begriff unseres Weges), die Welt längst physisch vermessen, erkannt und gemeistert hat, scheint uns der Asiate ganz bei sich selbst und sozusagen noch auf der Stelle geblieben zu sein. Blicken wir aber einmal in den reichen Schatz seiner Literatur, dann sehen wir die Reichhaltigkeit seiner ›Erfindungen‹ und ›Entdeckungen‹ eines geistigen Universums auf spiritueller Ebene als Wege zum Selbst, als psychologische Methoden des Yoga, die solche Differenziertheit aufweisen, daß wir auf weite Sicht nicht einmal in der Lage sind, für die meisten der dort beschriebenen Bewußtseinsstufen einen geeigneten Begriff in unserer Sprache zu prägen. Für die Psychologie des Westens allein sind diese östlichen Techniken eine Fundgrube, wo wir immer noch mehr zu lernen als selbst zu bieten haben. Und die Übersetzung von bewußtseinstheoretischen Begriffen des Buddhismus zum Beispiel aus den Pâli- und Sanskrit-Sprachen bereitet uns größte Schwierigkeiten, die weniger linguistischer Art sind, denen wir aber einfach keine adäquaten westlichen Sprachformen gegenüberstellen können. Hier liegen also die echten Probleme für das Verständnis des östlichen Denkens, wobei unsere Unzulänglichkeit mangels introspektiver Tradition recht groß ist.

Es ging eben um etwas anderes, ein tibetisches Wort sagt: »Wissensnotwendig ist, daß die Bindung an die Erscheinungen der Welt Reichtum erbringt, jedoch den geistigen Fortschritt hemmt.« Darum ist es auch ein Fehler, »geistiges Wissen zu haben, ohne es auf das Leben anwenden zu können«. Und es schließt der tibetische Weisheitsspruch damit: »Die Kenntnis von den eigenen Fähigkeiten bedingt eine sichere Linie des Handelns.«

Wir sind im Abendland sicher auch ein wenig dem Trugschluß erlegen, Wissen sei Macht (und zwar kennzeichnend wieder ›über andere‹), oder Wissen sei Bildung, wobei wir Bildung zu sehr unter dem Aspekt der Erziehung zur optimalen intellektuellen Leistung gesehen haben. Wie oft aber klaffen großes, angelerntes Wissen und der Charakter ein und desselben Menschen auseinander! In Asien diente Wissen, das auch dort ebenfalls an erster Stelle des Erstrebenswerten stand, der Wandlung des Menschen, und hatte seine Sinngebung vornehmlich darin, daß die Persönlichkeit zur Individuation und Freiheit gelangen konnte. Wir könnten uns hier wieder fragen: Wer von beiden ist weiter gekommen, der Osten oder der Westen? Und doch können wir so einfach zu keinem festen Urteil gelangen. Zu viele Dinge sind auch verschieden, wurden hier nicht erwähnt, und auch die am meisten extravertierte Zielsetzung hat ihre reale Berechtigung und Wertsetzung. Eigentlich sind also beide weit gekommen, obwohl die Dinge immer im evolutionierenden Fluß bleiben, der Westen vielleicht mehr im Außen, der Osten mehr im Innen. Es sollte auch nicht vergessen werden zu betonen, daß wir in beiden Sphären auch jeweils große Gegenströmungen hatten. Auch die abendländischen Traditionen sind reich genug an Werken der geistigen Innenschau, die es verdienen, gerade heute in einer geistig so verarmten Zeit mehr gewürdigt und beachtet zu werden. Unsere im gewissen Sinne Angstneurose, sozusagen in das ›Mystische‹ zu verfallen, wenn wir einmal auf uns selbst zurückgehen, ist kennzeichnend für die Lage der westlichen Welt. Und die heute so deutlich erkennbare Hinwendung ›nach Osten‹ als dem Reich der Spiritualität kann nicht der ausschließlich rechte Weg sein, wenn wir uns nicht selbst verlieren wollen. Vielmehr müssen wir nun aus beiden Welten lernen, um uns selbst zu finden.

Eine höhere und integrale Lösung für den Menschen wäre natürlich die erstrebenswerte Einheit beider Wege in einem integrierenden Denken und Verstehen von Welt und

Mensch. Manches scheint dahin aufzubrechen. Wir sprachen vom indischen Weg zum Selbst, gewiß gibt es Gedankenparallelen in unserer antiken Welt wie auch späterhin. Sokrates lehrte uns die Tugend über das Wissen vom richtigen Handeln und verlangte das »Erkenne dich selbst« als Maxime und Leitsatz für menschliche Individuation, denn nur durch Selbsterkenntnis weiß auch der Mensch um den Zweck seines Wollens. Sein Schüler Platon aber errichtete die das abendländische Denken prägende Lehre von den Ideen und den daraus abgeleiteten Begriffen, die noch keinesfalls psychologisch und auch philosophisch ausgeschöpft ist und wohl noch in der Genetik von Bedeutung sein wird. Mit der Ideenlehre begann aber auch die rationale und begriffliche Behandlung der eigentlichen Lebensfragen und der Lehrbarkeit von geistigen Inhalten, die eigentlich nicht gelehrt, sondern nur selbst erfahren werden können.

Was in Asien, besonders im indischen Raume, durch die psychischen Techniken des Yoga, durch Erfahrung des Bewußtseins aus sich selbst gesucht wurde, nämlich praktische Lebensweisheit und Wirklichkeitserkenntnis, wurde im Abendland theoretische und nach Möglichkeit in Begriffen klassifizierte Norm von idealen Wahrheiten, die man studieren konnte. Am Ende hatte man viel erlerntes Wissen an philosophischer Definition als erprobter Laureatus, nicht aber das Leben.

Noch wesentlicher für den Ausgangspunkt unseres Denkens aber war wohl die Trennung von Philosophie und Religion schon zur Zeit der antiken griechischen Klassik. Der Mythos der Götter war für die Griechen bereits uralt, wirkte nicht mehr als direkte Lebenskraft in einer allgriechischen Hochreligion. Er diente mehr als Stoff der Dramen und Dichtungen als ein abgeleiteter Nachhall einer heroisch-mythischen Welt. Eine solche Trennung von Mythos und Religion hat es in Indien bisher nicht gegeben trotz einer so eigenständigen und mythenfreien Religion wie der des Buddhismus. Hier lebte der Mythos verwoben in die religiösen

Lehren bis heute fort, er ist noch überwiegende Wirklichkeit, da er eine integrierte und lebendige Grundlage vieler Aussagen der Religion geblieben ist. Indien steht noch heute in einer lebendigen Urbeziehung zum Mythos. Allerdings hat Indien auch den größten Reichtum an hochentwickelten eschatologischen Mythen, die eine tragende Übergangsschicht zu den Hochreligionen bilden.

Die in der griechischen Antike vollzogene Trennung von Philosophie und überhaupt der Wissenschaften von der Religion blieb erhalten, als das Christentum in die Geschichte eintrat. Dieses war eine starke monotheistische Religion, die in Griechenland auf eine autarke und hochentwickelte Tradition der Philosophie traf, während die alten Heroenmythen nur noch eine schwache religiöse Tätigkeit nähren konnten. Schon standen in Griechenland fünf Jahrhunderte lang die Lehren der Philosophie in hohem Ansehen, und ihre Denkformen hatten das mediterrane Abendland bereits so stark durchdrungen, daß ihre Normen nicht mehr ungültig gemacht werden konnten. Eine Wandlung gelang nur langsam, zumal die christliche Lehre eine Religion des Glaubens verkündete, eine Lehre der Gotteskindschaft aller Menschen und damit einer echten Beziehung zu einem Gott als Erlöser, die von Natur aus gegen das philosophische Denken und Prinzip des objektiven Wissens gerichtet sein mußte. Versuche einer neuen Ganzheit durch Annäherung dauern an, und auch noch die moderne Wissenschaft, wie etwa die Religionsphilosophie, ist mit der Theologie verstrickt, sie ist strenggenommen weder richtige Religion als solche noch Philosophie im praktischen Sinne; sie bildet also eine Komplementärwissenschaft von beiden Seiten. Wir können ersehen, welche Barrieren zu überwinden sind, um ein neues Denken, eine höhere und integrale Einheit von Denken und Wirklichkeit zu erlangen. Der große indische Gelehrte unserer Tage, dessen Werk ohne Zweifel noch in die Zukunft weisen kann, Śri Aurobindo, sagte: »Solange diese Trennung zwischen Leben und Geist besteht, ist das Urteil über das menschliche Leben gesprochen.« (Aurobindo, *Zyklus der menschlichen Entwicklung*).

Die indischen Systeme des Buddhismus und des Hinduismus bieten ein breites Spektrum zwischen philosophischer und metaphysischer Spekulation, psychologischer Seelen- und Lebensführung und religiösen Einstellungen an, die alle irgendwie notwendig aufeinander bezogen sind. Für Indien sind dies alles Möglichkeiten auf dem Wege zum Selbst, die Religion stellt dieses in den göttlichen Bereich. Yoga ist die Methode und sie dient immer den Prinzipien der Bewußtwerdung und der Erkenntnis. Diese sind die Voraussetzung zur Einswerdung mit dem Selbst und mit jeglichem Ziel der Transzendenz. So haben wir zumindest in Asien durchgehende Systeme, Religion und Philosophie sind als seelische Tätigkeiten und geistige Praxis Ausdrucksformen einer einzigen und umfassenden Zielsetzung. Die indische Mythologie lebt in den Fundamenten der Religionen fort, sie ist tragende urbildliche Kraft und ein Abbild der Kräfte des Kosmos auf der Ebene mythischen Denkens. Und der Mensch fühlt sich selbst als ein Zentrum der kosmischen Kräfte, er fühlt sich als eine Gestalt in kosmischer Bezogenheit und Ordnung, und die Achse des Göttlichen ist zugleich die Achse des Selbst und der ganzen Schöpfung. So versteht sich der Inder in einer großen Identität mit dem Selbst und Gott. Und so ist das indische Denken mehr ganzheitlich, dort sind »Mentales und Verstand nicht Schlüsselstellungen unseres Seins«, wie es Aurobindo bezeichnete. Religionen und Philosophie verfolgen beide das gleiche Ziel auf verschiedenen Ebenen der geistigen Verwirklichung und Bezugnahme zum Ganzen. Der indische Weg enthielt immer alle Arten der Lebensführung als gegenseitig sich ergänzende Methoden: Askese, Meditation und Mystik, Religion als transzendierende Hinwendung zu Gott und Philosophie als Praxis und Theorie des möglichen Seins.

Vieles davon finden wir auch im Abendland, vielleicht mehr in Form von einzelnen und recht unabhängig gewordenen Wissenschaften, die inhaltlich oft weit voneinander getrennt und nicht in gemeinsamer Systematik wirksam werden. Wir hatten einen langen Weg der Annäherung zu beschreiten, um eine Brücke zu finden zwischen dem autarken Selbstverständnis der klassischen Philosophie und einer ebenso anspruchsvollen, den ganzen Menschen fordernden Religion wie das Christentum. Glaube und Wissen standen sich lange Jahrhunderte gegenüber und schlossen sich aus, es war ein typisch westlicher Dualismus, der zu langen, heftigen und folgenreichen Auseinandersetzungen im Mittelalter führte, die auch heute noch keineswegs abgeschlossen sind. In der Zeit der großen Wandlungen und neuer geistiger Ausblicke des Abendlandes, den ersten fünf Jahrhunderten unserer Zeitrechnung, schien Plotin aus der neuplatonischen Schule durch Eigenerfahrungen echte Wege zum Selbst gefunden zu haben. Das »Kreisen der Seele um ihren Mittelpunkt« charakterisiert Plotins introspektiven Geist auf der Suche nach der Selbstvollendung der Seele und ihrer Wiedervereinigung mit dem höchsten Guten. In mancher Hinsicht zeigt der Weg Plotins große Ähnlichkeit mit den Strukturen asiatischen Denkens.

Augustinus übernimmt das zum Teil sogar mystische Wissen des Plotin sowie die großen Ideen der christlichen Gnosis und leitet zu neuem Denken in den Bahnen der Religion über. Und schließlich gelingt es Thomas von Aquino, griechischen Geist, nämlich dessen rationale und objektive Methodik und Wissenschaftlichkeit, mit dem christlichen Denken neu zu verschmelzen. Auf Thomas folgten die Scholastiker, jene schulmäßig hochgelehrten Theologen, die mit einem Intellektualismus griechischer Schulung sich um Gottesbeweise bemühten und um Einzeldinge stritten, anstatt das Ganze zu wahren. Darum wird diese Epoche vor allem im deutschen Raum auch zum Zeitalter der Mystik, die in Ekkehart einen Höhepunkt findet, der die unteilbare Ganzheit einer die persönliche Erfahrung übersteigenden Gottesbeziehung betont.

Die Renaissance führt schließlich zu einer kraftvollen Er-

neuerung des griechischen Geistes und einer verstärkten Betonung des Logos, der das wissenschaftliche Zeitalter bald einleiten sollte. Wie oft aber noch standen die abendländische Philosophie und die beginnenden Naturwissenschaften im geistigen Widerstreit gegen die aufkommenden Dogmen auf der Seite des kirchlichen Glaubens. So konnte man der Wirklichkeit eines breiten humanen Menschenbildes kaum näher kommen. Die Erfahrungen der christlichen Mystiker des Mittelalters, die mystischen Deutungen Gottes durch Ekkehart und die Visionen der Hildegard von Bingen zeigen vielerlei Ähnlichkeiten mit denen der indischen Welt, weil sie Leben und Geist in göttlicher Transzendenz auf den Grund gingen. Selbsterfahrung bestimmte das Maß ihrer Aussage und diente als Zeugnis für ihre Wahrheit. Die spirituelle Kosmologie einer in Christus und Gott wirksam werdenden Weltordnung wurde von Hildegard von Bingen tief aus dem Inneren des Bewußtseins beschrieben. Hier zeigt uns ihre Weltordnung in den künstlerischen Darstellungen der Miniaturen des Codex von Lucca eine auffallende Verwandtschaft zu den asiatischen, besonders den buddhistischen Maṇḍalas von Tibet. Der Weg zu Gott über die Ergründung in den eigenen Seelentiefen führte Hildegard von Bingen zu harmonischen Bildern der kosmischen Ordnung hin, die uns auch aus der heutigen angewandten Psychologie als Bilder der individuellen seelischen Ordnung bekannt sind, wenn die psychische Individuation begonnen hat. Darum konnte Hildegard von Bingen aus der Ganzheit ihrer Person ähnlich wie in den indischen Upaniṣaden sagen:
»O Mensch, schau dir doch daraufhin den Menschen richtig an: Der Mensch hat ja Himmel und Erde und die ganze übrige Kreatur schon in sich selber und ist doch eine ganze Gestalt, und in ihm ist alles schon verborgen vorhanden« (H. v. Bingen, *Heilkunde*, S. 50).

Dieser so beschriebene Kosmos im Menschen findet sich auch bei dem Mystiker Jakob Böhme und schließlich in der zu seiner Zeit noch blühenden Alchemie, die sich teils außerhalb und teils mit der christlichen Lehre um ein ganzheitliches Welt- und Menschenbild bemühte. Wir beobachten in der abendländischen Kultur- und Geistesgeschichte immer wieder den sich ablösenden Wechsel von jeweils vorherrschendem religiösem oder philosophischem Denken. Griechentum, Gnosis und synkretistische Religion bis in die Zeit des Römischen Imperiums und auf der anderen Seite das erstarkende Christentum standen sich gegenüber. Scholastik und Mystik bildeten zwei Kraftrichtungen ganz konträrer Ausdrucksweise innerhalb der einen Lehre, die schließlich auch noch den Bruch in der Reformation verarbeiten mußte. Und die Renaissance bot den Anlaß für Reformationen und Gegenreformationen.

Das christliche Abendland ist in seinem Denken auf ein finales Weltbild der Erlösung eben durch Gott und Christus eingestellt. Der letzte Tag und das kommende Weltgericht, die Auferstehung der Toten zu endgültiger Seligkeit in Gott oder zu ewiger Verdammnis stehen am Ende der im christlichen Weltbild nur einmaligen Schöpfung. So bietet sich natürlich auch das Ende der Welt in einem Dualismus zwischen dem Sein in Gott oder dem ewig Höllischen an. Eine ähnliche Entzweiung in der Eschatologie finden wir im Manichäismus. Durch die einmalige und auf die Religion bezogene Wertsetzung von Gut und Böse scheint die Integration beider Aspekte als Erscheinungen des einen Seins von innen heraus nicht mehr möglich zu sein.

In Asien haben wir eine ganz andere, nämlich die Vorstellung von der zyklisch sich wandelnden Existenz einer unendlichen Welt. Der indische Raum kennt also kein eigentliches Ende der Welten, sondern eine zyklische Zeiterscheinung von Werden und Vergehen der Welten als Schöpfung, Entfaltung und Untergang der Welt, veranlaßt durch den höchsten Gott Brahma, dessen Tage und Nächte seines unendlichen Seins die kosmischen Gezeiten bilden. Tausende von Weltaltern bilden eine Schöpfung, und weitere Tausende lösen das neue Werden ab. Zusammen mit den indischen Vorstellungen von einer Wiedergeburt der Seele, von einer sich immer erneuernden Wanderung der Seele durch die Wiedergeburten des Weltkreislaufes, führte diese Konzeption beim indischen Menschen zur Unterbewertung von Zeit und Geschichte. Zeit als nur einmalige und nicht kontinuierliche Gegebenheit oder als Spanne nur eines einzigen menschlichen Lebens ist für den Inder bedeutungslos und viel zu kurz. Denn gemessen an der Unendlichkeit des Kosmos zwischen Evolution und Involution ist dem indischen Menschen das irdische Leben nicht bedeutend genug, mit einem statischen Zeitbegriff beschränkten und einmaligen Daseins gemessen zu werden. Ähnlich wie die zyklische Zeitenfolge ist die Polarität indischen Denkens zu verstehen, die niemals, wie etwa im Abendlande unter dem Einfluß der Manichäer und später des Christentums, einen unüberbrückbaren Dualismus kannte, in dem sich die Gegensätze unvereinbar ausschlossen. Denken wir an den Dualismus Gott und Satan und die Unlösbarkeit des Widerspruchs, und nur Böhme und Leibniz haben es bisher versucht, den Dualismus abzumildern.

Für Indien dagegen ist das Negative und Zerstörerische eine der beiden Bedingungen des Daseins, in China ist es das polare Einheitsbild von Yin und Yang gewesen. Berücksichtigen wir die Entwicklung der späteren Lehren des Tantrismus in Indien, so führten Gegensätze, bewußt gestellt und in Konfrontation mit Überliefertem gebracht, am Ende immer wieder zu höheren und neuen geistigen und kulturellen Leistungen. Der Mythos vom großen Geist Vishnu berichtet über den Schöpfer und Erhalter dieser Welt. Immer, wenn die negativen, zerstörerischen und die heilige Ordnung bedrohenden Kräfte beginnen, die Übermacht zu erhalten, erscheint der große Gott in einer Inkarnation auf Erden, um das höhere Wissen und die kosmische Ordnung wieder zu retten und zu erneuern. So wird bewußt die Wiederkehr Gottes zu einer natürlichen Weltnotwendigkeit innerhalb der zyklischen Zeit erhoben. Gerade aus den scheinbaren Gegensätzen innerhalb dieser Schöpfung machte Indien durch die Lehren der Tantras und des Yoga eine psychologische Kunst der Lebenserfahrung und der angewandten Gnosis, um, über alle Erfahrungen der Polarität hinausgreifend, eine höhere Integration des Denkens und Identität des Bewußtseins zu erreichen. Die indischen Tantras lehren die Ganzheit und die in dynamischer Polarität wirksame Gestaltung des profanen und geistigen Lebens in einer Symbolik, in der männliche und weibliche Kräfte in Gestalt von Gottheiten schöpferisch aufeinander bezogen sind. Materie und Geist, Menschheit und Gottheit werden in Symbolen von weiblichen und männlichen Gottheiten dargestellt. Ihre mystische Vereinigung als Abbild irdischer Prozesse bedeutet Aufhebung der Polarität und Rückführung zum Ursprung des Schöpferischen.

Bevor die Entwicklung der Dogmatik in der Kirche seit dem 4. Jahrhundert in wachsendem Maße ihre einschränkenden und ausschließlichen Richtlinien aufstellte, hatte auch der Mittelmeerraum in der Gnosis bedeutende Ansätze zu einem umfassenden, kosmischen Weltbild der Gegensatzintegration entwickelt. Die Gnosis war eine große Bewegung der ersten drei Jahrhunderte, die das Wissen und die Religionen ihrer Zeit vereinte. Teile davon blieben in der Alchemie erhalten. Mit der aufbrechenden Renaissance begann die an Dogmatik gebundene spirituelle Kraft und Faszination der christlichen Kirche nachzulassen. Im 18. bis 19. Jahrhundert übernahmen die rationalistischen Naturwissenschaften das Denken, und die Philosophie vertiefte sich zum Beispiel mit Kant in die Probleme vom ›Ding an sich‹. In kritischen Analysen bewegten sich viele Denker fort vom eigentlich Geistigen, um schließlich allein bei der Natur und ›bei der Sache‹ zu bleiben, die in den Mittelpunkt der Forschung gelangte. Mit einer lebensfernen Objektivität des rationalistischen Denkens entfernte man sich vom Lebensproblem, vom subjektiven Bezug innerer Eigenerfahrung, mehr noch von Geist und Leben. Für den Asiaten blieb eine Fragestellung nach einem Gegenstand wie dem ›Ding an sich‹ außerhalb seiner wirklichen Interessen, sie hätte dort kaum je entstehen können. Denn für ihn ist und bleibt im wesentlichen auch heute noch Philosophie die Frage nach dem ›Leben an sich‹ und nach der Wahrheit, die für ihn daraus zu finden ist.

Betrachten wir die sogenannte ›westliche Welt‹, dann erkennen wir heute klar die Erfolge und auch Mißerfolge des objektivierenden und rationalen Intellektualismus. Als jüngste und in ihrer Substanz doch wohl bereits überholte Blüten erleben wir heute die Ideologien und andere ›Ismen‹, die fern von aller lebensbezogenen Realität liegen; längst haben wir uns und unsere Umwelt müde klassifiziert, und kein Schema will recht passen auf das menschliche Wesen, das nun einmal nicht schematisiert werden kann. Ideologien erscheinen uns als Denkgebilde und Denkzwänge, an die zu glauben ist und von denen man schon überzeugt sein muß, wie von Dogmen, wenn sie Bestand haben sollen. Schließlich sind Ideologien streng systematisierte Vorstellungen von konstruierten Idealzuständen und Theorien von idealen Gegebenheiten, nicht aber die Wirklichkeit und echte Ideale selbst. Unter Ideologien als vorgefaßten Denkrichtlinien ist eigentliches Leben aus Wandlung und Selbstentfaltung ausgeschlossen. Ideologien entstammen dem dualistischen Prinzip und sind daher starre Gebilde als Wissenstheorien sozusagen aus zweiter Hand, die auf Leben als Evolution nicht anwendbar sind. Die Jahrhunderte einer streng vorgeschriebenen und zu befolgenden Dogmatik zeigen uns ebenso wie die heutigen ideologischen Weltbilder, wie rasch der Mensch in bezug auf den Fortgang seiner Evolution zurückbleibt.

Was wir heute wieder im Abendland mehr brauchen, sind Empiriker des Lebens; Menschen, die zuerst sich selbst erkennen lernen und dann ihre Umwelt, solche, die beides vereinen und dann auch danach leben können. Es geht nicht um die nur theoretischen Definitionen von möglichen Formen der Wahrheit, die zu finden wären, sondern um das eigentliche Leben aus angewandter Wahrheitserkenntnis. Es muß also eine Wandlung des Bewußtseins eintreten, mit dem wir die überkommenen Bahnen unseres Denkens verlassen können. Aurobindo spricht in diesem Zusammenhang von der »Überführung des Lebenszentrums in ein höheres Bewußtsein«, das allein die Richtung und künftige Stärke unserer Lebenskraft bestimmen kann. Unsere Philosophie kann nur noch im Fluß bleiben, wenn sie ohne feste Schemata in der Lage ist, integrierend die Erkenntnisse der menschlichen Evolution fortzuschreiben, damit sie sich an der Wirklichkeit des Seins bewähren.

Betrachten wir die Geistesgeschichte etwa der letzten zwei Jahrtausende, so scheint Asien im wesentlichen bei sich selbst geblieben zu sein und hat viele Wege dorthin erschlossen; der Westen gelangte in die vollkommene Abhängigkeit und Hörigkeit der von ihm selbst geschaffenen und konstruierten Umwelt, die nunmehr als technisches Getriebe über ihm auch noch autonom geworden ist. Die gleiche Gefahr wird heute natürlich auch in den Osten exportiert. Wir sind kaum noch in der Lage, unser technologisch-zivilisatorisches Machwerk zu übersehen oder noch als Individuum zu beherrschen, die Verantwortung des einzelnen ist unermeßlich geworden. Die Sorgen dieser entstellten Umwelt wachsen uns über den Kopf, die wir selbst zuvor als Fortschritte beschworen haben. Aber uns selbst kennen wir kaum noch, und so ist es um den Menschen schlecht bestellt, der im Getriebe der Welt mehr und mehr isoliert existieren soll. Die großen Werte der Religion werden durch rationale Wissenschaften hinwegerklärt, es wird entmythologisiert, und mit ideologischer Raffinesse aus einem entwurzelten Verstand spricht sich der Mensch über seine eigenen Produkte der Ideologien heute bereits gegenseitig und unmenschlich die Daseinsberechtigung ab. Es gelten nur noch die Wahrheiten als Norm, die eine gewisse Macht im Hintergrund haben. Indem wir uns immer und viel zu sehr um die Belange der anderen kümmern, entfremden wir uns selbst mit unserer eigenen Natur. Und dieser Substanzverlust der eigenen Mitte, der Verlust an Selbstvertrauen und Selbsterkenntnissen und innerpsychischer Harmonie ist der Grund für das Wachstum psychologischer Schulen aller Art gewesen, die bemüht sind, das verlorene Gleichgewicht nun therapeutisch wiederherzustellen.

Wenn wir nicht in der Lage sind, das Individuum und die mit ihm notwendig zu verbindende Humanitas durch das Beispiel unserer eigenen Selbstentfaltung in die Mitte des Lebens zu stellen, dann setzen wir dorthin anstelle des wahren Menschen jeweils den von ihm geschaffenen Dämon, den ideologisch konstruierten ›Idealmenschen‹ mit Vorschriftsverhalten, die Technik, die leere Ideologie und einen das Leben auslöschenden Perfektionismus. Ihm folgt der menschenfeindliche Haß, der nur in einem vom Leben entfremdeten Verstand gedeihen kann. Und schließlich zerstört Gewalt unser eigenes Werk, eine Gewalt, die unglaublich funktioniert, ohne zu denken. Ahimsa, der einst von Gandhi in Indien so häufig ausgerufene Begriff der Gewaltlosigkeit, heißt ja nicht allein ›Gewaltlosigkeit‹ oder ›Nicht-Töten‹ oder Nichtanwendung von Gewalt, sondern im positiven Sinne einfach auch ›Leben-lassen‹. Denken wir an die Gewalt des Hasses eines mit sich selbst entfremdeten Geistes, die hinter jeder Vernichtung steht, so heißt das indische Ahimsa auch soviel wie Toleranz im weitesten Sinne.

Wir können uns nun fragen, wird Asien und der Ferne Osten mit der Welle westlichen Denkens und seinem Materialismus auf eine andere und vielleicht klügere Art fertig werden können? Das ist noch nicht abzusehen, und gewiß hat diese einseitige Art des Denkens und Handelns bereits viele Einbrüche erzielt, wie die städtische Zivilisation es zeigen kann. Doch ist es noch nicht erwiesen, wieweit sich auch der innere Mensch verändern oder anpassen wird. Sicher ist, daß man sich mit dem westlichen Gedankengut sehr gewissenhaft und unvoreingenommener auseinandersetzt, Vivekananda, Gandhi, Radhakrishnan, Chaudhuri, Aurobindo und viele andere mögen als Beispiel dienen.

Wir abendländischen Menschen haben mit logischem Verstand und intellektueller Arbeit viel erreicht, unendlich viel Wissen angesammelt, und die Philosophie ist daran, heute mit sich selbst in Einsamkeit zu geraten. Je mehr wir erfinden, ordnen, Ideologien und Teilwissenschaften errichten, um so mehr treiben wir uns selbst in die Isolation der eigenen Persönlichkeit. Bei allem Reichtum und den ungeheuren Möglichkeiten sind wir trotzdem arm im Geiste geworden, wenn wir allein einmal bedenken, wie viele immer noch ungehobene Schätze großen Wissens und echter Weisheit wir in den letzten acht Jahrhunderten auch im Abendlande angehäuft haben. Früher haben sie den Menschen mehr durchdrungen und im Wesen gebildet, wir aber werden von ihnen scheinbar nicht mehr berührt. Gemessen an dem, was der westliche Mensch alles geschaffen hat, einen erfüllten Kosmos an gesetzmäßig funktionierender Materie, ist er geistig vollkommen hinter dieser seiner rationalen Schöpfung zurückgeblieben.

Es mag als ein gutes Zeichen der Wende dieses Jahrhunderts gelten, daß nunmehr einige Menschen beginnen, den Kreis des gewohnten Denkens zu durchbrechen. Am Anfang stand Nietzsche mit seinem ›höheren Übermenschen‹, und er meinte damit nicht den Menschen der größeren Macht, wie es so oft verkannt wurde, sondern den, der über sich hinauswächst in eine neue geistige Dimension. Es ist das Prophetische und unbedingt Menschliche an einer Gestalt wie Nietzsche nicht zu übersehen.

Asien hat zwar keine große Geschichte im Sinne der exakten historischen Wissenschaften geschrieben, und außer im Staatswesen des alten China war Geschichtsschreibung immer eine zweitrangige Angelegenheit. Aber man verstand es, zumindest vom Geiste her, geschichtlich zu leben, indem das große Wissen der Alten stets lebendes Leitbild und auch gelehrte Wirklichkeit blieb. Das Wissen wurde durch Assimilation vom Lehrer an den Schüler weitergegeben, der Schüler mußte nicht nur unterscheidendes Denken lernen, sondern eine echte innere Wandlung und Reifung vollziehen, bis er als fertiger Mensch in das Leben entlassen wurde. Dagegen verlangt unsere kurzlebige Zeit aus der technisch gebotenen Notwendigkeit möglichst bald fertig ausgebildete und automatisch funktionierende Menschen, und diese sind intellektuell überernährt und geistig sowie im Charakter unfertig. Wie sollen sie das Leben erkennen? Der Nachholbedarf an Jahren der Reife des Wesens wird immer größer, und es scheint manchmal, daß erst im Rentenalter der Mensch zu spät in die Lage kommt, sich um Lebenserkenntnisse zu bemühen, die ihm schon viel früher von entscheidender Bedeutung hätten sein können und müssen. Daher die Angst vor dem Alter und die Sucht, ewige Jugend und Anfang des Lebens sich selbst vorzutäuschen, statt Reifung als eine Gabe der Erkenntnis zu akzeptieren.

Es liegt wohl im geistigen Werdegang des östlichen und des westlichen Menschen, daß solche Unterschiede entstanden, obwohl doch alle Menschen letzten Endes nach den gleichen Zielen streben. So entwickelte der östliche Mensch mehr die Techniken des Lebens und die farbigsten Theorien eines universalen Kosmos, und der westliche Mensch schuf überwiegend die Theorien des Lebens und die Technik der Weltbeherrschung und der Eroberung des Kosmos. Dieses Phänomen als Grundtendenz einer geistigen Haltung geht quer durch die ganze Geisteswelt der Religionen und der Philosophien. Im christlichen Abendland war eigentlich erst die Mystik ein wirklich eigenständiger und direkter Weg zur Gottesverwirklichung und nicht zu einer Idee oder einem Bild von Gott, weshalb sich das Wissen der Mystiker in so vielen Punkten mit den Wegen Asiens vergleichen läßt. Eine Phänomenologie des Geistes zeigt uns auch immer die Richtung und Substanz der spirituellen Evolution. Im Mittelalter konnte der Mystiker in der Fülle der Gotteserfahrung frei atmen und erlebte Visionen und leuchtende Bilder einer numinosen Erfahrungswirklichkeit, die mit solchen aus der indischen Bhagavadgîtâ übereinstimmen konnten.

Es scheint den großen Denkern des Abendlandes längst offenbar geworden zu sein, daß wir mit unseren rationalen Einseitigkeiten uns selbst den Boden des realen und schlicht menschlichen Daseins entzogen haben. Wir haben die wesentlichen Kräfte von Leben, Geist und Fähigkeit der Transzendierung so weit ausgehöhlt, daß wir bereits wieder an einem Anfang für neue Erfahrungen offenstehen. Eine der Möglichkeiten zur Erneuerung des abendländischen Geistes kann gewiß aus dem Austausch des lebendigen Erbes von Ost und West bestehen. Wir haben heute auch eine sichtbare Einwirkung durch östliches Gedankengut, für das sich bekanntlich recht weite Kreise aufgeschlossen haben. Jedoch wird dies allein nicht genügen, zumal eine kritiklose Übernahme solcher Ideen allein auch nur zu neuen Einseitigkeiten führen muß. Wenn wir an bedeutende westliche Denker unserer Zeit erinnern, dann deswegen, weil bereits entscheidende Ansatzpunkte vorhanden sind, die eine Wandlung unseres Bewußtseins vorbereiten. Da stehen am Anfang dieses Jahrhunderts Henri Bergson, dann Max Scheler, Martin Heidegger mit seinem ›wesentlichen Denken‹ als einem ›Ereignis des Seins‹, gefolgt von Karl Jaspers und Ernst Bloch mit seiner ernsthaften Bemühung um eine Philosophie des ständigen Wandels, Werdens und der Voraussetzungslosigkeit. Und schließlich haben wir die Gesamtdarstellung eines final der christlichen Idee verschriebenen Kosmos durch Teilhard de Chardin.

Die Naturwissenschaften und die Psychologie brachten uns die humane Biologie eines Adolf Portmann und Konrad Lorenz sowie umfassendes und integrierendes Denken in der Psychologie von C. G. Jung. Auf der physikalisch-naturwissenschaftlichen Seite eröffneten uns von Weizsäcker und Heisenberg (Unbestimmtheitsrelation der Quantentheorie) neue Perspektiven, und erweiterte Bereiche für ein integrales Bewußtsein wurden uns durch Jean Gebser erschlossen, der den menschlichen Geist in das Licht der zeitlosen Transparenz, der Diaphanie alles Geistigen setzte, die nicht mehr durch eine geschichtliche und zeitlich begrenzte Achse gebunden ist. Mit seinem ›integralen Bewußtsein‹ (ähnlich wie bei Aurobindo) führt Gebser uns zurück zu den Ursprüngen des Geistes, aus denen sich die unendliche und schöpferische Fülle des ungeteilten Bewußtseins erst ermöglicht. Mit dem ›integralen Bewußtsein‹ wird es möglich werden, die geteilte Welt von Leben und Geist wieder zu einen, um sie in komplementäre sich ergänzende Harmonie des Kreativen zu führen.

Für uns kann geistige Wandlung aus der eigenen Kraft nur möglich werden, wenn wir auch aus dem Reichtum an eigenen Symbolen und Urbildern der ureigenen geistigen Tradition zu schöpfen wissen. Neuer Geist muß in uns und aus uns selbst erwachsen, und an den Beispielen anderer Kulturen können wir uns bereichern und lernen. Übernehmen können wir sie jedoch kaum, da sie aus ganz anderer Geschichte und anderen Voraussetzungen zur Sinngebung entstanden sind. Wir können uns nur an die eigenen Erfahrungen mit der eigenen und bewährten Terminologie halten und diese langsam wandeln, denn neue Strukturen des Geistes müssen sich gemäß der Wirklichkeit des Seins in unserer näheren Umgebung herausbilden. Das Integrale gedeiht auf dem Boden unseres Bewußtseins durch Bereicherung von Inhalten der anderen Geisteswelten und nicht dadurch, daß wir die Eigennatur zuerst aufgeben, um von außen her unser Bewußtsein neu aufzubauen. Der gleiche Prozeß der geistigen Integration ist auch für die asiatische Welt erforderlich, wenn sie im Bewußtsein über die angestammten Dimensionen hinauswachsen will in Richtung auf eine Gemeinschaft des Geistes in Ost und West.

Es ist jedoch nicht zu verkennen, daß die hohen Gedanken der östlichen Welt und deren erprobte Lebensführung und ihre Religionen für uns eine Herausforderung und ein großes Gleichnis sein können, aus dem wir vitale Anregungen zur Verarbeitung und zum eigenen Gestalten nach den Bedingungen unseres Bewußtseins finden können. Eine gewisse Beeinflussung und Assimilation von östlicher Weisheit wird unsere Dimensionen wesentlich vertiefen können. Das mag dann für eine Zeitlang ein rechter Weg der Annäherung sein. Westlicher Geist und östliche Weisheit müssen sich in stetigem Bemühen in Toleranz und Verständnis auf der Ebene des Menschen finden. Wenn dieses erst gelingt, kann auch ein gemeinsamer Weg zum integralen Denken beschritten werden. Eine Ganzheit des für alle Menschen letzthin unteilbaren Bewußtseins bedeutet Freiheit von den Beschränkungen der Einzelheiten und Einseitigkeiten; Befreiung bedeutet, nicht durch die Teile der Welt gebunden zu werden. Hingabe an dieses Ziel wird uns die Wege zum höheren integralen Bewußtsein eröffnen, wie es die indische Bhagavadgîtâ betonte: »Von allen Wegen zur Befreiung ist Hingabe die höchste, es ist das ernsthafte Suchen nach der eigenen wirklichen Natur.«

Literatur:

Aristoteles, *Nikomachische Ethik,* Hrsg. F. Dirlmeier, Frankfurt 1957

Ashtavakra Gita, üb. von H. Zimmer, München 1929

Aurobindo, Śri, *Zyklus der menschlichen Entwicklung,* München-Planegg 1955

Aurobindo, Śri, *Der integrale Yoga,* Hamburg 1957

Bingen, H. v. *Heilkunde,* Salzburg 1957

Deussen, P. *Sechzig Upanishads des Veda,* Leipzig 1905

Gebser, J. *Ursprung und Gegenwart,* Stuttgart 1965

Humboldt, W. v. *Briefe,* Band VII, Berlin 1916

Humboldt, W. v. *Humboldt im Verkehr mit seinen Freunden,* hrsg. von T. Kappstein, Berlin 1917

Kessler, H. *Das schöne Wagnis,* Wien 1975

Lao-Tse, *hrsg. von Lin-Yutang,* Frankfurt 1958

Ramakrishna, *so spricht, Anthologie,* München-Planegg 1953

Tschuang-Tse, *Dichtung und Weisheit,* Frankfurt n. d.

VIII.
JEAN GEBSERS KONKRETION DES GEISTIGEN

Wege zur Transparenz in Ost und West

Der Zugang zu einem so umfassenden und tiefgreifenden Werk einer viele Gebiete der Geisteswissenschaften berücksichtigenden Kulturphilosophie, wie jene des Jean Gebser, läßt sich gewiß auf verschiedene Weise finden. Das liegt schon darin begründet, daß es wohl kaum einen Bereich innerhalb der Wissenschaften, der Künste und der Kulturgeschichte gibt, der nicht durch sein Werk durchdrungen und einer gemeinsamen Sinngebung integralen Denkens zugeordnet worden wäre. Es dürfte wohl auch der Bedeutung und dem Umfang seines Werkes nicht gerecht werden, wollten wir uns hier wirklich einen gesamthaften Überblick gestatten, da Gebsers Erkenntnisse und Anregungen zu neuem Denken zu komplex sind, um in diesem Rahmen erörtert zu werden. Jedoch könnten wir uns des Weges der Hinweise auf das Werk von Jean Gebser bedienen, mit denen wir vielleicht einige seiner bedeutendsten Aussagen unterstreichen und illustrieren könnten. Und diese Hinweise haben für uns den Vorzug, daß sie den Blick nicht zu sehr einengen in bezug auf die Fülle der Möglichkeiten einer geistigen Integration, die Gebser in so subtiler Weise zu einer möglichen Darstellung der ›Konkretion des Geistigen‹ geführt haben.

In ähnlicher Weise arbeitet auch Gebser in seinen Schriften mit der behutsamen Kunst des Hindeutens, die in lebendiger Art eher geeignet ist zu eigenem Suchen nach Wirklichkeiten, als die Anwendung fest limitierter und definierter Begriffe. Eine zukünftige Philosophie muß viel mehr von beweglichen und wandelbaren Begriffen ausgehen, als wie bisher nur statische Lehrsysteme zu errichten, die einen wesentlich beschränkteren und nicht flexiblen Anwendungsbereich haben. Eine zukünftige philosophische Diskussion wird sich zwischen den dynamischen Existenzproblemen des Lebens und dem Spannungsfeld von Dualismus, Polarität und Integralismus entfalten. Die von Gebser uns überlieferten Hinweise auf die kommende Gestaltung eines neuen Bewußtseins sind auch allein durch intellektuelle Verarbeitung nicht erfaßbar, sondern verlangen von uns eine zum Teil langwierige geistige Auseinandersetzung und sozusagen theoretisch-praktische Erprobung am Gegenstand Leben. Eine im dynamischen Vorgang sich aufbauende Wirklichkeitserkenntnis kann ihre Berechtigung und die Ergebnisse nur im Prozeß der menschlichen Individuation über einen langen Zeitraum verifizieren.

In seinem zentralen Lebenswerk ›Ursprung und Gegenwart‹ findet Gebser die ›Fundamente und Manifestationen‹ einer sich langsam eröffnenden ›aperspektivischen Welt‹, deren erste Anzeichen sich nach seinen Untersuchungen in den verschiedenen Hochkulturen seit einiger Zeit erkennen lassen. Sie wurden für Gebser zu Hinweisen auf eine Wandlung des menschlichen Bewußtseins, das um so transparenter zu werden scheint, je mehr es von Bewußtsein und Gegenwart des Geistigen erfüllt wird. Aus dem Transparentwerden neuartiger und vor allem der integralen Funktionen des Bewußtseins zeichnet Gebser mit höchster Intuition ein Bild kommender Entfaltungen des Geistes, die sich als Leben in Wandlung und Intensivierung von Bewußtsein und als Erhöhung der Dimensionierung in der gegenwärtigen Geistesgeschichte abzuzeichnen beginnen.

Bewerten wir Jean Gebser als einen zweifelsohne bedeutenden Exponenten des abendländisch-westlichen Denkens, dem aber ebenfalls ein tiefer Einblick in das Wesen des östlichen Denkens gelungen ist, und vergleichen seine Erkenntnisse mit solchen der Philosophien und Religionen der asiatischen Welt, dann eröffnen sich vom asiatischen Standpunkt aus für uns neue Zugänge zum Verständnis seines Werkes, mit dem wir uns darum bemühen könnten, westliches und östliches Denken integrierend zu umfassen. Allerdings eröffnet dies ein weites Arbeitsgebiet für heuristische Forschung auch auf den Gebieten der asiatischen Phänomenologie des Geistes und der Bewußtseinssymbolik, deren wir bedürfen, um aus vergleichenden Studien das Zusammengehen geistiger Entwicklungen zwischen Ost und West zu belegen. Der Reichtum an Darstellungen zu den verschiedensten Bewußtseinsstufen und ihrer Wandlung in den östlichen Kulturen scheint dem breiten Ansatzpunkt für die zu vergleichenden Phänomene des Geistes in der Kulturphilosophie von Gebser recht zu geben. Zumindest haben wir in der asiatischen Welt eine Fülle von Manifestationen des Bewußtseins, die uns das Phänomen Bewußtwerdung, Spiritualität und Transzendenz aus anderem Blickwinkel ganz wesentlich erleuchten helfen. Es ist an der Zeit, diese Werte und Erfahrungen für uns nutzbar zu machen, um unsere Dimensionen der geistigen Potentialität zu vertiefen.

Nach einer eingehenden Übersicht zur Bewußtseinsentwicklung des Menschen im allgemeinen sieht Gebser die Notwendigkeit zur Integration und Einheit des Geistigen als eine totale ›Gegenwärtigkeit‹ aller verschiedenen Bewußtseinsebenen. Wir müssen erkennen, daß wir als Menschen historisch das Ganze aller Mutationen des Bewußtseins darstellen, die sich aus einer fast unendlich langen Entfaltungsgeschichte des Bewußtseins ergeben haben. Wenn wir heute in der Gegenwart objektiv die Funktionen des magischen, mythischen und des mental-rationalen Denkens erkannt haben, bietet das von Gebser geforderte Modell integralen Denkens eine Dimension an, in der alle Stufen des Bewußtseins in jeder Richtung anwendbar und auch subjektiv erfahrbar werden, ohne jedoch den einzelnen Ebenen verhaftet zu sein.

Es könnte sich hier für uns ein neues Verhältnis zum Geistigen eröffnen, das nicht als Spiritualisierung der Welt auf

Kosten der realen und gesunden Weltbeziehung besteht, sondern höhere, dynamisierte und intensivere Wirklichkeitserkenntnisse ermöglicht. Es geht dabei nicht mehr um begrenzende Wertung und hierarchische Abstufung von Manifestationen menschlichen Bewußtseinsverhaltens, sondern um die synchronistische ›Gleichzeitigkeit‹ aller Fähigkeiten des Denkens als einer vollen Ausschöpfung der Gesamtheit des Bewußtseins. Nach Gebser repräsentiert unser heutiges Bewußtsein die Gegenwart aller bisherigen Bewußtseinsformen, welche die Entwicklung der Menschheitsgeschichte vom magischen bis zum rationalen Denken umfaßt. Es ist eine Frage der momentan überwiegenden Bewußtseinslage, welche Schicht sich im Denken jeweils zeitweise manifestiert. Danach sollte es also heute möglich sein, daß der Mensch sich geistig je nach Lage auf der magischen, mythischen oder mentalen Stufe bewegen kann, ohne daß dabei eine statisch bleibende Bewußtseinsveränderung eintreten würde. Zur Erhebung in ein gesamtheitlich intensiveres und doch durchgehend transparenteres Bewußtsein wird es erforderlich, einen neuen archimedischen Punkt außerhalb unserer bisherigen und gewohnheitsmäßigen Denkstrukturen zu finden, die zuletzt von einem überwiegend durch reinen Rationalismus geprägten Dualismus und durch statisch gegensätzliches und ausschließliches Denken bestimmt gewesen waren. Natürlich sind und bleiben für uns Dialektik und Kritik unbedingt notwendige Mittel und Methoden des rationalen Denkens auf dem Wege zur analytischen Teilung und Trennung, natürliche und dem Bewußtsein geradezu spezifische Funktionen und Grundlagen der Unterscheidung und Analyse, nicht aber ein Endzweck der geistigen Welt. So ist Dualismus zwar eine natürliche und bewußtseinskonforme Erscheinungsweise aus dem kritischen Standpunkt, aber doch nur eine mögliche Ebene, wenn wir die Integration der erzeugten Gegensätze, Polarität und synthetisches Denken darüberstellen.

Gebser sieht im bislang praktizierten Dualismus des abendländischen Denkens eine Einseitigkeit als Frucht des rationalen Intellektes, da es grundsätzlich ›gerichtetes Denken‹ im Sinne einer Ausrichtung auf ein Ziel ist. Alles ›gerichtete Denken‹ aber beruht auf der Voraussetzung von zwei Punkten eines bestimmbaren Anfangs und Endes. Als Methode der Unterscheidung und des Teilens führt es auf mentaler Ebene zur Grundlage einer permanent sich vermehrenden Dualität und der Vielfalt von Inhalten klar abgegrenzter Begriffsvorstellungen. Diese aber sind isolierte Einheiten, die je nach Bedarf erst nachträglich wieder durch synthetisches Denken in einen Sinnzusammenhang gebracht werden müssen. Westlich abendländisches Denken als ein überwiegend logisch ausgerichtetes Denken hat seinen Ausgangspunkt in einem bewußten Ich und ist bewußt anthropozentrisch orientiert, und viele Fundamente unserer geistigen Welt liegen immer noch bei den Grundlagen des Denkens von Aristoteles verborgen. Ohne deshalb in ungerechte Verallgemeinerung treten zu wollen, finden wir doch einen grundlegenden Unterschied zwischen westlichem und östlichem Denken in folgendem. Der Westen steht ganz im Zeichen des Individualismus und natürlich einer betonten Ichbezogenheit, und aus dieser bildete sich doch eine Bewegung zu persönlich innerer Weltentfremdung, einer Vereinzelung der Persönlichkeit und einem gestörten Verhältnis zur Gruppe oder dem nächsten gesellschaftlichen Beziehungssystem. Westliches Denken erlangt zwar individuelle Höchstleistungen, begibt sich aber auf der kollektiven Ebene der unbewußten Korrespondenz sehr leicht in die Gefahren eines Absinkens auf die bewußtseinsmäßig nächst niederen Ebenen. Die in der westlichen Welt überaus deutliche Zentrierung und Bezugnahme auf ein recht konkret aufgefaßtes Ich als Mitte der Persönlichkeit ist psychologisch ohne Zweifel der Grund für den sich daraus ergebenden dualistischen Ansatzpunkt der überwiegenden Zahl der Denkprozesse. Je stärker die Ichbezogenheit und die trennende Unterscheidung vom nächsten Individuum ausgeprägt ist, um so größer ist auch der Hang oder die Neigung zur Objektivierung und rationalen Objektivität unter Verlust subjektiv persönlicher und ebenso notwendiger Selbstverwirklichung.

Und dafür haben zum Beispiel die indischen Philosophen ebenso einleuchtende und berechtigte Gründe, die aus ihrem Standpunkt zu durchaus richtigen psychologischen Erkenntnissen führen. Eine andere Weltschau und Welterkenntnis kann also trotzdem zu durchaus vergleichbaren Werten auch für unsere Denkstrukturen kommen. Natürlich liegt in Asien für das Individuum die Gefahr nahe, selbst nicht genügend anerkannt zu werden, um so zu einer Selbstdarstellung zu kommen. Der Westen hat gewiß eine stark ausgeprägte Individualkultur, im Osten finden wir dagegen deutlicher eine mehr anonyme Kollektivkultur. Die im Osten vorherrschende Geisteskultur der Selbstverwirklichung vollzieht sich in bezug auf das Individuum weitaus mehr im Verborgenen, und das Selbst kann in keiner Form an der Oberfläche einer Ichpersönlichkeit repräsentiert werden. Es ist das Urpersönlichste und kann nicht als psychologisches Unterscheidungsmerkmal einer sogenannten ›besseren‹ Persönlichkeit herausgestellt werden. Alle Unterschiede und Wertungen geschehen nämlich im Zentrum des Ich, und der westliche Mensch beurteilt alle seine Beziehungen, auch die unbewußten, möglichst nur aus der künftigen Nutzanwendung für die Durchsetzung seines Ichs. Gebser bringt nun eine treffende Allgemeindefinition zu diesem Problem, indem er von einer Komplementarität des Bewußtseins spricht, in der das ›Sowohl-Als-auch‹ zur gleichberechtigten Kategorie des Denkens werden kann. So erkennt Gebser in der westlichen Welt mehr das Vorherrschen der Außentechniken des Bewußtseins und im Osten mehr die Innentechniken, welche der Erschließung der inneren Welt dienen. Gelang der abendländischen Welt mehr der Gewinn der Dimensionen einer rational meßbaren Außenwelt, so fand der Osten mehr die Tiefen einer erfahrbaren und auch irrationalen Innenwelt. Und doch sind beide Welten Realien jeweils auf ihre Weise. Wird allerdings nur die eine von beiden geistigen Richtungen kultiviert, so begibt man sich des Wertes der jeweils anderen Welt oder Bewußtseinserfahrung. Nur die Überwindung des dualistischen Denkens in der ›Entweder-Oder‹-Kategorie führt zur ganzheitlichen Gegenwart der psychischen Realität, die sich aus den beiden Seiten dieser ganzen Welt ergibt.

Der Dualismus der mentalen Bewußtseinsebene führt an sich nicht zu finaler Bestimmung, ihm mangelt es letzten Endes an der Potenz zum Teleologischen als der Sinngebung eines jeden Lebens, da er weder Einheiten erzeugt noch Brücken zu schlagen vermag. Er kann nur Ausschließlichkeiten erzeugen, aber keine polaren Gegensätze aufbauen. Polarität als eine Ebene sich bedingender Gegensätze mit der sich vereinenden Funktion des Bewußtseins steht weit über dem dualistischen Konzept. Dualismus und Kausalitätsdenken sind zwar Ergebnisse logischer Schlüsse der rationalen Ebene und bleiben ein unbedingtes Postulat für bestimmte Formen der Erkenntnis, sie werden grundsätzlich als solche nicht entbehrlich, aber gemessen an einer potentiellen Synthese sind sie Ausdrucksformen und Denkmöglichkeiten nur im Vorfeld des eigentlich integralen Denkens, das sich nunmehr zum Überbau der einzelnen Disziplinen entwickelt. Für Gebser sind es das integrale Denken und die ›arationale‹ Haltung, welche die Gegensätze überbrücken und so den Dualismus überbieten können. So steht auch Arationales über dem dualistisch definierten Gegensatz von nur Rationalem und Irrationalem. Dualismus ist logisch durch teilendes Denken bedingter Ausschluß des Anderen und führt damit a priori in eine bedingte Unkenntnis des Ganzen letzthin.

Darum konnte der bekannte japanische Gelehrte und Vermittler des Zen-Buddhismus, Suzuki, in unübertrefflich deutlicher Form sagen: »Nichtwissen ist ein anderer Name für logischen Dualismus.« Wer die Aussagen des ›mittleren Weges‹ (mâdhyamika) des Buddhismus kennt, weiß die klare Tragweite eines solchen Ausspruchs als Beispiel für angewandte Lebenserfahrung zu schätzen. Logik allein ist also eine endgültige, in der Wirkung finale Betrachtungsweise, gebunden an die selbstgesetzten Ziele und Ergebnisse, sonst wäre Denken alles andere als logisch. Aber ein logischer Denkschritt kann nicht über das logisch erschließbare Ziel hinausgehen, vor allem, wenn dieses nicht-logische Bereiche eröffnen würde. Damit muß Logik ein an Zeitabschnitte und dimensionierten Raum gebundenes Denken bleiben. Logik reicht nur so weit, wie sich logische Schlußfolgerungen beweisbar erbringen lassen.

Im integralen Denken gilt daher Logik nur als eine sich auf konkrete Ergebnisse beschränkende Möglichkeit von Erkenntnissen. Das Integrale aber schließt ganz natürlich auch das Irrationale und Alogische mit ein. Jean Gebsers Diaphanie des Geistigen aber will über jene Grenzen hinausweisen und auch die alogische Erkenntnisform miteinschließen. Auch das Alogische läßt sich geistig wahrnehmen und erschließen, nicht aber wäre es mit den Gesetzen logischen Denkens allein meßbar, das heißt, nachweisbar. Logik besteht aus Beweis und richtigem Schluß durch rationales Erkennen, Alogisches erweist sich uns auch als ›notwendiges Ereignen‹, wir nennen es Evidenz. Im Begriff des Alogischen trifft sich Gebser mit dem asiatischen Denken, das teils in logisch unvereinbaren Paradoxa versucht, über den Gegensatz hinauszuweisen. Paradoxa sind ja bereits sprachliche Symbole für etwas, das sich eben nicht mehr auf logische Denkart darstellen läßt. Und in der Spannung rational unvereinbarer Inhalte, die beide nicht treffend, sondern gegensätzlich sind, erschließt sich plötzlich doch das Wahre genau alogisch daraus, daß es weder in dem Einen noch im Anderen zu finden ist. Aber durch die Aufstellung des Paradoxons wissen wir sehr genau um das Gemeinte. So etwa kommt das Alogische in der bewußt antinomischen Sprachsymbolik des indischen Tantrismus deutlich zutage in der Absicht, logische und dualistische Konzeptionen der empirischen Welterkenntnis zur integralen Synthese zu bringen. Durch bewußt alogische und aus Paradoxa bestehende Dialektik wird spontan ein Durchbruch zur diaphanen Transparenz des rein

Geistigen erreicht; ein hervorragendes Mittel, das auch im Zen-Buddhismus zur Methode entwickelt worden ist. Im 7. Jahrhundert etwa sagte der indische Tantriker Saraha in seinen mystischen Gesängen (*Dohâ 14*): »Bienen wissen, daß man in Blüten Honig finden kann. Daß Weltdasein und Erlösung nicht zwei Dinge sind, wie könnte das der Unwissende verstehen?« Oder ein Wort aus dem tibetischen Totenbuch lautet: »Ohne Überschreiten der Dualität und Verwirklichung der Vereinigung kann Erleuchtung nicht erlangt werden.« Eigentlich sind es doch sehr schlichte Wahrheiten, teils schon mehr als tausend Jahre zuvor ausgesprochen, aber wie schwer ist doch die Wirklichkeit, die uns im Wege steht, wenn wir immer nur logische Begründung suchen. Logische Schlüsse sind notwendig von ausschließendem Charakter, intellektuell einfacher und leichter faßbar; Paradoxa zu tragen und zu verstehen ist härter, verlangt mehr Charakter, führt aber näher an die Wirklichkeit des Unausgesprochenen und Wahren.

Nicht ohne Grund nähern wir uns heute immer mehr der Erkenntnis, daß Materie und Energie als Erscheinungsformen eines Phänomens anzusehen sind, und die Psychologie bringt uns die biologischen Gegensätze von Mann und Frau auf psychischer Ebene als eine Komplementarität in den Persönlichkeitsbildern der physischen und psychischen Struktur mit gemeinsamen und sich ergänzenden Komponenten. Sie erscheinen also auf der Ebene des Bewußtseins als psychische, bildhaft oder inhaltlich sich manifestierende Anteile der unbewußten Struktur, die als Träger des persönlichen und idealen Gegenbildes zum jeweils anderen Geschlecht bezeichnet werden können. Der Mensch ist in sich als Individuum psychisch und triebbiologisch auf seinen jeweiligen Partner bezogen, und Individuation ist eine seelische Entwicklung aus der Teilhabe am inneren Gegenbilde zur Vollendung des Ganzen. Wir kommen damit zur Symbolik der Polarität, dem Denken unter dem natürlichen Einschluß des Gegenteils, das in der altchinesischen Religion des Taoismus und in den indischen Tantras schon zum Teil seit langer Zeit eine bedeutsame Symbolik der Sprache und der bildnerischen Mittel erlangt hatte. Wir wollen aus einigen Beispielen des asiatischen Denkens Beiträge und Hinweise liefern, um mit solchen Assoziationen die Erkenntnisse von Gebser klärend zu stützen.

Verbreitet finden wir zum Beispiel in der buddhistischen Philosophie des Mahâyâna die Vorstellung von einer konventionellen oder relativen Wahrheit (samvritisatya) als der allgemeinen, persönlichen und subjektiven Welterfahrung, und der absoluten Wahrheit (paramârthasatya) als der Wirklichkeit an sich, welche auch im objektiven Sinne die persönliche Erfahrung in ihrem Absolutheitscharakter übersteigt. Beide aber sind Erkenntnisformen der Wahrheit und Weltwirklichkeit im Ganzen und stellen einander bedingende Ebenen des ganzen Wissens dar. Erst die Integration beider Formen der Wahrheit als gelebte Wirklichkeit bringt den Menschen jenseits der dualistischen und damit notwendigerweise einseitigen Weltschau. Gebser fordert nun ein neues Denken aus der integralen Funktion des Geistes. Dieses muß eine objektive Wirklichkeit neben der subjektiven Erkenntnis- und Bezugsform des Wissens gelten lassen. Subjektiv wäre dann in andern Worten die Rückbeziehung des Objektivierten auf den Menschen oder die Nutzanwendung und Vermenschlichung der sonst nur objektiven Gegebenheiten, die wir rational zu sehr außerhalb unserer Lebensbeziehung gesetzt haben. Damit beginnt der Weg zum Ursprung, der auch ein essentieller Weg zum Menschen ist, indem sich nachträglich das durch mentale Tätigkeit bewußt Getrennte wieder integrierend zusammenfindet. Eine über den Dualismus schon weit hinausweisende Form des Denkens ist die Anerkenntnis von Wesen und Funktion der Polarität. Sie bietet eine Möglichkeit des partnerschaftlichen Denkens oder der gleichzeitigen Teilhabe auch am Gegensatzfaktor durch Überwindung der im dualistischen Prinzip inhärenten Antinomie der geistigen Logik. Damit wird die Komplementarität von Gegensätzen erfaßt, die letzthin als die zwei Formen des einen Seins (zum Beispiel Leben aus der männlich-weiblichen Funktion) zu erkennen sind. Das echte Erfassen des Polaritätsproblems beginnt wesentlich als bewußtes Konzept des Geistes im Abendland zum Beispiel bei Goethe und Wilhelm von Humboldt, und eine ähnliche Funktion zeigt auch die Theodizee bei Leibniz.

Einseitige Annahme und Überbetonung von Denkstrukturen oder Ideologien wie die ebenso ausschließliche Ablehnung führen zur Auflösung fruchtbarer Gegensatzspannung, die doch den Grund jeder schöpferischen Funktion der persönlichen Leistungen und auch der zwischenmenschlichen Beziehungen bildet. Aus dem Festhalten an dualistischem Denken muß sich mit der Zeit, meist unbewußt und daher unkontrollierbar, ein Zwang zur Einseitigkeit eben durch unnatürliche Aufrechterhaltung von Ideologien entwickeln. Der einseitige Mensch beginnt in der Masse die natürlichen Strukturen der Pluralität zu zerstören und gleicht sich dem niedersten Niveau des Bewußtseins der Masse an, aus dem er sich nur noch mit Gewalt entreißen kann. Die Ergebnisse sind solche extremen und einseitig orientierten Einstellungen wie Kapitalismus, Materialismus, Kommunismus oder weltfremder Idealismus. Keine von diesen ist jeweils für sich genommen vollkommen erfüllbar oder durchzusetzen, ohne daß eine Seite der Kultur nicht darunter leiden würde. Und wenn diese Durchsetzung auch versucht wird, zerstört sie die natürliche Bewußtseinsstruktur und Gleichgewichtsfunktion einseitig und verhindert die so lebensnotwendige und ergänzende Komplementärfunktion des Bewußtseins. Wohin solch einseitig gerichtetes Denken führt, zumal wenn es dogmatisch oder ideologisch vorgeschrieben und zur allein wahren Norm erhoben wird, erkennen wir an den unnatürlichen Verzerrungen im Denken und Handeln ganzer Völker. Und diesen bleiben oft nur wieder die gleichen Mittel einseitig gerichteten Denkens auf der Flucht in die große Emotion von Revolution und Gegenrevolution. Das aber sind keine

Mittel zur Errichtung einer wahren menschlichen Gesellschaft, denn all dieses ist nicht natürliche Evolution aus gebotener Vielfalt, der einzigen Chance zum Gleichgewicht für eine Individuation der Kultur. Aus den Spannungen der Gegensätze aber das positiv energetische Potential zu nutzen, bedeutet, integral und schöpferisch zu bleiben. Und ein Spannungspotential a priori bietet natürlich der Gegensatz von Rationalem und Irrationalem, was uns daran gemahnt, keines von beiden, weder rationales Denken noch irrationale Intuitionen zu negieren. Sie sind und bleiben die integralen Bestandteile unserer gesamthaften Bewußtseinsstruktur.

Im indischen Raum der buddhistischen und hinduistischen Geisteswelt haben wir die Mâdhyamika-Lehre und die Advaita-Philosophie als die Lehren vom ›Mittleren Weg‹ und von der ›Nicht-Dualität‹. Es sind diese, wie auch der spätere indische Tantrismus, als eine praktische Philosophie zu verstehen, als Wege zur Ausmittlung zwischen extremen und einseitigen Formen des Denkens. Jean Gebser sieht in dem ergänzenden und eben komplementären Denken eine Möglichkeit zur Synthese aus den Gegensätzen, die zum integralen Bewußtsein als einem neuen Wirkungsfeld des menschlichen Geistes führt. Dazu bedarf es einer höheren ethischen Kraft des Willens seitens des Individuums, deren Stärke sich aus der bewußt integrierenden Überwindung des einseitig gerichteten Denkens ergibt. Einseitig ausgerichtetes, rationales oder ideologisch fixiertes Denken kommt zwar dem Trägheitsprinzip eines sich selbst erhaltenden Funktionalismus und gewissen psychischen Automatismen entgegen, schleift aber bald die vitale Natur und die Differenziertheit des Menschen ab. Und gerade diese bildet die Grundlage für schöpferische Entfaltung und intuitive Führung des Geistes. Integrales Denken setzt höhere psychische und intellektuelle Leistungen und so auch die Sublimation von persönlich oft unbequemen Gegensätzen voraus. Dafür aber bietet es Wege zur Individuation echter Selbstverwirklichung und ein Freisein ›vom Leiden an Dualismen‹.

Der Polaritätsgedanke spielt in der Philosophie von Gebser eine große Rolle und bildet auch einen Schlüssel zum Verständnis seiner Aufstellung der fünf Stufen des Welterlebens, die nach seiner Erkenntnis von Ursprung bis Gegenwart eine in sich durchgehende gegenwärtige Linie der Bewußtheit bilden. Wir kommen auf die Stufen des archaischen, magischen, mythischen, mentalen und integralen Denkens von Gebser im Vergleich zu indischen Parallelen unten noch zurück. Würden wir sein Schema der fünf Bewußtseinsstufen konsequent anwenden, können wir auch nicht mehr in allen Punkten die verbreitete Behauptung aufrechterhalten, die älteren Polaritätssymbole der Menschheitsgeschichte seien überholt, veraltet oder gehörten nur einer magischen oder mythischen Stufe des Denkens allein an. Bei gewissen urbildlichen und ungebrochen wirksamen Symbolen zeigt die Evidenz, daß man sich gerade auch heute noch weiterhin mit ihnen auseinandersetzt. Also sprechen diese auch unser Bewußtsein an, und zwar nicht nur auf einer älteren Schicht, sondern auch auf der jetzigen Ebene des Bewußtseins. Echte Polaritätssymbolik hat ihre Kraft nicht eingebüßt und ist auch durch eine andere Bewußtseinsstufe nicht überholt worden, sie bleibt ein unüberbietbarer Ausdruck für bestimmte integrierende Funktionen des Geistes, die sich eben nur im Symbol manifestieren und erhalten können. Echte Symbole sind Idealerzeugnisse aus Polaritäten und bilden notwendige Abbreviaturen als Inhaltsträger des Bewußtseins, sie sind daher nicht an bestimmte Ebenen des Denkens gebunden, sondern gehören dem Bewußtsein ureigentlich und allgültig an. Was variabel sein kann und die Dimensionen des Bewußtseins andeutet, ist die von uns zu deutende Interpretation von Symbolen. Auf den folgenden beiden Übersichten geben wir eine kleine Aufstellung symbolischer Deutungen auf ganz verschiedenen Ebenen zwischen gestalthafter und abstrakter Vorstellung des Bewußtseins aus den großen Polaritätssymbolen von Yang-Yin und Śiva-Śakti (Indien).

Yang	Yin	symbolische Funktion oder Ebene
männlich	weiblich	geschlechtlich-biologische organische Beziehung, Triebkraft
Himmel	Erde	kosmologisch, räumlich dreidimensional
Hell	Dunkel	sinnlich wahrnehmbare Ebene
Bewußt	Unbewußt	psychische Ebene
Kreis (Pi)	Quadrat(Tsung) oder Rechteck	bildlich, zweidimensional vorstellend
Geist	Welt	geistig-gestalthaft
大 T'ai	吉 Chi	verbale Ebene abstrahierend symbolisch
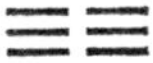 Kiän das Schöpferische	 Kun das Empfangende	linear, abstrahierend symbolisch im I-Ging
Offenbare Kraft das Tao	Verborgene Kraft das Tao	geistig, energetisch
Shou Lao taoistischer Gott	Hsi-wang-mu taoistische Göttin	gestalthaft als anthropomorphes Symbol für numinos transzendierende Erfahrung

Śiva	Śakti	symbolische Funktion oder Ebene
männlich	weibliche Einheit in Kopulation (maithuna)	geschlechtlich-biologisch organische Ebene, Triebkraft
Krisna	Râdhâ	religiös, übertragen-sublimierte Ebene, gestalthaft
Sonne	Mond	kosmologische Ebene
Lingam	Yoni	abstrahierend, biologisch-energetische Ebene
Lingam	Schlange Kuṇḍalinî	psychoenergetisch polare Ebene
OṂ Mantra	KLIṂ Mantra	verbale Ebene abstrahierend symbolisch
△	▽ = ✡	bildlich-zweidimensional abstrahierend
Puruṣa Geist	Mâyâ Illusion-Welt	geistig-energetisch
Śiva Gott	Parvatî Göttin	gestalthaft als anthropomorphes Symbol für numinos transzendierende Erfahrung

Alle diese Symbole sind zwar zu irgendeiner Zeit individuell und historisch in Erscheinung getreten, jedoch nicht unbedingt mehr an den geschichtlichen Ursprung gebunden. Es sind sozusagen zeitlose Dokumente bewußter und unbewußter Ereignisse, die weniger durch die Zeiten und Umstände der Geschichte als durch ihre Einmaligkeit als ideale ›Sinnbilder‹ fortleben. Wenn wir heute mit Gebser von der Raum-Zeit-Freiheit sprechen, so dürfen wir die lebenden Symbole nicht nur historisch und chronologisch denkend einordnen, denn sie gehören in den Wirkungsbereich einer raum-zeitfreien Gegenwart aus der Immanenz des Bewußtseins, das heute vielleicht in seiner neu gewonnenen Zeit-Freiheit durchaus alle Stufen realisieren und nachvollziehen kann. Insofern erweist sich der Mensch als ein historisches Wesen, als er alle vier Stufen des Bewußtseins aus dem Archaischen kommend in sich entfalten kann und sie bildlich oder erlebnishaft vergegenwärtigen kann. Wäre er nicht von einer geschichtlichen Vielschichtigkeit des Bewußtseins, könnte er die kollektive Ebene der früheren Erfahrungen seines Bewußtseins nicht mehr erreichen. Es ist ja der Sinn aus einem Leben in der ›Gleichzeitigkeit‹ von Ursprung und Gegenwart, daß Ursprung, Weg und Ziel zu einer kontinuierlich gegenwärtigen Einheit wachsen, wie es etwa mit den Begriffen des tantrischen Denkens in Indien ausgedrückt wird. Und darum leben auch heute die großen Symbole der Polarität fort, indem der Mensch aus sich selbst heraus ihre ungebrochene Kraft und Dynamik erfährt. So gesehen, können wir von einer ›Konkretion des Geistigen‹ im Sinne von Gebser sprechen, die es uns ermöglicht, chronologische Abläufe nicht nur zu kennen und wahrzunehmen, sondern diese auch ohne historischen Determinismus in Teilschritten oder auch gesamthaft nachzuvollziehen.

Um diese Möglichkeit einer vertikal tiefgehenden Nutzung unseres Bewußtseins an einem Beispiel zu erläutern, brauchen wir uns nur auf die Phänomenologie der Sprache und ihrer Inhalte zu beziehen. Unser Bewußtseinsvolumen ist ein anderes als zur Zeit der sumerischen Kultur, und die Stufe des Geistes von vor etwa zweitausend Jahren ist von der heutigen immer noch ganz verschieden. Selbst der nicht geschulte oder nicht besonders vorgebildete Mensch verwendet heute meist ohne sein Wissen darum einen beträchtlichen Teil eines Wortschatzes, der auch schon zu Zeiten der genannten Perioden bekannt war. Im gleichen Maße aber beherrscht er neue Begriffe modernster Erkenntnisformen, ohne deren Dimension vielleicht je selbst objektiv durchdacht zu haben. Die so angewendete Sprache ist ja bereits ein feststehender Symbolkomplex von Ebenen des Bewußtseins der Jahrtausende. So wenden wir eine Sprache auf das Leben und all seine Beziehungen an, mit der wir sozusagen, meist unbewußt, uns in ganz verschiedenen Dimensionen des Bewußtseins bewegen. Und es dauert bekanntlich einige Generationen, bis sich Wortinhalte wandeln, aber noch unter dem gleichen Begriff stehen, oder bis sich endlich gewisse Begriffe aus der Sprache verlieren.

Wir erfassen das Vergangene, um in der Gegenwart die Zukunft einzuschließen. Solange wir gerade die großen Urbilder der Polarität nur geschichtlich oder rational klassifizieren, sehen wir sie auch nur intellektuell auf der mentalen Ebene, das gleiche gilt auch für neue Symbole. Erkennen wir aber gerade mit Hilfe der rationalen Denkweise der Naturwissenschaften deren Grenzen auf dieser Ebene und die Notwendigkeit des Übergreifens in den ergänzenden Gegensatz, dann wirken wir aus der schöpferischen Gegensatzspannung, die sich im Symbol der Polarität manifestiert. Dann stellt sich nicht mehr die Frage nach dem historisch-chronologisch Gewordenen, sondern nach der lebendigen psychischen Potenz des Schöpferischen aus der Integration. Und diese ist zeitfrei nur da, wo aus Ursprung und Gegenwart in der Konkretion des Geistigen die Teile zur unteilbaren Ganzheit geworden sind. Eine solche Konkretion ist letztlich akausal und von unmittelbarer Wirkung. Wird sie aber durch mentales und darum gerichtetes Denken wieder an Zeit- und Raumdimensionen gebunden, fällt der spontane Ursprung bereits wieder in die Relativität der Wertungen und der intermittierenden Denkschritte zurück.

Bevor wir auf die bei Gebser eminent wichtige Frage nach

dem Wesen der Zeit als einer Erfahrungsqualität zurückkommen, sollten wir einige Betrachtungen zu seiner Klassifizierung der fünf Stufen der Welterfahrung durch das Bewußtsein vorwegnehmen. Danach zeigt die archaische Struktur die Verwobenheit des Bewußtseins und seine Identität mit der Natur; es ist eine Urform von Bewußtsein ohne bewußte Ausrichtung oder Einstellung. Die magische Struktur zeitigt eine erste Bewußtwerdung in der eindimensionalen Projektion als einem ersten Gegenüber, womit ein Objekt als außerhalb des Bewußtseins erkannt wird. Die mythische Struktur sieht Gebser mit der eigentlichen Bewußtwerdung der menschlichen Seele aufkommen, die sich in der Polarität des Zweidimensionalen bewegt. Und in der Tat ist es ein charakteristisches Phänomen der mythischen Bewußtseinslage und Ausdrucksweise, die begriffliche Welt immer aus meist polaren Zweiteilungen zu entfalten. Kosmogonische und theogonische Weltbilder zeigen bevorzugt die polare und einander bedingende Struktur von Emanationen objektiv gestalteter und zugleich bewußtseinsimmanenter und symbolischer Einheiten. Zuweilen finden wir auch sich gegenüberstehende dualistische Pole, wie etwa in der manichäischen Kosmogonie. Die jedoch im allgemeinen polare Struktur zeigt sich zum Beispiel in folgenden Paaren: Himmel und Erde, Licht und Finsternis, Lichtkönig und Finsternisdämon, Himmelsvogel und Wasserschlange, oder personifiziert Marduk und Tiâmat (Babylonien). Erinnern wir uns an die beiden Aufstellungen der Polaritätssymbolik aus Indien und China, ließen sich auch hier aus der mythischen Welt noch manche Beispiele von Bewußtseinsbildern auf den verschiedenen Stufen der Emanation von Polarität anfügen.

Die vierte oder mentale Struktur führt zur Bewußtwerdung durch rational logisches Denken und ermöglicht die Durchdringung auch des nicht sichtbaren Raumes in der dreifachen Dimensionierung. Mit der mentalen Struktur des Bewußtseins ist es möglich, auch Hypothesen von der Existenz unbekannter Räume aufzustellen und diese zum Beispiel durch Anwendung rationaler Logik und deren Maßeinheiten theoretisch zu errechnen. Mentales Bewußtsein und Intellekt erst machen rein theoretisches Denken möglich. Der mythische Mensch lebt in abgeleitetem Symbol- und Analogiedenken und den darin möglichen Identifikationen. Für ihn ist die Weltordnung immer symbolisch reales Bild und im symbolischen Gleichnis erlebte Weltwirklichkeit. Schließlich führt die jetzt sich durchsetzende integrale Struktur zur Bewußtwerdung der Zeit und zur Ganzwerdung durch die Überwindung jeglicher Dimensionierung als begrenzendem Maße. Das ist die vierdimensionale Welt, die notwendigerweise als Komponente eine durchgehende Transparenz enthalten muß, die Gebser als das Diaphainon bezeichnet. Im integralen Denken aber wird auch echte metaphysische und nicht bildliche oder von Gestalten abhängige Transzendenz möglich. Wir finden dies als Beispiel vielleicht im Werke von Śri Aurobindo mit seiner Lehre von dem supramentalen Bewußtsein, aber auch Max Scheler und Ernst Bloch greifen weit in neue Sphären aus. Vielleicht eröffnet sich uns einmal eine fünfte Welt als eine ganz neue Daseinsform der geistigen Kommunikation, in der alle unsere heutigen Vorstellungen nur Vorstufen eines universalen Geistes sind.

Nehmen wir aus dem Bereich des asiatischen Denkens ein Beispiel aus den Meditationsanweisungen des späteren Mahâyâna-Buddhismus Indiens, um den wohl urbildlich strukturierten Nachvollzug der Stufen des Bewußtseins zu zeigen. Es ist wohl außer Zweifel, daß gerade der Buddhismus das bedeutendste bewußtseins-philosophische System entwickelt hat und wir auch dort jene Dimensionen bereits in Anwendung finden, die wir hier mit Gebser aufgestellt haben. So können uns auch die indischen Bewußtseinstechniken im Sinne der Einteilung von Gebser die Präsenz der Urbeziehung auf allen Bewußtseinsebenen zeigen. In ganz wenigen Worten und gekürzt geschieht folgendes: »Aus der Mitte einer absoluten Leerheit« und der kreativen Konzentration reinen Bewußtseins, dem ohne Inhalte noch ununterschiedenen Urzustand vor jedem Denk- oder Imaginationsakt (entspricht der 1. oder archaischen Stufe) erscheint ein strahlendes Licht wie aus einem Punkt im Raum. Licht ist ein Ursymbol einer jeden Art von Bewußtwerdung. Aus diesem Urlicht bildet sich bei weiterer Betrachtung eine mantrische Silbe von strahlender Gestalt. Durch magische Invokation (als verbale Beseelung des Bildes) dieser Silbe (dies entspricht der magischen oder zweiten Stufe) wird das Mantra mit Bedeutungsfülle assoziativ angereichert, dann durch gestaltendes Bewußtsein dimensioniert und zum visionären Bild einer Gottheit entfaltet. Das ist die persönliche Beseelung des Bildes und die einsetzende anthropomorphe Verwandlung. Dieses Bild als Symbol ist kennzeichnenderweise mit mythischen Funktionen versehen in der Art eines höheren Seelenbildes, zum Beispiel als Erlöser, Lichtbringer und Heilskünder, als Schutzgottheit, Seelenführer und Erkenntnismittler. Und es kann auch polares Wandlungssymbol sein wie in der mythisch-kosmologisch orientierten Lehre vom ›Rad der Zeiten‹, die in der Gestalt der Gottheit Kâlacakra in einer polar männlich-weiblichen, mystischen Union erscheint. Solche Inhalte aus der dritten oder mythischen Stufe zeigen aber auch bereits in ihrer Symbolik zum Teil bedeutende philosophische Ansätze und einen deutlich teleologisch orientierten Weg zur Lösung psychischer Probleme, der Bewußtwerdung und einer universalen Kosmologie. Allgemein anzumerken ist hierzu, daß mythische Kosmologie noch zweidimensional erfaßt wird. Selbst die notwendige dritte Dimension wie die Ausdehnung einer kosmischen Weltachse im Raum wird durchaus noch in zweidimensionalen Bezügen begriffen. Mythische Darstellungen dieser Art zeigen uns meist eine Art Protodreidimensionalität. Sie verrät sich in der darstellenden Kunst auch als eine umgekehrt erscheinende Perspektive, die aus dem Raum auf den Betrachter zuflieht. Dieses Phänomen ist höchst bemerkenswert und läßt sich überall finden.

Dann führt die oben angesprochene Meditationsanweisung

auf die vierte Stufe der mentalen Ebene durch Vorschriften für verschiedene räumliche Übungen. Das Bild wird im unendlich weiten Raum außen, klein in feinen Konturen oder groß als Strahlenvision, fern oder nahe, und schließlich im Innenraum des eigenen Bewußtseins geschaut. Übungen des Raumerlebens als Dimensionierung des Bewußtseins zwischen Projektion und Introversion sind von großer Bedeutung zur Vertiefung der Imagination und Erkenntnis des Bewußtseins und seiner Grenzen. Dann führen die Anweisungen weiter zur Konzentration auf die rein psychologischen und philosophischen Aspekte des gleichen Bildes. Das eigentliche geschaute Bild als mentale Vorstellung wird nun überflüssig und tritt in den Hintergrund zugunsten des inneren Sinnes oder der teleologischen Sinnerfüllung, die ihm nun überlagert ist. Die Abstraktion schreitet fort, und der Inhalt allein erlangt Bedeutung. Aus der ursprünglich entfaltenden Schau, die aus dem Ursprung zur Schöpfung von Bild und Gestalt und deren Gegenüberstellung schreitet, kommt nun die einfaltende, ergänzende und integrierende Schau. Sie integriert alle Bilder und Vorstellungen nach der klarbewußten Erkenntnis in einem bildlosen und vertieften Bewußtsein, in dem Ursprung, Entfaltung und neu geschehendes Bewußtsein eine untrennbare Einheit bilden. Ursprung (tibetisch gZhi), Weg (tib. Lam) und Ziel (tib. ›Bras-bu‹) in einem rein geistigen Inhalt haben zu einer neuen, der fünften Stufe geführt, die alle anderen enthält. Das entspräche dann der Stufe des integralen Bewußtseins, das sich nunmehr mit Ursprung und höchster Bewußtseinsgegenwärtigkeit in Einheit weiß. Dies nämlich führt zur Zeitfreiheit, zur Überwindung der ausschließlich nur mentalen und an die Welt gebundenen Dimensionen, die als Bindungen und Grenzen der Ratio erkannt werden. Die hier im Überblick zusammengefaßten Teile einer meditativen Methodik der buddhistischen Tantras umfassen natürlich ein viel ausführlicheres Übungssystem mit yogischen Konzentrationstechniken, die durch spirituelle Übungen erlernt werden, bevor sie in ihrer vielseitigen

Gänze zur Wissensintegration im Bewußtsein angewendet werden können.

Um nun wieder die von Gebser aufgestellte Klassifizierung der Bewußtseinsstufen aufzunehmen, finden wir bei ihm in der Stufe des

Archaischen – den Ausdruck der Latenz (oder der Urpotenz), in der

Magischen – den Ausdruck der Emotionen, in der

Mythischen – die Ebene der Imaginationen, in der

Mentalen – die Funktion der Abstraktion und in der

Integralen – die Konkretion des Geistigen, darum bleibt der Ursprung auf der integralen Ebene des Bewußtseins diaphane Gegenwart. Viele der hochentwickelten Yogaübungen besonders des indo-tibetischen Buddhismus schließen den bewußten Kreis, vom Ursprung (âlaya) ausgehend, durch alle Formen der Imaginations- und Denkprozesse bis hin zur höchsten Bewußtseinseinheit (yuganaddha) der inneren Gegensätzlichkeit und ihrer Integration als reine Erkenntnis (prajñâ), die wieder reines, lichthaftes und ursprüngliches Bewußtsein ist. Wir können als eine erste vergleichende Gegenüberstellung von Gebsers System der Bewußtseinsstufen mit indischen Lehren einen Versuch unternehmen, der uns zeigen mag, daß man auch dort etwa seit dem fünften Jahrhundert unserer Zeit begonnen hat, geistige Systeme aufzubauen, die eine große Breite der Manifestationen des Bewußtseins auf den verschiedensten Ebenen erreichen. Wenn wir dazu eine kleine Übersicht bringen, so muß diese doch als höchst unvollständig und begrenzt angesehen werden. Denn an keiner Stelle lassen sich aus den in Indien üblichen Lehrüberlieferungen bestimmte Dinge rational einfach aus dem Zusammenhang nehmen. Bedeutende Ganzheitssymbole oder etwa die großen Tantras behandeln vom Ursprung bis zur Integration alle Formen des Geistes im teleologischen Auftrag eines Befreiungs- oder Erlösungsweges.

In der folgenden Aufstellung zeigen wir die fünf Stufen

des Bewußtseins nach Gebser und fügen jeweils eine Beispielgruppe aus dem Hinduismus und dem Buddhismus an. Die senkrecht stehenden Bezeichnungen aus der spirituellen Praxis sollen zeigen, daß bestimmte Lehren an sich die ganze Thematik, das heißt alle Formen des Bewußtseins, bearbeiten, um die große Integration zu erlangen.

	Gebser		Hinduismus		Buddhismus
1.	Archaisch		Bindu, der Urpunkt schöpferischer Energie		âlaya, der Urgrund âlayavijñâna, Universalbewußtsein
2.	Magisch		OM Mantra, Yantra, Ritus		Mantrayâna, Sâdhana, Ritus
3.	Mythisch	Kuṇḍalinî-Yoga – Śri Yantra	Yogasymbolik der Nâdî, Sonne und Mond, Mikrokosmos, Mensch Kosmologie als Überwindung der Zeiten	Cakrasamvara-Tantra	Tantrayoga, Maṇḍalas als kosmologische Ordnung des inneren und äußeren Kosmos. Buddhistischer Yoga
4.	Mental		Vedânta und Advaita-Philosophie des Nicht-Dualismus		Mâdhyamika und Vijñânavada-Philosophie, Advaya-tantra, Maṇḍalas
5.	Integral		Integraler Yoga z. B. Aurobindo, Chaudhuri und andere		Sahajayâna, Atiyoga (Tibet), Mahâmudrâ und andere Lehren

Eine andere Darstellung der fünf Strukturen des Bewußtseins, die Gebser in seinen synoptischen Tafeln erarbeitet hat, gibt uns Anlaß, ein altbewährtes Schema aus der indischen Vedânta-Philosophie und dem Yoga hier einmal gegenüberzustellen. Wenn auch nicht alles unbedingt deckungsgleich erscheint, so ist doch eine große Verwandtschaft zu dem indischen Modell der Bewußtseinsstufen zu erkennen, das durch die Erkenntnis echter psychischer Gegebenheiten und durch die Erfahrung des Yoga zustande gekommen ist. Dabei werden wir vor allem im vierten (indischen) Bewußtseinszustand der reinen und transparenten Bewußtseinspräsenz, dem Turîya, Erklärungen finden, die von indischer Sicht her zu einem erweiterten Verständnis des von Gebser geprägten Begriffes des ›Diaphanen‹ beitragen können. Außerdem ist anzufügen, daß die bei Gebser gegebene erste oder archaische Stufe des Bewußtseins in Indien vielleicht mit der Idee von Bindu, der ununterschiedenen Urpotenz reiner Energie und des Urbewußtseins, vergleichbar ist, wir nennen sie in der Übersicht die Null-Stufe. Bringen wir die bemerkenswerte Gegenüberstellung in Stichworten, um die Struktur des Psychischen nach der indischen Überlieferung und nach Gebser zu zeigen, dann lassen sich folgende Bezüge transparent machen (siehe Tabelle auf der folgenden Seite).

Liest man nun einige der Definitionen indischer Texte der Vedânta-Philosophie über den Begriff ›Turîya‹ als den Zustand der höchsten Wahrheit, so finden wir in der sprachlichen Phänomenologie gewisse oder auch größte Ähnlichkeiten zu Gebsers Darstellungen des Begriffs des Diaphainon, des Durchscheinenden, das er als das lichthafte Wesen des transparenten und integralen Bewußtseins bezeichnet hatte.

Im Sarvopaṇiṣatsâra (5–8, nach Deussen) wird Turîya beschrieben: »Wenn unter Wegfall der drei genannten Zustände [also 1.–3. Stufe] das dem Sein als Zuschauer gegenüberstehende Geistige nur noch selbst als eine von allem Sein befreite Unterschiedslosigkeit besteht, so herrscht das Geistige als Turîya.« Ein indischer Kommentar des Gelehrten Gauda-

Indien	Gebser (synopt. Tafeln in: Ursprung und Gegenwart)	
0. Stufe: Urpotenz einer ungeteilten Schöpfung als Bindu, als Allnatur oder Brahma-Nacht	1. Stufe: Archaisch oder Tiefschlaf	Allbezogen
1. Stufe: Tiefschlaf (Brahma-bezogen)	2. Stufe: Schlaf (Gebser nennt hier den Tiefschlaf als Bewußtseinszustand ohne Funktion, ohne Dimension.)	auf Außen bezogen
2. Stufe: Traumschlaf	3. Stufe: Traum	auf Innen bezogen
3. Stufe: Wachzustand	4. Stufe: Wachheit	Raumbezogen
4. Stufe: Turîya, der vierte Zustand, die große Wahrheit als Aufhören der Vielheit Einswerdung und volle Bewußtseinsgegenwart	5. Stufe: Diaphanie, das Integrale	auf ein ›Innen‹ bezogen

pâda sagt hierzu, »man muß das nichtwidersprechende, ungeteilte, rein Geistige im Auge behalten«. Das Wesen dieser höchsten Bewußtseinsstufe von Turîya kann durch den Yoga der integralen Einswerdung erlangt werden, es stellt sich in vierfacher Art dar: 1. weltdurchwaltend, 2. geistdurchleuchtend, 3. als Geistigkeit und 4. als Indifferenz und absolut reines Denken.

Dies wäre, um einen Vergleich zu wagen, ein indischer Beitrag zum Wesen der Diaphanie des Geistigen, das Gebser hier als die Essenz der fünften Bewußtseinsstruktur entsprechend seiner Stufentheorie beschrieben hat. Vielleicht könnte der vierte Zustand, Turîya, aus der indischen Vedânta-Philosophie dem Diaphanen entsprechen. Nach einer anderen Beschreibung finden wir in Turîya sechs Strukturen oder Wirkungsweisen vereint, welche die Reichweite des Geistigen umschreiben sollen, es sind: der individuelle Geist (1) und der Weltgeist (2), die individuelle Seele (3) und die Weltseele (4), der Einzelkörper (5) und der universale Körper (6). Mit solcher Darstellung werden die drei Formen des Geistigen, des Psychischen und des Physischen als die möglichen Seinsebenen des Individuums umfassend beschrieben. Der vierte Zustand wird aber auch bezeichnet als der Weise (prajñâ), der Lichte (taijasa), der Allmenschliche (vaiśvânara) und der Durchdringende (viśva).

Sprechen wir vom Wesen des Geistigen in seiner Stellung zwischen ›Ursprung und Gegenwart‹, so kommen wir notwendigerweise zu einem zentralen Begriff in Gebsers Hauptwerk, dem der Zeit, denn gerade in der integralen Philosophie muß und wird das Phänomen der Zeit einen zentralen Raum einnehmen. Die Zeit ist eine Dimension, in der sich alle Wandlungsprozesse und auch die Vorgänge aller nur möglichen räumlichen Teilbarkeiten abspielen. Ohne die Erfahrung der Zeit und ihres Rhythmus als sich manifestierende Stationen ihres In-Erscheinung-Tretens wäre kein Prozeß der Schöpfung aus dem Ursprung überhaupt möglich. Raum als Dimension schließt den Vorgang Zeit notwendig mit ein, da Raum als Distanzierung nur durch Zeitereignis für uns im Denken zustande kommt. Raum als die von uns erfüllte und gestaltete, wahrgenommene, gemessene und geteilte Welt ist ohne die Dimension Zeit weder physisch noch geistig recht vorstellbar. Durch den Vorgang von Teilung erlangen wir zwar in einer bestimmten Zeit (als Zeiteinheit) mehr Raum als Medium (Distanzeinheiten), jedoch wird damit die Zeit keineswegs begrenzt, sondern nur in einem Sektor quantitativ statisch betrachtet. Wir können in der Zeit zwar einen Raum erfassen, jedoch bleibt die Zeit eine eigene Größe für sich. Und jede Raumdimensionierung impliziert natürlich eine bestimmte Zeitdauergröße. Wir messen größte Entfernungen im ›Weltraum‹ mit ›Lichtjahren‹ (Maß und Zeit). Und doch besteht Zeit auch für sich, wollen wir aber Räume messen, brauchen wir ›Zeit‹ im Denkakt des Handelns als solchem sowie als Vorstellungskonstante zur Distanzerfassung, also Räumlichung. Die uns gebotenen Raummaße haben längst den ›zählbaren‹ Charakter überschritten und bedienen sich der Zeit, die wir durch große Raumdimensionen zur Bedingung des Begreifens machen.

Bei Gebser ist die Zeit an sich eine Dimension ohne einteilbare Maßgröße und sie hat als »Grundphänomen keinen Raumcharakter«, sie ist »Dimension sui generis« (*Bewährung*, S. 57), und ihre Eigenschaft ist Qualität. Die abendländische Vorstellung von der Teilbarkeit und Meßbarkeit beruht letzten Endes auf quantitativen Vorstellungen über die Zeit, die zum Beispiel der ganzen asiatischen Welt bisher ziemlich fremd geblieben sind. Zeit als Phänomen ist ein permanenter Vorgang im geistigen Bereich (als Evolution des Geistes) und spielt eine unentbehrliche Rolle in der menschlichen Entwicklung über das individuelle Sein hinaus. Der Mensch hat durch sein Dasein und etwa durch seine bewußte Wahrnehmung eine Teilhabe am Vorgang Zeit, diese aber ist niemandem eigen und nur Bedingung für den Ablauf von Bewußtsein. Wenn Zeit wirklich erfahren wird, dann qualitativ als eine Form höchster Intensität, die sich im negativen oder positiven Sinne direkt und innerlich ereignet.

Spielt die Zeit bei Gebser schon im Ansatzpunkt und als

Achse seiner Philosophie eine entscheidende Rolle, so gilt sie doch auch etwa im indischen System der Tantras und im Zen-Buddhismus als ein Intensivereignis für jegliche Wandlung, denn die qualitative Zeit ist hier das wahre und einzige Medium zur Darstellung des Erlebens der großen Einheit von Ursprung und Gegenwart. Nennen wir nur ein kurzes Beispiel in der berühmten Koan-Frage des 6. Patriarchen (im 7. Jahrhundert) aus der chinesischen Tradition des Zen (Ch'an): »Wenn dein Geist nicht im Zwiespalt von Gut und Böse weilt, was ist dann dein Antlitz, bevor du geboren warst?« Die paradoxe Frage weist uns weit zurück auf das fast unergründliche Mysterium von der Individualität und der wahren Urpersönlichkeit am Ursprung menschlichen Seins vor seinem ›zeitbedingten‹ Werden, und sie berührt auch das Problem von Illusion und Wirklichkeit. Jedes Zen-Koan löst ein Ereignis von raum-zeitlosem spontanem Geschehen aus, das Ereignis heißt im Zen-Buddhismus Satori und ist reine Qualität der Intensität. Wir finden Vergleichbares in Form von Hinweisen in der Darstellung des chinesischen Tao-Begriffes oder des indisch-buddhistischen Terminus Sahaja aus dem Tantrismus. Samâdhi, der Kulminationspunkt des rein Geistigen, und Sahaja, das spontan gleichzeitige Ereignis von Erkenntnis in der Zeitintensität sind das Aufgehen im unendlichen Vorgang ›Zeit‹ aus der nicht räumlichen Leerheit (Śûnyatâ) als Potenz und Ursprung aller Möglichkeiten des Bewußtseins. Je höher das qualitative Zeitereignis ist, um so kürzer erscheint es uns in der Relation zu einer meßbaren Dimension. Daher spricht der Zen-Buddhismus von der ›blitzartigen‹ Erleuchtung, womit das Ereignis von Satori umschrieben wird.

Da Zeit als Kontinuität keine Dimension im Sinne des begrenzten Maßes ist (es sei denn, wir teilen sie in Einheiten), kann sie weder Raumzeitlichkeit noch Nicht-Raumzeitlichkeit sein. Diese Frage ist zum Beispiel auch Gegenstand der Meditationsübung der ›vier Unermeßlichkeiten‹ in der buddhistischen Metaphysik. Wir stehen also vor einem Problem der Nichterfaßbarkeit des Phänomens Zeit trotz realer und möglicher Wahrnehmung von Zeit.

Innerhalb des Faktors Zeit haben wir die vierdimensionale Welt als eine Gesamtheit aller möglichen Ereignisse, die durch unsere einzelnen rational getrennten Vorstellungen doch nicht zusammen auf einmal realisierbar sind, da wir für eine gesamthafte Erfahrung die meßbare Zeit nicht zur Verfügung haben. Es fehlt uns sozusagen die spontane und doch klar bewußte Möglichkeit zur Darstellung der Verwirklichung des Alles-Zusammen und auf Einmal, wie es im indischen Sahaja-Begriff bekannt ist und das nur in den lichthaften Momenten der Erleuchtung reinen Bewußtseins erfahren werden kann. Als Ereignis von Totalität ist es auch in der Mystik durchaus bekannt. Das klare Wissen um die ersten drei Dimensionen eröffnet uns jedoch die Kenntnis von dem Bestehen ihrer Gleichzeitigkeit als der vierten Dimension. Ähnlich finden wir in den metaphysischen Theorien des Mahâyâna-Buddhismus vier Dimensionen des menschlichen Seins. Sie gehen davon aus, daß der Mensch aus einer mentalen, verbalen und physischen Daseinsstufe heraus lebt, das sind die ›drei Körper‹ oder Seinsformen (trikâya). Erkenntnis aber führt schließlich zu deren Einheit als Gegenwärtigkeit in der Gleichzeitigkeit, zu einer vierten Ebene untrennbarer Bewußtseinsgegenwart (sahajakâya). Dieser als ein unbedingt integraler Zustand, oder auch der Zustand von Turîya, die alles überhöhende Wirklichkeit gemäß der Definition der vedischen Philosophie, bildet wie unsere vierte Dimension eine Ganzheit, welche die sichtbaren und gewöhnlich erfaßbaren Grenzen transzendiert. Das Integrale ist so das qualitative Ereignis für jegliche Transzendenz. Diese und jede Gesamtheit umfaßt Potentialität, Intensität und damit Erfahrungsmöglichkeiten als ganze und nicht als in zeitliche Schritte trennbare Wahrnehmung. Wird irdisches Sein und Bewußtsein in seiner sich bedingenden Totalität erfahren, so spricht der Inder von dem Ereignis der ânanda, dem spirituellen Hochgefühl, indem er dieses dann außerdem als ein soteriologisches Ziel für die eigentliche Sinngebung des Erkenntnisweges des Menschen setzt.

Die vierte Dimension ist das von uns gewöhnlich nicht wahrgenommene qualitative Zeitereignis, sie bildet die komplementär wirkende Potenz zu den drei anderen Dimensionen dann, wenn ein jeglicher Vorgang der Schöpfung im physischen und der des Schöpferischen im psychischen Sinne stattfindet. Insofern ist die Zeit als Ereignis innerhalb der dimensionierten Welt die eigentlich katalytische Aktualisierung und Initiativbedingung der drei Dimensionen zwischen Stoff und Geist zu etwas ganz Neuem. Die drei Dimensionen sind von statischer Natur, sie sind von uns im Maß festgelegte Gestaltung ohne eine schöpferische Eigenfunktion, aber sie sind deren Grundsubstanz. Die vierte Dimension als Zeit ist jenes Ereignis, durch welches Bewegung, Wandlung, Dynamik und Schöpfung in der statischen und immobilen Welt möglich werden. Ohne die Zeit als Ereignis in der Kontinuität des Anstoßes zum Sein (Dasein) ist weder Gestaltung noch Kommen und Gehen denkbar. Darum war für Kant die Zeit die ›formale Bedingung a priori aller Erscheinungen überhaupt‹. Somit wäre für uns die dreidimensionale Welt das, was wir die reale und objektiv gegenständliche Welt als wirkendes Dasein nennen, und aus der vierten Dimension ergibt sich jeweils der Schritt zur Möglichkeit der Welt als ein sich in der Evolution wandelndes Kontinuum des stofflich und energetisch Bedingten. Und darin liegt für uns das Geheimnis des Werdens, die Chance des Sollens und die Entelechie der Menschheit mit ihrem Auftrag zur Selbstvollendung ihres Daseins.

Jean Gebser weist hier auf einen eminent wichtigen Vorgang hin, auf die Potentialität des Geistigen überhaupt, die nur im Menschen, und zwar durch Nutzung der Zeit als einer Qualität, zur echten Wirksamkeit gelangen kann. Darum ist die vierte Dimension als Integration der Zeitintensität eine echte Teilhabe an Ursprung und Gegenwart von Sein und Möglichkeit, und doch auch Raumzeitfreiheit im Zukünftigen, das schon in die Gegenwart hineinreicht. Ein ähnliches Phänomen erleben wir bei dem Versuch, den theoretischen Gottesbegriff etwa durch die Kategorienlehre zu erfassen. Ob wir die Frage nach dem Sein Gottes nun überhaupt stellen oder nicht, in seiner a priori Unteilbarkeit des Ganzen können wir durch Denken nicht zu einer rationalen Lösung kommen, da er Qualität und Quantität in jeder Hinsicht übersteigt. Gebser nennt die vierte Dimension als Zeit (wir schließen hier das Archaische als Nichtdimension aus) ein Phänomen jenseits der physikalisch-geometrischen Begrenzungen, also unsere Zeit als Erfahrung und Ereignis, einen transparenten, integralen Wert: »er ist transparent, weil er nicht vorstellbar ist; er ist integral, weil er nicht räumlich meßbar und teilbar, also desintegrierbar ist, sondern im Gegenteil das Integrum, das Ganze wahrnehmbar werden läßt« (*Ursprung*, S. 59). Die ›Erlebniszeit‹ an sich bedeutet zum Beispiel im tibetischen Atiyoga die Vereinigung der ›drei Zeiten‹ von Vergangenheit, Gegenwart und Zukunft. Darum sagt das tibetische Totenbuch: »Wenn die Betrachtung über Vergangenheit und Zukunft nicht praktiziert wird, bleibt die Erinnerung an der Vergangenheit haften. Wird die Zukunft nicht gewünscht, bleibt sie durch den Intellekt gänzlich von der Gegenwart getrennt, kann die Gegenwart nicht verdichtet werden, bleibt sie im Leeren.« Die Gegenwart verdichten, das ist genau die zeitfreie Intensivierung unseres bewußten Seins durch höhere Erkenntnis.

Im Abendlande der letzten Jahrhunderte wurde die Zeit zu sehr unter dem einseitigen Blickwinkel einer ›objektiven‹ meßbaren Dimension rational betrachtet. Man sah chronologisch urteilend die Vergangenheit auf der einen Seite und die Zukunft getrennt auf der anderen Seite, und die Schicksale beider Seiten rührten uns hier im Jetzt nur wenig an. Nunmehr beginnt man allenthalben, gestützt auf die physikalischen Erfahrungen und die Naturwissenschaften, die Zeit als ungeteilte Funktion eines Ganzen in Betracht zu ziehen. Asien kannte unter verschiedenen Bildern der ›drei Zeiten‹

eine ständige Symbolpräsenz als Begriff für die Kontinuität des Geistes in der Zeit. Auch die im indischen kosmogonischen Mythos sichtbar werdende Vorstellung von der zyklischen Zeit muß als eine Vorahnung für die Idee des kontinuierlichen Zeitbegriffs gesehen werden. Die zyklische Zeit des Mythos zeigt eine mehr energetisch-rhythmisch verstandene Vorstellung von der Auswirkung der Zeit auf die Welt. Schließlich bemühen sich bestimmte Techniken des indischen Yoga, vor allem Râja- und Kuṇḍlinî-Yoga um bestimmte geistige oder psychologische Wege zur Bewußtseins-Einung, sie streben nach der Überwindung der Zeit und Gezeiten durch praktische Übungen zur Teilhabe und Verwirklichung des ungeteilten Einen und ursprünglich Ganzen.

Gebser erkennt sehr klar die psychologische Konsequenz einer Überdimensionierung des Raumbegriffs aus dem rationalen Denken, da wir in jenem den Vorgang ›Zeit‹ als das sich Ereignende nicht mehr zu überschauen vermögen oder als Erlebnis nachvollziehen können. Daraus erhebt sich unsere ›Zeitangst‹, die Not zum Zwang, die Zeit als solche durch unser Raumdenken zu überbrücken. Das führt zur Bewertung der Zeit eben mit jenem unangemessenen Maß des perspektivischen und raumbezogenen Denkens, indem wir quantitative »Zeitnormen« statt qualitatives »Zeitereignis« registrieren. Gebser sagt darum: »Raum hat dieser Mensch, aber Zeit hat er nicht. Wir sprechen darum zuviel von Lebensraum als von der Lebenszeit« (*Ursprung*, S. 32). Nun erkennt Gebser ein seit dem Beginn des 20. Jahrhunderts aufkommendes Verständnis des Zeitbegriffs, der mehr als Zeitgleichheit verstanden wird. Denn die Zeit fließt immer gleich und ist effektiv an keiner Stelle teilbar, sie wird nur für rationale Zwecke bemessen und geteilt. Was wir allgemeinhin als Vergangenheit, Gegenwart und Zukunft bezeichnen, sind ja nur Begriffe, die auf unser Gegenwärtigsein bezogen sind, und die wir von unserem jeweiligen Daseinsmoment aus auf das Zeitkontinuum projizieren. Der eigentliche Wert der Zeit liegt aber viel wesentlicher in ihrem geradezu heilsamen Aspekt der Dauer als einem Phänomen, das unsere Wandlung und Veränderungen ermöglicht. Kürzen wir die Zeiterfahrung durch Teilung, unterbrechen wir ungewollt auch die Qualität der zeitlosen oder zeitfreien Erfahrung.

Ähnlich beurteilen es die Lehren der indischen Tantras: Ursprung, Weg und Ziel sind als untrennbare Einheit unterschiedslos zu erkennen; da ist an sich nichts zu ›erreichen‹, da sind keine wirklichen Endpunkte und Anfänge, alles ist hier und jetzt schon im gleichen Zeitereignis vorhanden. In diese Erkenntnis müssen wir nur wieder hineinwachsen. Dasein ist kontinuierliches Leben als Vorgang in der Zeitfreiheit durch Überwindung der von uns zeitlich begrenzten Gegensätze aus Anfang und Ende. Gebser bezieht die Zeit auf die Grundbedingung der psychischen Erfahrung. »Sobald wir ›Zeit‹ sagen, sagen wir auch ›Seele‹« (*Ursprung*, S. 71). Beiden ist also als Qualität das Wesen der unteilbaren Energetik der Zeit oder eines vitalen Kontinuums eigen. Darum sind es gerade die Mythen über die Natur der Zeit und die Wiederkehr zyklischer Zeiten, welche ganz deutlich nach dem Wesen und den Wandlungen der Seele fragen. Der Zeitbegriff schon im Mythos von der zyklischen Zeitenfolge wird somit zu der A-priori-Voraussetzung für den Wandlungsbegriff.

Aus diesem erkennen wir die Zeit als vierte Dimension der Potentialität und aus dieser heraus als Bedingung für das Ereignis des Schöpferischen. Es geschieht aus Energie und Stoff in dem Zusammenwirken der Dimensionen mit einem Ereignis aus oder in der Zeit, wobei das Geistige in höchster und spontaner Konkretion alle Erscheinungen und Dimensionen zu durchdringen und sie zu transzendieren vermag. Raumzeitfreiheit ist die Freiheit des Geschehens und das nicht definierbare Ereignis, das gewöhnlich immer nur in rational gesonderten Teilen durch unsere Denkschritte erfaßt wird. Raumzeitfreiheit ist ein Ereignis der Zeit ohne Abhängigkeit von einer Einschränkung durch die Dimensionen des Raumes. Zeitfreiheit ist also auch Raumfreiheit, sie kann sich im Raume ereignen, wenn wir ihn rational miteinbeziehen, wird aber nicht durch ihn limitiert. Das ist für die Wandlungsphänomene der psychischen Entwicklung der Individuation von Bedeutung.

Die Erkenntnis einer vierten Dimension als Zeitfreiheit wird in Asien auch zu einem teleologisch begründeten Urbild von der Befreiung des Bewußtseins aus der Enge der einschränkenden Ideologien und Denkformen, denn mit der Relativierung der objektiv-bezogenen und meßbaren Zeit beginnt die Überwindung der Begrenztheit von den bisher nur bekannten Dimensionen. Suzuki sagt hierzu: »Solange einer an Raum und Zeit klebt, bleibt Zen für ihn in erheblicher Ferne ... sein Leben verfehlt« (*Befreiung*, S. 115). Das Problem der buddhistischen Zen-Erfahrung nähert sich hier also der gleichen Kernfrage, nämlich nach der grundsätzlichen Wandlung aus einer zuvor erlangten und spontanen Integration.

Nach Jean Gebser ist »Raumzeitfreiheit bewußt und damit verfügbar gewordene Raumzeitlosigkeit«. Je mehr also diese vorhanden ist und bewußtseinsimmanent wird, um so vitaler entfaltet sich der schöpferische Geist, und um so größer wird sein Potential zur lebendigen Teilhabe am Ganzen und seine Integrationsfähigkeit. Darum ist für Gebser »Zeitfreiheit als Ursprung aller möglichen Ereignisse und Gegenwart gewordener Ursprung« (*Bewährung*, S. 63) zu verstehen.

Gegenwart gewordener Ursprung bedeutet ja nichts anderes als das persönliche Gewahrwerden der Schöpfung aus ihrem Ursprung und Anbeginn, die man nunmehr bewußter als Selbsterfahrung innerer Dynamik erkennt. Ursprünge geschehen immer, sie ereignen sich unter uns ganz alltäglich und spontan, und letzthin trägt jeder Augenblick den Ursprung in sich, weil die Zukunft in die Gegenwart hineinwirkt. Darum ist die ›Zeitfreiheit‹ der Angelpunkt oder der eigentliche Anstoß zur Wandlung der dreidimensionalen und statischen Welt. Auf diesen hat der sechste Patriarch der Zen-Überlieferung in China hinweisen wollen, als er das schon genannte Koan aufstellte: »Wenn dein Geist nicht im

Zwiespalt von Gut und Böse weilt, was ist dann dein Antlitz bevor du geboren warst?« Der Weg zur Verwirklichung echter Selbsterkenntnis ›aus erster Hand‹ führt also zum Ursprung der Persönlichkeit und ›entspringt‹ aus uns selbst. Und dieser Ursprung ist die Bewußtwerdung unserer täglichen Anfänge und Entscheidungen, das Beobachten, Wahrnehmen und Teilnehmen an den Quellen unseres Seins.

Aus der bisherigen rationalistischen Weltschau erkennt Gebser die Unmöglichkeit, in der Zukunft die beiden Wege von Rationalismus und Irrationalismus zu überschreiten. Der rein mentale Weg führt gewöhnlich durch die rationalistische und intellektuell gesteuerte Auflösung zum permanent sich spaltenden Dualismus eines immer wieder nur relativen Fachwissens. Einseitiges Wissen fördert die Entfremdung des Wissens untereinander, womit die bildende Wirkung des Wissens in seiner Gesamtheit aller Einzelerkenntnisse unmöglich gemacht wird. Und auf der anderen Seite bringt uns die Regression vom Mentalen in den Bereich des Irrationalen zur Auflösung des mentalen Denkens, und darüber hinaus zu Realitätsverlust. Dies wäre der ebenso einseitige Rückschritt in die magisch-mythische Verbindung in der Ununterschiedenheit des Weltgrundes und der Psyche. Identification mystique mag zwar einen erlebnisfähigen Höhepunkt an irrationaler Identität bieten, sie allein läßt sich jedoch nicht mehr ohne Schaden auf der realen Weltebene anwenden. Worum es Gebser letzthin geht, das ist Integration, eine gesamthafte Gegenwart aller Bewußtseinsstufen, indem er fordert: »alle Strukturen müssen ihrem konstitutionellen Wert gemäß gelebt werden, wenn wir ein ganzes Leben führen wollen« (*Ursprung*, S. 175).

Integration ist im Bereich der mentalen Stufe noch eine vorbereitende Tätigkeit klar bewußter Anwendung beider geistiger Polaritäten auf einer intensiveren Ebene wachsender Erkenntnis, in der die nur rationalen und irrationalen Dimensionen keine limitierende oder determinierende Gültigkeit mehr haben. Bisherige unvereinbare Gegensätze beginnen sich als einander bedingend und ergänzend zu verstehen und weiten die Toleranzgrenze und Kapazität des Bewußtseins dynamisch aus. Für Gebser ist es die Konkretisierung des Ursprungs »unter Einbezug aller bisherigen Leistung«. Hier müßte es uns also spätestens bewußt werden, daß der Mensch ein unbedingt historisches Individuum ist, wenn auch nicht unter einem historisch-chronologisch dimensionierten Aspekt seiner immer unteilbaren Ganzheit. Das Historische leitet sich hier ab aus der Totalität der ganzen geschichtlich gewordenen Persönlichkeit in der Gegenwart. Das Historische am Menschen als einem ›uralten‹ Wesen auf Erden erkennen wir also heute als dessen totale Präsenz mit dem Wissen um seine Herkunft, als die ihm mögliche Gegenwart des Bewußtseins auf allen Ebenen, die ihm bisher schon zuteil gewesen sind, einschließlich seines gegenwärtigen Daseins. Mehr noch, wir wissen außerdem um die verschiedenen Schichtungen unseres Bewußtseins, ohne so manchmal den Willen zu haben, sie auch alle in schöpferischer Weise anzuwenden. Der heutige Mensch hat eine Scheu vor jedem Gedanken, der ›schon einmal gedacht worden ist‹, es könnte ja nicht mehr zeitgemäß sein, oder aber man glaubt, das schon vor uns einmal Gedachte zu wiederholen schade der eigenen Individualität. Wie sagte doch Goethe, auf diese Eigenschaft hinweisend: »Der thörigste von allen Irrthümern ist, wenn junge gute Köpfe glauben ihre Originalität zu verlieren, indem sie das Wahre anerkennen, was von anderen schon anerkannt wurde« (Maximen). Aus dem zeithaften und an Zeitlichkeiten gebundenen Denken müssen wir uns lösen, wenn wir zu zeitlos gültiger Wirksamkeit des Geistes gelangen wollen. Das Funktionieren der Ursprünge aber, an den offenen Grenzen zwischen Bewußtem und Unbewußtem, ist ein kontinuierlicher Vorgang jenseits von Zeitsetzungen, es ist das Schöpferische, das nie nach dem Alter der Bewußtseinsinhalte, sondern nach deren Wirkungsqualität für den gegebenen Augenblick fragt.

Wir sollten vielleicht erkennen, daß Konkretisierung im

Sinne von Gebser nicht Bewußtseins-Erweiterung im räumlich-denkenden Sinne ist, sondern eine Intensivierung, Verdichtung, ein stärkeres Hineingestelltsein in das Licht des Bewußtseins. Wir wissen ja kaum recht, ob es sich um eine Bewußtseinsvertiefung oder eine Bewußtseinserhöhung handelt, denn diese Begriffe sind dem räumlichen Denken entnommen, auf das ›mehr‹ als einem Qualitativen kommt es letzthin an. Darum spricht Gebser von der Diaphanie und Transparenz des Bewußtseins. Diese zu erlangen, bedeutet eine energetische Vertiefung und Intensivierung, eine Stärkung des ›lichthaften‹ Charakters des Bewußtseins, wie es schon zum Inhalt einer jeden großen Mythologie vor Jahrtausenden geworden ist, wenn auch noch in der Sprache von unbewußten Symbolen der mythischen Welt. Damit nähert sich Gebser durchaus einer in Asien vorhandenen adäquaten Lichtsymbolik, wie jener vom klaren Lichte in der indischen Mahâmudrâ-Lehre, des Atiyoga in Tibet oder etwa der des indischen Gelehrten Śri Aurobindo, die jeweils von ihren Standpunkten ausgehend zu subtilen Darstellungen von Bewußtseinsbildern gelangt sind. Vergleichen wir die so wesentlichen und in etwa wirklich vergleichbaren Ansätze asiatischer Definitionen mit jenen von Jean Gebser, so erkennen wir: Transzendierung und größere Bewußtheit oder intensivere Bewußtseinsgegenwart bedeuten soviel wie eine stärkere Lumineszenz des Bewußtseins, wie immer wir es auch in der uns unumgänglichen Symbolik des Geistes beschreiben mögen.

So gesehen ist die Vierdimensionalität als ein zeitfreies Ereignis im bewußten menschlichen Geiste eine Integration der Dimensionen, der Fähigkeit zum urbildlichen Erfassen der objektiven Welt in einer aperspektivischen Welt, die aus dem innersten des eigenen Bewußtseins getragen wird, raumfrei und zeitfrei deswegen, da das Bewußtsein weder im Raummaß noch im Zeitmaß allein seine Beschränkungen finden kann. Kennen wir schon nicht die Grenzen des Bewußtseins nach innen sowie nach außen, wie sollten dann andere gegebene und doch nur relative Dimensionen und Theoreme zu einer Beschreibung dienlich sein? Erinnern wir hier zum Vergleich an die weitreichend metaphysische Situation in der Philosophie des Mahâyâna-Buddhismus:

1. Die Ereignisse der Einzeldinge in der Welt sind ein Grundfaktor unserer Wahrnehmung, und all unsere Welt besteht aus Wahrnehmung.

2. folgt die absolute Grundlage, die alle Dinge umfaßt (âlaya).

3. das Individuelle und das Universale sind gleich, denn es besteht für uns zwischen dem Teil und dem Ganzen eine notwendige Relation.

4. Jedes Ding beinhaltet zugleich auch das andere, nichts läßt sich aus dieser Welt entnehmen, und nichts hinzufügen, das nicht auf die Gesamtheit der Ordnung einen Einfluß hätte. Durch unser Bewußtsein stehen wir für das ganze empirische Universum, und all das sind wir im Bewußtsein. Damit werden die Grenzen von Zeit und Raum überschritten, denn jede sogenannte Wissens- und ›Bewußtseinserweiterung‹ ist Erneuerung von Ursprung und Gegenwart durch schöpferisches Leben.

Gebser sieht in der Raum-Zeit-Freiheit im Leben eine Möglichkeit für ein sich intensivierendes Bewußtsein. Es tritt als Diaphainon (das Durchscheinende) hervor, eine Konkretion des Geistigen, die zum Beispiel in der Mahâyâna-Philosophie vielleicht mit dem Begriff der ›diamantklaren Selbstnatur‹ (svabhava) von der alles durchdringenden Transparenz und Leerheit ebensogut umschrieben wurde. Und trotz der Problematik der Übersetzungen indischer Termini ist die Symbolik der Begriffe psychologisch und sprachphänomenologisch gesehen schlüssig. Gebsers Diaphainon ist die Verwirklichung von Transparenz in der irdischen Welt durch das Geistige, welches durchscheinend macht. Insofern spricht vielleicht Śri Aurobindo von der ›Herabkunft des Supramentalen‹ als einem integralen Zustand des Geistes über der mentalen Struktur rationalen Denkens, dessen beschränkende

Grenzen damit zugunsten der unendlichen Offenheit aufgehoben werden. So werden Raum und Zeit nicht mehr die nur determinierten unumgänglichen Bedingungen unseres Seins, sondern auch die Möglichkeiten oder Ursprünge für reines Sein aus sich selbst heraus in durchscheinender Transzendenz.

Letzthin führt uns dies schon auf die erwähnte ›Unmeßbarkeit von Natur und Seele‹, und darum spricht Gebser auch in einer die Dinge offenhaltenden und nicht limitierenden Art des Ausdrucks von den zukünftigen Möglichkeiten einer Konkretion des Geistigen, die sichtbar werden als ›Fundamente und Manifestationen einer aperspektivischen Welt‹, wie er den Untertitel seines Hauptwerkes von ›Ursprung und Gegenwart‹ nannte. Das schwierigste Problem liegt in der Begriffsbildung von Phänomenen, die nicht rational eingegrenzt werden können. Hier kann noch nichts ›definiert‹ oder ›eingegrenzt‹ werden, wo letzthin noch keine dogmatischen Formeln sind, wo offene Bezüge die ›Norm‹ bleiben müssen, wenn Leben permanentes Ereignis des Geistigen bleiben soll. Einzig der metalinguistische Bereich der Wortsymbolik mit seiner unerschöpflichen Potenz des unvollendeten, aber wirksamen Hinweises mag hier Tore zum Verständnis öffnen. Natürlich wird hier die Sprache symbolisch, sie muß mehr Inhalt und Essenz aufzeigen, als sie formal je darstellen kann. Wir können uns unter diesen Manifestationen keinen Formenkodex eines mit limitierten Begriffen arbeitenden Kulturkanons mehr vorstellen, sondern mehr die erweiterten Potentialitäten eines nicht mehr aus der festgelegten Dimension wirkenden Geistes, der weniger nach Zielen als nach Vergegenwärtigung und reiner Bewußtheit strebt. Wir gehen nicht mehr von einem Punkt aus, und Bewußtseinsgegenwart aus dem Ganzen enthebt uns der Notwendigkeit, nur allein nach vorgelegten Maßstäben zu wirken. Die ›Norm‹ wird dann, wenn wir diesen unpassenden Begriff schon verwenden müssen, die Intensivierung und Verdichtung bewußten und schöpferischen Denkens. Schöpferisch im höchsten Grade auch dann, wenn sich unser nicht zu verleugnender Ursprung aus archetypischer und symbolhaltiger Schichtung unbewußter Gegenwart im Bewußtsein zu einer neuen Wirklichkeit oder Wirkungsfähigkeit gestaltet.

Das Diaphane oder die Transparenz sind die Erscheinungsformen eines in jeder Hinsicht auf Dimensionen hin offenen Geistigen. Daher geht es um das »Durchsichtigmachen unseres Ursprungs«, der ganzen menschlichen Vergangenheit, aus der wir leben, welche die Zukunft schon als Weg impliziert. So liegt für uns darin auch die moralische Norm als verantwortliches Handeln aus Herkunft und Gegenwart und der sich ständig wieder als schöpferischer Ursprung ereignenden Zukunft. Auf anderer Ebene bietet sich zum Beispiel im indischen Raume der dort geläufige Karma-Begriff an, der die eigenverantwortliche Achse des Individuums von Ursprung oder selbst verursachter Herkunft und der potentiellen Zukunft in dessen Gegenwart bildet. Wir haben also, wie schon gesagt, bereits die Fundamente und deutlich erkennbaren Manifestationen einer geistigen Wandlung unter uns, die wir nach ihrer jetzigen Bewußtseinsstruktur noch immer aus dem mentalen Blickwinkel zu betrachten pflegen. Und dies muß sogar noch sein, »da uns mental nur in einem Nacheinander erfaßbar ist, was diaphanierend ganzheitlich wahrnehmbar wäre«, wie es Gebser beschrieb (*Ursprung*, S. 133).

Wir finden zum Beispiel in der buddhistischen Geisteswelt Asiens als ein Fundament oder als potentielle Darstellung zur Auslösung aperspektivischer Erkenntnisse das Integrationssymbol des Maṇḍala als eine Möglichkeit, durch sichtbare und psychisch optimal dimensionierte Gestalt eine äußere Form zu zeigen, welche in der ihr inhärenten Entelechie den Weg des Bewußtseins in die Dimensionsfreiheit und Transzendenz enthält. Ohne diese Aufgabe, die äußerlich zweidimensional gestalthaft gelöst wird, hätte das Maṇḍala keine Sinngebung. Sie wird vermittelt durch eine urbildliche Strukturierung und Gestaltung von Symbolen auf verschiedenen

Bewußtseinsebenen (den magisch-mythischen, mentalen und/ oder integralen), deren eigentlicher Sinn sich erst weit hinter den vorgegebenen Formen offenbart. Die Fähigkeit zur Transzendenz einerseits und die Transparenz der im Maṇḍala geläuterten Bewußtseinsstruktur auf der anderen Seite, sie bilden die Ebene für eine raum- und zeitfreie Manifestation des Geistigen, in der Urbild und Gegenwart letzthin untrennbar zu verbindende Identität bedeuten.

Nach Gebser bedingen »Bewußtseinszunahme und Dimensionszunahme« einander, je mehr Bewußtseinsfähigkeit und Bewußtseinsintensivierung aus ihrem energetischen Potential belebt werden kann, um so mehr können auch die Grenzen des Denkens und Erkennens und damit auch die sogenannten ›Dimensionen‹ erweitert werden. Konkretion des Geistigen ist die Aktivierung und Vertiefung der uns gebotenen Möglichkeiten zu besserer Ausschöpfung unserer menschlichen und natürlichen Daseinsgrundlage und ihrer Bedingungen, sie verringert den Abstand der unzulänglichen Distanzen von Sein und Sollen. »Der Mensch ist« nach Gebser »das Ganze seiner Mutationen« und die »Seele ist der dauernde Vorgang der Ergänzung: ein lebendiges und erfahrenes Wissen« (*Ursprung*, S. 172, 252). Daher bemüht sich Gebser in sprachlich äußerst subtiler und einfühlender Weise um die Darstellung des Problems der Integration, wobei die Chance zu einer Diaphanierung der gesamten Bewußtseinsstruktur eben nur dann gegeben sein kann, wenn es gelingt, über die Anwendung dualistisch dimensionierender Begriffe hinauszukommen. Aber all dies ist sprachliches Neuland, das nur durch echte Erfahrung erst erschlossen und verifizierbar gemacht werden kann. Wie schwer dies ist, aufgrund der uns bisher gebotenen sprachlichen Möglichkeiten neue Dimensionen des Bewußtseins in Wortbegriffen treffend zu fassen, mag uns der Versuch lehren, das chinesische Wort TAO (= Weg, Gesetz, das große Ganze und vieles andere) inhaltlich umfassend und eindeutig zu übersetzen. So wird es für uns eine Notwendigkeit, zu lernen, daß wir als aktiv Teilnehmende und passiv Erleidende im und am Weltgeschehen diese beiden Weisen unsres Seins erkennen, ohne uns einer der beiden identifizierend zu unterwerfen. Gebser stellt fest: »Das Entscheidende ist, jeweils zu ›wissen‹, wo und wie wir uns geschehen-machend oder geschehen-lassend zu verhalten haben« (*Ursprung*, S. 154). Solche bedeutsamen Anhaltspunkte zu einer geistig ›unlimitierten‹ Verhaltensweise finden wir wohl auch schon in dem alle Zeiten überdauernden chinesischen Weisheitsbuch des I-Ging: »Hat der Edle etwas zu unternehmen und will voraus, so geht er irre, doch folgt er nach, so findet er Leitung« (6). An anderem Ort heißt es dann: »sorgliches Innehalten auf halbem Wege bringt Heil«, oder auch »ohne Absicht bleibt doch nichts ungefördert«. Das ist die in Raum und Zeit dimensionslose Sprache des I-Ging, die treffend ist in ihrer Unschärfe, und doch dem intuitiven Geiste große Evidenzen der spirituellen und natürlichen Wirklichkeit erbringt.

Wohl finden wir auch schon im I-Ging den Verweis auf die negative Wirkung des dualistischen Konzepts, der sich ganz mit Gebsers Aufruf zur Überwindung rational dualistischer Denkformen deckt, und es wird deshalb im I-Ging gesagt: »Darum sind Heil und Unheil die Nachbildungen von Fortschritt und Rückschritt« (218). Auf diesem fußend, hat auch die Weisheit des Lao-Tse das gleiche Problem behandelt. Der Erkennende »wirkt allenthalben, aber er läßt sich nirgends hinreißen; darum ist der Geist an keinen Ort gebunden«. Und vom Tao, dem schwer zu umschreibenden, heißt es ähnlich wie vom Diaphainon: »Es umfaßt alles und seine Umgestaltungsfähigkeit ist lichtvoll.«

Die durchgehende Linie der Nutzung aller Strukturen des Bewußtseins in der Gegenwart ist das ganzheitlich bewußte Leben, ohne eines Teils entbehren zu müssen und doch nicht gebunden zu sein. Im geheimen Wissen um das Tao äußert Lao-Tse ähnliche Gedanken. »Alle Dinge steigen auf, aber er wendet sich von ihnen nicht ab, er verleiht ihnen Leben, nimmt aber nicht von ihnen Besitz, er handelt, eignet sich aber nichts an« (11. Vers). Gebser bringt noch ein anderes Gleichnis und sieht die Notwendigkeit darin, »sich von den Extremen lösen zu können«. Und wir müssen »wie der Pfeil auf der Sehne den Punkt finden, der hier bereits das dortige Ziel in sich trägt« (*Ursprung*, S. 33). Hier verwendet Gebser das schon urbildliche Pfeilgleichnis, das uns in gleicher Sinngebung aus der Zen-Erfahrung Japans und ebenso aus Indien bekannt ist. In Indien wurde es zum Symbol für die Zielsetzung der tantrischen Lehrmethode des Gelehrten Saraha (ca. 8. Jahrhundert). Dieser Siddha wird bis heute noch mit dem Pfeil in der Hand dargestellt, der ein tantrisches Symbol dafür ist, daß Ursprung, Weg und Ziel aller Erkenntnis bereits gleichzeitig in diesem Pfeil schon vorhanden sind. Der Pfeil zeigt den Weg des erwachten Bewußtseins zwischen Ursprung und Vollendung der Werke.

Es ist an sich ein bewußtseinsrelevantes Phänomen, daß wesentliche Aussagen über die Entwicklung des menschlichen Geistes, besonders in Hinsicht auf die Sprachpsychologie und die Anwendung der Begriffssymbolik, eine ›zufällige‹ oder auffallende Übereinstimmung aufweisen, auch wenn solche Symbole zu verschiedenen Zeiten und in voneinander verschiedenen Kulturen vorkommen. Gäbe es diese Gesetzmäßigkeit einer archetypisch wiederkehrenden Strukturierung des Unbewußten nicht, fänden wir unübersehbare Vielfalt, nicht aber Gemeinsamkeiten in den großen Mythologien der Völker; aber gerade diese gemeinsamen Symbolgrundlagen in Mythos, Religion, Kunst und Symbolik können uns als zuverlässiger Boden für eine vergleichende Phänomenologie des Geistes dienen. Jean Gebser kannte einen guten Teil asiatischen Denkens aus eigener Erfahrung, aber die Bedeutung seiner umfassenden philosophischen Aussage liegt für uns gerade darin, daß er immer aus abendländischem Geiste dachte und eben hier als Abendländer jene Ebene erreichen konnte, von der aus auch die östliche Geisteswelt verständlicher wird. Das ist der Weg des Westens, denn wir können nicht ausschließlich den östlichen

Weg beschreiten, noch in einen unsachgemäßen und nivellierenden Synkretismus verfallen, der letzten Endes für beide Seiten einen wesentlichen Substanzverlust an ursprünglicher Geistigkeit bedeuten würde. Eine äußerliche Aneignung fremden Denkens rührt die Tiefen des Bewußtseins und des Schöpferischen nicht an, wenn, dann bedarf es der Innewerdung östlicher Weisheit, die zu neuem Wissen wachsen kann.

Gebser leitet in seinem sprachphilosophischen Teil des Hauptwerkes aus dem Wort ›Ur-sprung‹ selbst den Hinweis auf eine mögliche und plötzliche Mutation des Bewußtseins ab, er nennt sie eine spontane Veränderung und Umlagerung von psychischen Gegebenheiten in das Bewußtsein. Ähnliche Hinweise und Erkenntnisse auf eine spontane Wandlungsmöglichkeit des Bewußtseins finden wir in den buddhistischen Texten des Lankâvatâra-Sûtra, besonders in den Lehren des tibetischen Atiyoga und ebenfalls in der sino-japanischen Zen-Tradition bei der Vermittlung von Koans. Die genannten Lehren sprechen von einer spontanen und plötzlichen ›Umschaltung‹ des Bewußtseins oder von einer ›blitzartigen‹ Erleuchtung als Veränderung der gesamten Bewußtseinsstruktur, die ins Unendliche geöffnet wird. Es geht hier nicht etwa um genetische Mutationen, sondern um bewußtseinsmäßige Wandlungen und Neuorientierungen aus schöpferischer Spontaneität. Wenn das Bewußtsein den Kreislauf der rational logischen Schlüsse überwindet und die Mauer des Intellektes durchbricht, erscheint neues Wissen geradezu plötzlich, weil völlig unerwartet. Wir wissen, daß geistig schöpferische Tätigkeit eng mit der psychoenergetischen Dynamik zwischen Unbewußtem und Bewußtem verbunden ist. Nach Gebser stellt es sich so dar, »daß der vor Raum und Zeit ›liegende‹ Ursprung sich in den Bewußtseinsmutationen jeweils bewußtseins-intensivierend und integrierend gegenwärtigt« (*Ursprung*, S. 45). Bewußtseinsvertiefung und Wissenserweiterung treten immer in Verbindung mit dem Prozeß der Bewußtseinsintegration auf, der sich erweiternden Neu- und Einordnung von bewußt gewordenem Wissen.

Dieser Vorgang erscheint in der asiatischen Welt etwa als Satori im Zen-Buddhismus, als Ânanda im Vedânta-Yoga oder als Sahajajñâna, das spontan und gleichzeitig auf einmal mit Bewußtsein entstehende Wissen, in dem Dualität keinen Anhaltspunkt mehr findet. Für diese bewußtseinsimmanenten Vorgänge des ›Zwei-in-Einem‹ haben wir in der Terminologie des Zen-Buddhismus, in den Sprachen des Sanskrit und des Tibetischen bestimmte Begriffe und auch darstellbare Symbole und Zeichen, die nicht mehr durch mental-rationale und intellektuelle Denktätigkeit aufgelöst werden können, darin liegt auch das Problem der Übersetzung in westliche Sprachen und unsere Denkformen. Es sind Integrationsbegriffe, deren Deutung jenseits der sprachlich analytischen Grenzen erst durch Erfahrung des Integralen gefunden werden kann. Gebser nennt daher auch die »Bewußtseins-Mutationen Integrations-Vollzüge«. Sie entsprechen einer plötzlichen und bleibenden Vertiefung und Verdichtung von Bewußtsein. Gebser erkennt weiter im Zen-Koan, daß mit ihm »urplötzlich, nämlich sprunghaft, also mutationsmäßig, im Satori eine das Bewußtsein steigernde Überwachheit zu gewinnen« ist, »die wir als die arational-integrale bezeichnen« (*Ursprung*, S. 246).

Der Zen-Buddhismus Chinas und Japans sowie bestimmte Lehrsysteme der indischen Tantras vermitteln eine Bewußtseinstechnik für die ›angewandte Spontaneität‹ jenseits der nur dimensionierenden Grenzen des mentalen Wachbewußtseins. Die plötzliche Wandlung soll auch hier eine Art Bewußtseinsmutation herbeiführen, deren Energie aus der spontanen Zusammenschaltung von Gegensätzen entspringt, die auf der mental-rationalen Ebene unvereinbar bleiben müssen. Dies gestaltet sich immer als ein schöpferischer Vorgang, und es gibt keine schöpferische Entwicklung ohne den Weg zum Ursprung. Triebkraft auslösender Energie ist die Gegensatzintegration mehrerer und antinomischer Inhalte in einem neuen Bewußtseinswert zeitfreier Gleichzeitigkeit. Erkenntnis ereignet sich weder im einen noch im anderen allein, und wenn je nach Notwendigkeit Regression und Progression als Wandlungsphasen des Bewußtseins so wirksam werden, daß im rationalen und irrationalen Felde ›gerichtete‹ Erkenntnisse gewonnen werden, dann gibt es zwar keine mittlere Erfahrung im quantitativen Sinne oder in räumlicher Vorstellung, aber es ereignet sich Leben aus der Mitte. Das Verweilen in Vollbewußtheit aus der Gegenwart eines permanenten Ursprungs bedeutet zum Beispiel auch in den indischen buddhistischen Texten der Pâramitâ-Literatur soviel wie ein Verweilen in einem raumzeitfreien, nicht gerichteten Denken: Buddhas werden nicht durch feststehende Lehren und Verwendung willkürlicher Begriffe erleuchtet, »sondern durch einen intuitiven Prozeß, der spontan und natürlich ist«. So mag zwar das Halten von unveränderbaren Standpunkten auf der rationalen Ebene des Bewußtseins für diesen Bereich von großem Nutzen sein, auf der integralen Ebene aber führt es sogleich wieder zur Einseitigkeit des Denkens und damit in die mentale Stufe zurück. Die Mitte als Bezugspunkt zu einem der Pole anzunehmen ist Festlegung auf eine Mitte als Dritte im Bunde, von der aus zu den beiden Extremen wiederum leicht dualistische Verhältnisse aufgebaut werden. Darum sagt die Zen-Philosophie, daß es eine Mitte zwischen zwei Gegensätzen als solche nicht geben kann. »Ein Stück leeren Raumes gut in der Hand zu halten, das ist der Weg.« Wer sich mit dem Phänomen des Diaphainon und der Konkretion des Geistigen (Gebser) im Vergleich zu den auf diesem Gebiet erbrachten Leistungen östlichen Denkens beschäftigen will, wird unvergleichlichen Gewinn aus den Schriften des buddhistischen Lankâvatâra-Sûtra ziehen können, das die zentralen Gedanken und echten Erfahrungen zum Wesen des Geistigen in einer nicht dimensionierenden Dialektik integralen Denkens darstellt.

Im modernen Indien dieses Jahrhunderts hat Śri Aurobindo auf seine Weise, selbst aus der Vedânta-Philosophie kommend, einen bedeutenden Beitrag zu den sich nun entwickelnden Anschauungen geleistet, die für die westliche

Welt Jean Gebser versucht hat zu ›konkretisieren‹. Der integrale Yoga des Aurobindo ist »der ständige Prozeß der Entfaltungen in seinem universalen Aspekt«. Darin sind alle vergangenen Phasen des menschlichen Bewußtseins bereits enthalten und zugleich erfüllt, »und die gegenwärtigen Phasen beinhalten das Zukünftige« mit den vor uns liegenden großen Möglichkeiten für das Bewußtsein. Und Aurobindo überhöht das mentale Denken durch seine Erfahrungen eines Übergeistes im Supramentalen, und er greift in die Raumzeitfreiheit als Ereignis der Gegenwart hinein, wenn er sagt, der Mensch nimmt »das Werk der vergangenen Ewigkeit auf, um das Werk der zukünftigen Ewigkeit zu formen« (*Yoga*, S. 53 pass.). Und so bedeutet es auch im Sinne von Gebsers Konkretion des Geistigen bei Aurobindo, daß der Mensch in die »Wahrheit und Macht des Geistes hineinwachsen« muß.

Vieles andere wäre noch zu sagen, und nur weniges aus den Bereichen östlichen Denkens konnten wir hier aufgreifen, ein Mehr an Deutung und vergleichender Arbeit wäre gerechtfertigt und unsere Aufgabe, wollten wir den Bogen zeigen, den der Abendländer Jean Gebser über so verschiedene Manifestationen des Geistes gespannt hat, um die große Integration vorzubereiten, auf die sich der westliche und der östliche Mensch erst langsam einstellen. Wir erkennen allein an der Problematik der Darstellung geistiger Wandlungen durch unsere Sprache, der auch Gebser nur wenige neue und nicht ›dimensionierende‹ Begriffsprägungen abringen konnte, wo die Schwierigkeiten liegen, neue Formen des Bewußtseins mit den herkömmlichen Mitteln überhaupt darzustellen. Es bedarf wieder einiger Generationen von Menschen, die das Geistige zu verwirklichen suchen, bis wir genügend Medien zur Vermittlung gefunden haben, die einer Bewußtseinsmutation gerecht werden.

Kommen wir zu einem Abschluß mit der Feststellung, daß Jean Gebser in seinem für zukünftiges und doch schon gegenwärtiges Denken so wesentlichen und umfassenden Werk selbst mit einer Sprache endet, die in ihrer Schlichtheit und hieratischen Diktion uns fast wieder an den Geist eines Lao-Tse oder Tschuang-Tse erinnert. In seinem Schlußwort von ›Ursprung und Gegenwart‹ als dem großen Ausblick auf die Verwirklichung des transparenten Bewußtseins schrieb er: »Leere wird Fülle, in der Durchsichtigkeit wird das Diaphainon, das Geistige, wahrnehmbar: Ursprung ist Gegenwart. Wir wahren das Ganze, und das Ganze wahrt uns.«

Literatur:

Gebser, Jean, *Ursprung und Gegenwart, Fundamente und Manifestationen der aperspektivischen Welt,* Stuttgart 1966
Gebser, Jean, *In der Bewährung,* Bern 1969
Gebser, Jean, *Verfall und Teilhabe,* Salzburg 1974
Aurobindo, Śri *Der Integrale Yoga,* Hamburg 1957
Deussen, P. *Die Philosophie der Upanishads,* Leipzig 1899
Geschichte der Philosophie, I, 2.
Evans-Wentz, W. *Die große Befreiung,* München-Planegg 1955
Suzuki, D. T. *Die große Befreiung,* Leipzig n. d.
Wilhelm, R. *I-Ging, das Buch der Wandlungen,* Düsseldorf 1924
Wilhelm, R. *Lao Tse, Tao Te King,* Jena 1937

INHALTSVERZEICHNIS